趣味に生きる教師

＝「表現」追求のための
狂言稽古ノート＝

＝私のピアノ日記＝

田中憲夫

『蝸牛』「遊兎の会」発表会
（2004年　銕仙会能楽研究所・能舞台）

はじめに

私は、学生の頃からずっと〈「校長」になって、斎藤喜博さんのような仕事をしたいもの〉と思ってきました。それで、不惑の40歳の時に一念発起して、仲間の教師たちと教師修業のつもりで、仙台で活動していた『乙の会』(素人狂言会)に入り、和泉流狂言師・石田幸雄師に狂言を習うことにしました。その時の、仲間内の合言葉は、

〝3年は、何としてもやり続けよう。
調子が良ければ、5年続けよう。
体質に合っていれば、10年続けよう。〟
(1987年7月)

というものでした。

この時の「教師修業」への心意気を、畏友の宮原修さん(当時、御茶の水女子大学教官)に話したところ、すぐに〝趣味に生きる教師ですね〟の評が返って来ました。彼氏にすれば、〝気負わずに、息の長い取り組みを続けて下さいね。そうすれば、何時の日にか何かが見えてくるはず……〟という励ましのつもりでの、私への気遣いと労いの言葉だったのでしょう。

でも、「趣味に生きる教師」とは、私の思想・信条・行動にぴったりの言葉。それで、折に触れてこの言葉を使わせてもらうことにしました。

『乙の会』（※途中から『遊兎の会』に改称）での、石田幸雄師からの稽古は60歳の定年時まで続きましたが、退職と同時に『遊兎の会』を退会しました。現職教師での「教師修業」に、一区切りを着けようと思ったからです。

しかしながら、「音楽劇（表現活動）」の取り組みに教育現場での活路を見い出した私は、退職後すぐに『宮城・学校づくりボランティアの会』を立ち上げ、志を持ちながらも孤立しがちな校長さんや園長さんを、表現活動のボランティアで応援することにしました。

そしてまた、念願のピアノを習うことも始めました。習う動機の中には、ピアノを淀みなく弾けるようになる……なんてことは一切ありませんでしたが、譜面に書かれた音符や楽譜と、リズム・メロディー・ハーモニーがどう繋がっているのか、ピアノを弾くことを通して、我が身で体感したかったからです。

このピアノでの体感は、「新型コロナウィルス」禍の中で、12年続けてきたピアノ教室を辞める形で断念しました。2月末に休止になった教室が9月まで開かれなかったため、先生による指導なくしては私の身体機能や意欲が継続・維持されず、7ケ月後にはピアノへの夢が潰え去ってしまったのです。

退職後に始まった地域での民生委員活動や人権擁護委員活動に関わっていても、高齢者や女性問題、生活の困窮問題だけでなく、どうしても学校や子どもの問題に目がいきます。縁あって、最近関わり出した「里親ホーム」での子どもたちへ、気軽に且つ平然と「発達障害」のレッテルを貼る姿には、本当に腹が立ちます。

どうも、私の中には、子どもの成長・発達を保障していきたいという「教師」根性がまだまだ息づいているようです。もしかすると、死ぬまで「教師」稼業を探り続けていきたいのかも……。

「教える」行為を通して、子どもに学び・子どもが育っていくことに関わることは、本当に面白いです。今は亡き遠山啓さんが、生前声を大にして言っていました。〝子どもほど、「面白い生き物」はない。それを仕事として関われる「教師（保育士）」は、本当にいい商売だ〟と。私も、つくづくそう思います。

目次

「趣味に生きる教師」 その一

――「表現」追求のための狂言稽古ノート――

ここでの文は、和泉流狂言師・石田幸雄師から狂言を教えてもらう中で、思ったことや疑問に感じたこと、なるほどと思ったことなどを時々のメモとして綴ったものです。狂言の稽古は、40歳から定年退職の60歳まで、20年続きました。

〈1988年〉

○「注意の圏」ということ

1988.3.10

今から8年ほど前、仲間の文屋さんの家で『俳優修業』(スタニスラフスキィ　山田肇訳　未来社)の本読み会をしていた時、〔第五章　注意の集中〕に「注意の圏」という言葉が出てきた。俳優であるならば、一つ所に注意を集中させることが出来なければならないし、その「注意」にも「外的注意」と「内的注意」があること。そして注意の集中の例示に、暗所での光のスポット内での行動が上げられていた。この光のスポットこそが「注意の圏」であり、「人前の孤独」をつくり出すエリア(圏)であるようなことが書かれていたと思う。当時の私は、〝なるほどなあ〟と思ったものだった。でも、真にそれだけ。〝なるほどなあ〟と思っただけであった。

3年前に、私は、蛇田小学校の特殊学級(※現特別支援学級)の担任になった。この学級には、自閉的傾向を持つ、知恵遅れ(測定不能)のF君がいた。F君の常用後は「バガッコノォ！」であり、どの教師が声をかけても、決まり文句のように「バガッコノォ！」が返ってきた。このF君は、気分が変わるとすぐ教室から飛び出し、追いかければ追いかけるほど、どんどんと学校の外まで逃げるのが常だった。私とF君の毎日は、逃げては追いかけ、逃げては追いかけの連続で、とても勉強などとは無縁の状態だった。

しかしながら、一学期が過ぎ二学期になると、彼との関係で一つのことに気がついた。私とF君が手をつないでいるとえらく素直に一緒の行動を取ったり、まともに対応してくるのだった。でも手を放した途端パッと逃げ出し、悪態をついたり追いかけっこをしたり等々が始まるのだった。そうした繰り返しの中で、手を放しても1メートルの範囲内なら……の関係が出来るまで、1ヶ月近くかかったろうか。この時私は、ようやく「注意の圏」が分かった気がした。私にとって、またF君にとって、1メートルという距離は、相手に気持ちが通じ、安心出来来、そして素直になれる、言い換えると真っ当に向き合える圏（「注意の圏」）なのだった。

『宇治の晒』の小舞の稽古の時だった。石田先生は「鏡」の動きの時であったか、私に〝親指にもっと力を入れて！〟、〝指先にもっと意識を持ってきて！〟と言ってきた。私の動きが、動作だけの真似で、「生きた姿＝舞」になっていないことへの指摘だった。

そして、具体的な話として相撲取りの身体の例を上げ、腕や手、指で囲った空間まで自分の身体だと意識するように言われた。つまり、片や腕、手だけでなく、指先の端々まで、意識を通わせ漲らせることで、自分の意識の空間を拡大させるということだった。

「注意の圏」獲得の具体的道筋が、また一つ見えてきた気がした。

○「愚直」そして「信頼」ということ　1988.3.27

宮城教育大学附属小学校に勤務していた頃、仲間のOさんに〃あなたの生活姿勢からすると、おかしいじゃないですか。もっと斎藤喜博さんに突っかかったらいいのに。〃と言われたことがある。日頃、あっちで喧嘩・こっちで喧嘩をしては生傷だらけになりながらも、頑として自分の灯を消さなかった私に対して、多分に挑発的に言ってきた言葉だった。

その時は適当に応答したのだが、私の中には「何でこんなことを言うのだろう？」という不明の疑問が残った。私にすれば、「私の周囲には、私の身を託するに足る「師」が居なかったし、得意げに言ってくる相手が、位を取ったようにいい気になるだけだったので、喧嘩をしなければ我が身を守れなかった」と言うことであり、「遠山啓さんや斎藤喜博さんが、その「師」に値する」と勝手に思っていただけだったのである。

この不明の疑問が、先日同じ仲間の文屋國昭さんから〃結局、田中さんとOさんでは、生き方が違うんだよ。〃と言われて、氷解した。Oさんには〇さんの「師」が居るのだろうけれど、斎藤喜博さんは私には「師」であっても、Oさんには「師」ではなかったのだった。

今回の稽古後の雑談中、稽古仲間のSさんが〝こっちの人たちは癖があるけど、この人たちは癖がないのね〟と評し、私の癖として〝大っきな声なのよねぇ……〟と言っていたが、私は内心「違うんだよなあ……」と思って聞いていた。Sさんがどう考えているのか分からなかったが、私にとって石田先生は、斎藤喜博さんと同じ「師」なのである。我が身を委ね・託した「師」なのである。石田先生が〝大きく声を出しなさい！〟と言ったら、これが「大きい声」と思える大声を出してみる以外にない。狂言の世界を知ろうとして求めた「師」が石田先生なのだから。

今から20年前の学生の時、私は群馬県・境小学校の音楽会を参観に行った。450人ほどの参観者が天井の低い講堂にぎっしりと入り、会場がシーンとなった時、境小の6年生が2列になって、ゆったりと一歩々々床（大地）を感じながら入って来た。そして、最後の一人が入場して自分の位置に着いた時、子どもたちは大きく息を吸って歌い出したのだった。

また、体育祭を参観に行った時の側転の演技も同様に驚きだった。音楽にのって校庭をぐるっと一周側転をするものだったが、一周して退場口を出ても、どの子も側転を止めないのだった。通路でも側転をし、参観者のテントの後ろでも側転をし、自分たちの席まで側転をするのだった。ようやく最後の一人が退場口から消えて行った時、子どもたちの側転は終了した。

当時の私には、まるで異質の世界だった。私の感覚（経験）には無いことばかりだった。でも、私が教職に就き自分で実践してみると、これらのことの大変さと素晴らしさが身に染みて分かってきた。だから、私には「斎藤喜博さんの言うことを意固地なまでにやってみよう。そして、たとえ他の人には下らないことでも、立っていよと言われればずっと立ち続けてみよう。そうすれば、必ず私の中に何かが創り出されてくるはず……」と思うのみであった。

これが、私の「師」ということである。石田先生の言葉を借りれば、「愚直なまでに」ということであり、具体的には「大きな声を出しなさい」「手に力を入れなさい」「肘を張りなさい」ということでもある。

1988.4.18

○「合理」ということ

極地方式研究会のテキスト（学習書）に『世界の地形』というのがあった。このテキストは、私が新任教師として初めて四年生の担任になった時、何としても授業でやりたかったテキストである。

というのも、私はこのテキストに触れることで、〘地球の凸凹（しわ）は隣り合っている〙を初めて知り、是非この事実を子どもたちに知ってもらいたい（私の感動を子どもたちにも共有してもらいたい――全く単純・短絡的だったのだが……）と思ったからだった。

このことは、山脈や列島（凸）と海溝（凹）が無関係に存在するのではなく、必ず対になっているということ（※対になっていない所も何か所かあるのだが）なのだが、私は、この自然の理に感動したのだった。「しわ」は、膨れているからしわなのでなく引っ込んでいるからしわでもなかったのだ。膨れと引っ込みが同時に存在する（起こる）から「しわ」なのだった。

斎藤喜博さんの本を読むと、「合理的なものは美しい」「美しさの中には、必ず合理がある」といったことが随所に出てくる。この場合の「合理」とは理に適うということであり、無理や無駄のない自然の流れに沿った動きや表現を意味する。斎藤喜博さんは、子どもたちの表現の中に、「合理」を見つけ出し、また「合理」を創り出し続けた。

〈石田先生の言葉から―〉
・「張る＝強調する」には、ゆっくり、強く、高く、大きく。
・「張る」前の一字は、落として、緩める。
・「張った」後は、音を詰めて、簡単に落とす。

これは、真に「合理＝美」ではないか。

○「やっかましくて、しょうがない」のこと　1988.5.29

『しびり』の稽古をしていた時のことである。

太郎冠者　作病を起こして参るまいと存ずる　あいたあいた　あいたあいた
主　人　これはいかな事　太郎冠者の声じゃ　えい太郎家冠者何とした

この部分で、石田先生からついに決定的なダメが出た。〝大きい声を出すのはいいけど、うるさいんですよね。騒々しい。やっかましくて、しょうがない〟と。これは、太郎冠者グループ（4人）と主人グループ（2人）が掛け合いで語るのに、双方が相手に負けまいと、ボリュームアップでガンガンと大声を出していた時のことだった。

石田先生に言われて、思わず皆で笑ってしまったが、本当にその通りだった。大声を出すことのみに気を取られて、言葉の持つテンポやリズム、うねりはまるでなくなっていた。この後、石田先生が私たちの場合と先生の場合との違いを示して見せたが、同じボリュームなのに私たちのはやかましいだけである。それに比べて、石田先生のは言葉にリズムがあり、流れがあり、うねりにも似た抑揚がある。譬えれば、一流オーケストラのクライマックス部分の演奏と、下手くそなラッパがただバーバーと音を出している場合との違いのようなものであろうか。

では、一つ一つの言葉に、テンポやリズム、抑揚やうねりを持たせるとは、どうすることなのか。石田先生は、私たちの声に具体的に次のような注文を付けてきた。

・皆さんのは、急ぎ過ぎですよ。独り言を言ったり、主人に言ったりするんですから、落ち着いた感じがないと。

・もっと、一つずつ確かめて下さい。

・もっと休んで下さい。

・(作病とは)いい方法を思いついたのですから、冷静に言わない。

・もっと主人らしく威厳を持って鋭く入って下さい。

・間が空き過ぎですよ。それでは、会話になっていない。

・いやいやなんだから、すぐには言わない。

・同じ張りは、繰り返さないんです。

・頭から張るけど簡単に済ましちゃう。

これをものにするのは、3年後か10年後か。でも、また一つ先が見えてきた。

○「様式＝合理・自然の理」ということ

1988.6.27

学生時代の一時期、数学と唯物弁証法ということに関心を持ち拘った時期があった。

ヒルベルトの『幾何学基礎論』が現代数学の出発点だとか、公理主義・構造主義の立場で現代数学を集大成したものがブルバギの各著作だとか言われていたことと、現実の大学での数学の講義とが私の頭の中ではまるで結びつかなかった。また、当時全国的に高揚していた学生運動・自治会活動でのことや民間教育運動でのこと、数教協（数学教育協議会）を通した数学教育の在り方、更には斎藤喜博さんによる島小での教育実践等が頭の中でごちゃ混ぜになって混在していたこともあって、その光明を前述テーマから見い出せるのではないかと思ってのことだった。

しかしながら、マルクスの『数学手稿』やエンゲルスの『自然弁証法』をぺらっと読んだくらいで、納得のいくような代物ではなかった。そんな話を相談風に高橋金三郎先生に持ちかけたら、〝遠山啓さんに訊いてみたら……〟とアドバイスされた。それで、思い余って遠山啓さん（当時東京工業大学教授・数教協委員長）に手紙を出したら、「関係あるような無いようなものだから、あまりそういうことは気にせずに勉強したほうがいい。」との返事だった。ただ、J・トムソンの『最初の哲学者たち』（出隆訳　岩波書店）を読んでみたらとの紹介があったことが、唯一の救いだった。

そんなごちゃごちゃした頭で2年が過ぎたが、遠山啓さんの次の文に出合って、一件落着した。

「私は数学が若干の公理系から導き出される自律的な体系だという見方に反対する。そのような見方に対して、数学は自然や社会を反映する客観的な知識であると主張したい。従って、それは自律的でもなければ、帰納のない演繹を事とするものでもないといいたいのである。

（中　略）

リーマンが仮設として一つの空間をつくった事実だけを切り離して考えると、いかにも彼は自律的であったようにみえる。しかしリーマンは物理学者の注文がないのに空間論をつくりはしたが、彼は「自然を反映するように」それをつくったのである。

数学は自然を反映するとはいっても、もちろんその反映のしかたは複雑である。反映といってもただの平面鏡のようなものとは限らない。ある場合には凹面鏡であり、ある場合には凸レンズや凹レンズである。

たしかに他の自然科学が自然を直接うつしだすのに反して、数学はより間接的にうつしだすことが多い。しかし、数学の本当の源泉が自然にあることは疑いの余地がない。どのように整然とした公理系が打ち立てられたにしても、その公理系は自然を深く反映するように選ばれているのである。

この意味で数学は決して形式だけの学問ではなく、形式と内容を兼ね備えた学問なのである。従って数学は他の自然科学から鉄のカーテンをもってへだてられるべきものではない。」『数学は変貌する』（遠山啓著　国土社）より

2年ほど前、稽古仲間の文屋國昭さんが、サークル『アンサンブル・とどろき』の機関誌に、

「狂言が様式の演劇というのは、完全な誤解だった。
完璧なスタニスラフスキイによる『俳優修業』ではないか。」

と書いたことがあった。私は、その文を見て、文屋さんの言い切りの見事さに感動したが、反面そこまで断言出来ずにいる自分を寂しく思ったりもした。

今回、私は、狂言の世界で言う「様式」というものが合理・自然の理の上に成り立つものであり、それらを純化（結晶化）したものであると、ようやく腑に落ちるまでに納得することが出来た。

そのきっかけになったのは、次の名告り・呼び出しの箇所である。

「アト　太郎冠者あるか」

前回までの稽古で、太郎は「たろー」ではなく「たろお」と言い、しかも1音ずつ張って言うことも習っていたし、「たろおかじゃ」よりも「あるか」を低く入ることも習っていた。しかし、私が「たろおかじゃ　あるかぁ」と言った時、石田先生からすかさず〝もっと上から入って下さい。「太郎冠者」って呼ぶんでしょう〟のダメが入った。言われてみて、私は「まったくそうだ！」と思う他なかった。「張る」ことだけであれば、強調なのだから「大きく」「ゆっくり」「高く」「強く」すればいいわけで、低く入っても十分

条件を満たすことが出来そうだった。別の言い方をすれば、「大きく」「ゆっくり」「高く」「強く」を表すいろいろな「たろおかじゃ」があって然るべきであろう。でも、石田先生は、もっと「高く」入る「たろおかじゃ」を要求してきた。

何故、石田先生は、私にもっと高く入る「たろおかじゃ」を要求したのか。本物のプロの稽古であれば、「私のやる通りにしろ」ということで、〃違う！〃の一言だけなのかもしれないが、素人の私に対しては、石田先生は〃呼びかけるんでしょう！〃で分からせようとしたのだった。

これこそ、「たろおかじゃ」で張って、「あるかぁ」になるまでの［様式＝自然の理（必然・合理）］の体感ではないだろうか。

○「科白を覚える」のこと

1988.7.16

稽古の終わりに、石田先生から〃いかにも、何か思い出し・思い出しのように喋んないで下さいね。何だっけな、何だっけなって感じで……。つまり、今やってお分かりだと思いますけど、科白を思い出すってことに神経を使っちゃうと、動きがなかなか覚えられませんからね。もう、何も考えなくとも出るようにしないと、神経がそっちにいかなくなっちゃいますから。早く覚えて下さい。〃と言われた。また、控の所に戻ると、師範代格の中野三樹さんからも〃すらすら出てくるように、科白を早く覚えた方がいいですよ、〃と言われてしまった。余談だが、中野さんは、石田先生と同じ歳で、学生の時から、早稲田大学の『狂言会』に入り、野村万作先生から稽古を受けて以来、もう20年以上続けてきたのだった。石田先生を師に、仙台に『乙の会』を立ち上げたのも中野さんだった。その中野さんにまで早く覚えるよう言われてしまった。私らのもぐもたもた振りに、よっぽど見かねたのだろう。

以前、狂言関係の本（野村万蔵さんの本だったか？）を読んだ時に、「まず科白を覚えてしまってから、動きの稽古に入ります」とさらっと書かれた所があったが、今更ながら、こういうことだったのかと、この文の意味する大変さを実感したのだった。

それにしても、「科白を覚えてしまってから」が具体的にどうすること（どうなることかがよく分からなかったので、中野さんに尋ねてみた。

私　どうすると、すらすら出てくるようになるんですか？

中野　何時でも、何処でも、何回でも、お経のようにどんどん言っていくんですよ。そうすると、すらすら出るようになりますから。

これは、〝譜読みの段階でも、解釈はあるんですよ〟（『第四土曜の会』での斎藤喜博さんの言葉）と矛盾・対立なのか。あるいは同義なのか。まず、石田先生や師範代格の中野さんの教えの通りやってみる他は無いようだ。

ふっと、我が親父のことを思い出した。瀬戸の窯業訓練所の修了証が何としてもほしいと、卒業試験の時、訳の分からぬ化学式や化学記号の並んだ大学ノートを数十頁、必死で丸暗記したそうである。68歳の冬のことだった。

○「対応・適応・交感」のこと　1988.8.29

全く忙しい。というより、余裕の無いまま二学期を迎え、8月末の稽古日を迎えてしまった。しかも、稽古の1日目は職員会議後に学校を出発したため、午後6時半の予定が7時過ぎに着くはめになり、稽古が終わったのが9時近くになってしまった。それから石巻に戻ったが、途中の松島から対向車が見えないほどの豪雨になり、家に着いたのが10時半を過ぎていた。それから夕飯を食べ風呂に入ったら、疲れがどっと出て仕事どころではなく、そのまま寝てしまった。

で、1日目の復習をすることなく2日目の稽古になったので、「せめて昨日のテープを聴いておくぐらいはしないと……」と、石巻から仙台までの車の中で昨日の稽古のテープを聴いて行った。

テープを聴きながら、「これが私の狂言だったのか！」と、全く驚いてしまった。今まででも、何度か稽古のテープを聴いてきたが、今の驚きのようには気づかなかった。というより、漫然と聴いてきただけで、聴いても課題が見えなかったのだった。自分で演じていて、自分の下手さやいい加減さに呆れかえるなんて笑い話にもならないが、実際そうだったからしょうがない。

何が問題かと言うと、アト（主人）の私が、シテ（太郎冠者）のSさんとまるで「対応」していないのである。もっと具体的に言うと、Sさんに「呼びかけていない」のである。キャッチボールと言えるのだが、まず私が声のボールをSさんめがけて投げていないのだった。キャッチボールで言えば、ボールを投げたり受けたりを繰り返した時、初めてキャッチボールと言えるのだが、まず私が声のボールをSさんめがけて投げていないのだった。相手のSさんとは無関係に、ただ科白を言っていたのだった。

これは、「表現活動」上の大問題だ。「本人は、いい気になって演じているが、見ている周囲には何が何だか分からず、さっぱり伝わらない」のは、学校現場での圧倒的日常になっているのだから。ようやく、私の課題が見え始めてきた気がする。

○「大きく言う」のこと　1988.9.27

「大きく言う」ことを、私は全く勘違いしていた。というより、頭と身体が分裂していたというべきか。私の身体は、「大きく言え」との脳からの指令により、1音ずつの音量を大きくしようとしていた。そのため、科白の出だしからガンガン喋っていた。その結果、石田先生から、〝言葉がね。あの、一番基本的なことで言えば、アト（主人―私）の方の言葉が、頭が全部強すぎるんですよ。強すぎて、強いのはそんな悪くないんですけど、下がり方が、というか、力を抜くのが早すぎるんです。そうすると、言葉が生きないんですよ。つまり、それは、頭に力が入った場合は、今度は辛くても、最後まで張り続けなきゃならないんです。辛いからって、後の方、楽しちゃうんじゃないんですよ。〃とのダメが入った。私の「手を抜いて、すぐ楽に逃げる」物言いを、変えようとしての言葉だった。「大きく言う」とは、まとまりとしての言葉の抑揚・振幅。リズムを大きく（協調＝デフォルメ）することだったのだ。だから、次の日も同じことを言われた。〃田中さんの方は、もっと伸びをもって喋ってほしい。今の形だと、その気持ちのままで、ちょっと小さい過ぎるんですよ。もっとゆったりと、伸びやかにやった方が、もっと広がってきますから……〃と。

○「途切れる」のこと

1988.11.4

『しびり』の稽古をしていて、太郎冠者と主人のやりとりが上手く流れず、途切れてしまう私の原因二つ。

① 解釈が間違っていた。

主人の私が「しびり程の事を仰山に言う者じゃ。どれどれ治してやろう」というところで、私は何故か、「仰山に言う者じゃ」と言った後、何かいい物はないかと辺りを見回し、塵を見つける。それで、その塵を使うために「どれどれ……」と解釈していた。だから「仰山に言う者じゃ」の次に、塵をさがす動きが入り、手前まで目でさがしてきて、そして手前の塵を見て「どれどれ」と言ってきた。しかし、6月の稽古では「どれどれ治してやろう」と言って塵をさがすとちゃんと習っていたのだった。塵という具体的手段は、主人にとって、解決のために見つけ出した行動ではなく、太郎冠者をあしらうための予定された行動だったのである。

② 身体の準備が出来ていなかった。

9月の稽古の時に、太郎冠者の「申し申し。夫は何を仰せられます」の所は、太郎冠者が引っかかってきたなということで、気持ちをつくり変えて「伯父御の方に……」と言うように教えられていた。だのに、石田先生にまた同じことを違う所で言われてしまった。主人の独り言「何とぞしてやりたいものじゃが。いや致しようがござる。ややあ何と言うぞ」の所である。つまり、「やりたいものじゃが」で低くかがみ、「致しようがござる」で元に戻り、正面を向いて「ややあ」と言うのだが、私は正面を向いてから「ややあ」の準備をしていたのだった。これでは、時間的には1～2秒も違わないのだけれども、観客の目からすれば、流れが完全に途切れてしまうのだった。

○ 東京・国立能楽堂の舞台に立って　1988.12.3

11月26日、『万の会』(野村万作さん・野村万之介さん・石田幸雄さんのそれぞれの門下生による合同狂言発表会) の発表会で、Sさんと私の二人で、国立能楽堂の本舞台で『し

び り』を発表した。『しびり』の発表そのものでも数多くのことを学んだが、他の素人門下生の発表を見、その準備に触れたことで初めて、というよりようやく分かったことを書いてみたい。

〈その一〉

今回の発表会で一番疲れたのは万作先生・万之介先生・石田先生の3人だったのではないだろうか。衣装の着付けは、万作先生の息子の武司さん（※後の萬斎さん）やその他の若い衆（本弟子？）が5～6人して私たちに着せてくれたが、つねにその着付けを点検しゴーサインを出すのは、担当の三先生だった。また、後見で舞台に出て来ても、発表する弟子たちはすっかり上がってしまって、科白を忘れる者が続出し、全く気の抜けない後見だった。しかも、舞や謡では、必ず門下生と一緒に謡い、発表する舞手が舞い易いよう且つ崩れないよう、きちっと支えているのだった。中には、後見座から科白を教えていたのでは間に合わず、舞台裏での着付けをしながら科白の声掛けをしている場面もあった。

私たちは、自分の演技だけを考え、それだけに集中すればよかった。自分の出番が終われば、食堂で呑気にビールを飲んだりもしたのだった。でも、3人の先生方は、至る所に気を配り、集中し、ずっと気を抜かない（抜けない？）ことの連続だった。私たちは、帰りの都合で午後5時近くに能楽堂を失礼したが、控の間での万作先生の疲れ切った顔を見ると、黙礼して帰って来るのが精一杯だった。

それにしても、これを私たちの勤める「教育の世界」に置き換えてみると、全く逆の構造になっている。偉い方というか、責任ある立場にある方ほど呑気であり、鈍感であり、周囲が見えなくなっており、子どもが邪魔になっている。（※これを教育行政の世界で実証して見せてくれたのが高石前文部次官である。公務を執るべき勤務時間に、次官室で株の取り引きをしていたのだった。しかも彼は、学校教育での道徳の必要性を声高に発信していた。一番モラルが無かったのは本人だった。）

組織の構造が汚職の構造を生み出す仕組み・システムになっているのを「構造汚職」と言うらしいが、教育の世界ではまさに「構造呑気」になってしまっている。斎藤喜博さんの仕事ぶりを思うにつけ、また『写真集　斎藤喜博の仕事』（文・斎藤喜博　撮影・川島浩　国土社）での疲れ切った孤独な写真を見るにつけ、3人の先生方の動きとダブってきて、我が身が恥ずかしくなってくるのだった。

〈その二〉

『木六駄』での重信さんというおじいさん（喜寿記念というから77歳か？）の演技は圧巻だった。太郎冠者として牛を追い、茶屋で酒を飲むところや酔って問答するところなどは、完全に『木六駄』の世界に浸って楽しんでいるのだった。しかも、重信さんの動き（間のつくり出す必然のリズム）の一つ一つが、観ている私たちの観客に確実に情景を想起させるのだった。浸って楽しんでいるのは重信さんだけでなく、観ている観客も『木六駄』の世界に入り、その世界を楽しんでいるのだった。

反対に、私たちの出番の前に演じられた『口真似』や『附子』等は、正直言って面白くなかった。素人故に演技が下手ということになるのであろうが、何故だろうかと考えてみた。というのも、科白も動きも出鱈目ではなく、多分習った通りをきちんとやろうとしているのがビンビン伝わってきたからである。でも演じる彼氏・彼女らが一生懸命になればなるほど面白くないのである。結局、面白い話であるはずなのに、観客からは笑い声が一度も起こらなかった。

思うに、最大の原因は、その狂言を楽しむまでの余裕がなかったからではないだろうか。そう思って、我が『しびり』のビデオを観てみた。自分では、「余裕があったし、結構楽しみながらやれたし、3〜4人の女性の笑いがあった」と思っていた。でも、やっぱり全然面白くなかった。ただ、自分の演じるビデオを観て驚いたのは、自分では余裕があり十分間を取ったつもりでいたが、えらくテンポが早く、リズムの振幅が小さいことだった。

自分では楽しんだつもりでいても、それが演技となって観客の中に楽しみをつくり出すまでには、これから10年以上の修行が必要な様である。

○「狂言」稽古の意味するもの　1988.12.18

学校で行進の指導をしていると、必ず一人か二人、手と足を一緒に動かしている（つまり右手右足の同側運動をしている）子がいる。これは、我々大人でも、緊張すると何かの拍子に手と足が一緒になってしまう時がある。また、歌を指導していると、必ず皆とは違う調子・音程で平然と歌っている子に出くわす。

これらのことは、武智鉄二さんによれば、日本民族は農耕民族であったことを示す歴然とした証拠であって、決して恥じるべきことではない。むしろ恥ずべきは、農耕民族としての「伝統の血」を忘れ、欧化することが優れたことと思ってしまうことだと言う。そして、日本の近代化を推し進めた明治期からの学校教育とは、農耕民族としての「伝統の血」を否定し、欧化した騎馬民族の血に改造することだったと説く。

武智鉄二さんの説に従って学校教育の世界を見ると、思い当たることがそちこちに潜んでいることに気づかされる。学校現場では、「農耕民族」と「騎馬民族」との動きやリズムの違いが全く無自覚に混然と扱われ指導されている。

またそう考えると、斎藤喜博さんの「吸い上げのリズム」や「フレーズの終わりの飛びつき」、あるいは梶山正人さんの「攻めて―引いてのリズム」、「出だしのアタック」等は、「騎馬民族」のリズムの具体的学びとも言える。

再びそう考えると、40歳の不惑を過ぎた私の身体が、学校教育によって無自覚に欧化してしまっていることに驚く。『風車』の謡でも何度も石田先生から駄目を出されたが、各部分々々の出だしを唐突に、あるいは力んでいきなり入ってしまう。石田先生からは、

〝前の部分を受けて……〟、〝普段の声で……〟、〝下から這い上がるように……〟と言われても、気を抜くとつい力んでアタックをかけてしまう。それでいて、開かれた且つ伸びやな声にはなっていない。ナンバとベルカントのごちゃ混ぜ状なのであった。

舞にしても同じだ。『柳の下』『花の袖』『宇治の晒』と舞を習ってきても、そして『しびり』で動きをやってきても、やっぱり『七つ子』の舞では、依然として右に行く時は右足が動いてしまい、左に行く時は左足が先に動いてしまう。上半身や腕にしてもそうだ。意識していないと、すぐ体が脱力してしまう。

足の動きにしても、上半身の脱力にしても、これは中学から高校、大学と10年間ほどスポーツとして取り組んできたバドミントンの成果（大きくは学校体育での成果）だと思える。右には右足、左には左足とフットワークを10年間もやってきたのだから、無意識のうちに行く方向の足が出てしまうし、羽根を打つのに、上半身を出来るだけ楽なように脱力していて、羽根を打つ瞬間にのみ全身を集中する。そして、打ったら素早く脱力して次の変化への対応の準備をすることをこれまた10年も休まずにやってきたのだから、当然のような気がする。

私たち義務教育の教師は、学校でオペラ歌手やバレリーナ、野球やサッカーの選手を育てるのが仕事ではない。と同時に、能楽師や歌舞伎役者を育てるのも仕事ではない。何になるかは、子どもたち自身が決めることである。でも、子どもがオペラ歌手や歌舞伎役者を志した時、それぞれの道へ進めるための身体（当然脳ミソや心も）の耕しはしておかねばならない。

私たちが教師の仕事の中身を具体的に考えていく時、武智鉄二さんの説は、大きな示唆を与えてくれる。でも、一体ナンバとベルカントが同居両立する表現活動って……。どうすることか。あるいはどうなることか。遠山啓さんの「原数学」、野口三千三さんの「原初生命体」の発想で、改めて一から考えてみる必要がある。

〈1989年〉

○ 余談の楽しみ

1989.1.31

1月の稽古の時、予定の時間より少し早く稽古場の仙岳院に行ったら、石田先生と門下生の石井さんしかおらず、皆がそろうまで茶飲み話になった。しかしながら、その時の茶飲み話（余談）が面白かったので、今回は、そのことを書いてみたい。

〈その一〉

私が石田先生に〝全く阿呆な事を訊くのですが……〟と、梶山正人先生がローマで声楽のレッスンを受けて来た時のことを話し、〝梶山先生は、毎日5〜6時間もぶっ続けで発声や歌の練習をすると、声を出している喉ではなく、痔が痛くなってくるそうですが、石田先生は5～6時間も練習すると、何処が痛くなってきますか？〃と訊いてみた。

すると、石田先生が言うには、

① 歌を歌う人は、そうなんでしょうね。喉を楽にして使うからなんでしょうね。

② 私もよく分かります。ずっと以前に、病気に当てられて水虫に始まって痔まで悪くしたことがありますが、それで結局痔の手術をしたんですが、その痔が治るまでが悲惨でしたね。何かする度、全部痔に響いてくるんですから。便所に行っても、そろそろと自然（引力）にまかせて……（以下省略）

③ とくに何処が痛くなるってことありませんけど、ここ（※口の周り、というより口の周囲の筋肉のこと）が疲れてきますね。時には、喋るのも嫌になります。

〈その二〉

発声のための身体のイメージとして、〃瓢箪の形になるといい〃と石田先生は言われた。つまり瓢箪の下の膨らみが腹の部分であり、真ん中の細くくびれた所が首の部位にあたり、瓢箪の上の膨らみが口の中であり、瓢箪の出口の細い口先が人間の口にあたると言う。

それは、西洋の歌声の発声の時とはまるで違うイメージだ。梶山先生は子どもたちに、〃身体を一本の真っ直ぐな縦笛にして下さい。口も、喉もよく開けないと、お腹の中まで真っ直ぐになりませんよ〃と言いながら、口や首、喉、肩等の力みを取っていたのを思い出す。要は、身体中の力みを取りながら（筋肉の不要な緊張を解しながら）、あらゆる部位で響かせようとしていたのだと思う。

「緊張」による声の響きと、「脱力」による声の響きを、私の身体の中で両立させなければならない。まさにこれは「ナンバ」と「ベルカント」の問題ではないか。

○「自然体・基本体」のこと

1989.3.4

昨年の夏、平泉・中尊寺の能舞台で稽古をしたことがあった。その時、東京・文化学院卒業の姉弟子とも言うべき二十代の女性が小舞を舞った。それを、私は舞台から離れた社の階段から見ていたのだが、妙に肘を張った両の腕が目についてしょうがなかった。白足袋の袴姿でなく、白足袋をはいているもののトレーナー姿だったので、身体よりも前に張った両腕が奇妙に見えたのかもしれない。

私は、梶山正人さんが子どもたちに教えていた姿勢を、歌を歌ったり表現したりする時の「自然体」だと思ってきた。即ち、重心を高く保ちながらも、地面からのエネルギーを吸い取れるよう両足をしっかりと着いて腰を安定させる。そして、膝や胸、肩、首、腕等の無用の緊張を解いて柔らかく脱力し、咄嗟に前後左右に動けるような姿が「自然体」だと思っていた。

しかしながら、私がその姿勢を取ろうとすると、脱力が身体の緊張・集中を無くし、いつのまにか意識までも無くして、私固有の「自然体」になってしまうのだった。背中が丸まり、その分腹を突き出して、上体の背骨が裏S字型になって、卑俗な社長を思わせるスタイルになるのだった。これは、正座をすると、今度は背中が湾曲して、生活に疲れた初老の姿になるのだった。

私固有の「自然体」は、本来の意味の「自然体」と言うものでは決してない。緊張や集中が抜け、意識が抜けることによって、自ずと生い立ちの中での歪みや生活の中での癖が表に出てくるというものであろう。

石田先生は、狂言での「基本体」を、〖膝がちょっと曲がる程度に腰を落とし、やや前傾姿勢になって、脇を広げて（※脇を絞めるの反対）両肘を張り、両手は親指を出した形で軽く握り、腰骨の辺りに置く〗と教えてくれた。これは、舞の時もほぼ同様である。袴をはき、着物姿が当然の、狂言ならではの「基本体」であろう。（※流派によって、若干の違いがあるらしいが……。）

今の私には、強く意識し、緊張・集中し続けないと出来ない姿である。でも、ここには「ナンバ」と「西洋流非ナンバ」という身体行動の大課題が潜んでいるようだ。

○「偏平足」のこと　1989.4.10

今から11年ほど前のこと。私が宮城教育大学附属小学校に勤務していた時のことである。プロ野球巨人軍の王貞治選手が一本足打法でホームランの世界記録を達成したことがあった。その時、マスコミは大騒ぎをし、とりわけスポーツ紙は連日大特集を組んだ。で、その中の一つ報知新聞に、王選手の実物大の左足・足形が載っていた。完全なる逆L字型（鈎型）で、「土踏まず」が完璧に足形から消えていた。

今朝、洗濯をしながら民放TVの『関口宏のサンデーモーニング』を観ていたら、チャップリンとヒットラーの特集をやっていた。その特集のヒットラーの部分で、ドイツ民族（ゲルマン民族）の優秀性の証拠として、ゲルマン民族とアフリカの原住民の足形の比較をした書物が映し出された。内容の解説は一切なかった（※聞き漏らしたのかも?）し、書物自体がドイツ語で書かれていたし、何よりも一瞬の映像だったので、記憶があやふやなのだが、写された書物の写真から、あれは確かに「土踏まず」の有無を示すものだった。つまり、未開の原住民には「土踏まず」が形成されず偏平足のままでいるが、優秀なドイツ・ゲルマン民族には、一様に「土踏まず」が形成されているというのであろう。文化や身体能力形成の質の高さは、「土踏まず」に現れるというわけである。

『七つ子』の小舞を習っていて、石田先生から〝足を打つ〈ドンと足で床を鳴らす〉のは、つま先でなく、足の裏全体で、どちらかと言えば踵の方で打って下さい〟と言われた。私が無意識につま先で足拍子を打っていたことへの指摘だった。それで、言われた通り踵で打ったら、打ち方が悪かったのか脳天までドーンと響いてしまった。

武智鉄二さんのナンバ論によれば、日本人は農耕民族なので、昔から「偏平足」だったと言う。そう言えば、江戸時代の横綱・谷風の足形を入手したら、「土踏まず」がべターッとしていて、「偏平足」だった。狂言での舞や動きの基本である「すり足」は、「偏平足」流なのかと、変に納得した次第である。

どうも「土踏まず」と「偏平足」の因果の中には、西洋文化（非ナンバのリズム）と日本の伝統文化（ナンバのリズム）の身体行動論の違いに帰着しそうである。今後の大きな課題である。

1989.5.25

○「身の程しらず」のこと

5月7日（日）の第3回『遊兎の会』（※石田門下生による狂言発表会）で、『七つ子』の小舞、『よしの葉』の謡、『しびり』の狂言を演じた。演目の数え方からすれば、三演目に出場し演じたということになる。

発表前の舞台での「申し合わせ」の時、石田先生に〝舞での戻り方が反対ですよ〟と言われた。自分では正しく覚えていたつもりでいたので、ほとんど意識しておらず、言われてから「あれっ、どっち回りしたんだっけ？」と思ったりしていた。

で、私の一回目の出番の小舞は三番目。仙台のHさんと一緒に舞台に出て、何となくHさんの動きを見ていたら、すぐ私の番になった。私は、右側に座っていたので右膝を立てるべきなのに、「石田先生から、こっちから回るようにと言われたっけな……」などと考えながら膝を立てたら、なんと左膝を立ててしまった。「しまった！　右足からだったのに」と思っても、もう後の祭り。あとは心臓がドキドキ、頭がモアーっとする中での舞になってしまった。「つづら帽子を志やんとして」の時には、リズムが分からなくなってしまう。何とか最後まで行ったが、終わって舞台裏に戻って来た時には、疲れがドーっと出て来て、空あくびを何度もする始末。その疲れが回復しないうちに、Nさんとの二番目の謡『よしの葉』に出たのだから、悲惨をNさんにも共有してもらう結果になった。

元来、私は緊張したり上がったりすると、声が上ずってきてトーンが高くなる気質だが、やっぱりそうなってしまった。謡の出を高く入ったために、全体に高くなってしまい、「参りて酌を取りとう……」では声が割れてしまった。しかも更に悪いことには、喉の力みを抜こうと首をぐるりと廻してしまった。謡を謡いながら首をぐるぐる廻すなど前代未聞なそうな。

なんか、目の前の観客から〝あらーっ〟と言うため息が聞こえてきた。もう、一番目の失敗の比ではない。頭がぐらぐらして、「ちゃんと正座していられるかしら……」と思いながらの謡になってしまった。それでも気を取り直して、隣のNさんはと耳を傾けたら、Nさんの声が聞こえない。Nさんも私に引きづられて、声が出なくなってしまったのである。

二番とも崩れて、『しびり』も失敗したら、全くNさんに申し訳ない。「どうしたら気分を変えて、演じられるか」必死で考えた結果、出た結論は「疲れたから、ひと眠りしよう！」であった。結果、玄関脇の長椅子で本当に30分位眠ってしまった。舞台では、皆が次々と張り切って演じていたので、実に申し訳なかったのだが。

今にして思えば、私の芸は、まだ左右の足を違えたぐらいで動揺してしまう程度のものである。必死で集中し続けても、舞一つが間違えずに出来るかどうかのレベルであったのだ。それが見えずにいたのは、全く「身の程知らず」だった。でも、再び今にして思えば、実に貴重な経験をしたと思っている。お陰で、我が身がまた一つ見えてきた気がするのだった。

1989.6.5

○「相手と交流する」のこと

今回の石田先生の稽古での終わりの言葉は、〝もうちょっと気分を味わって、楽しんで下さいよ〟だった。台本に書かれた科白を丸暗記するだけで、全くの棒読み風で、自分の科白しか頭にない物言いに対しての言葉である。石田先生にすれば、狂言の楽しさ・面白さは、相手との交流にあるのに……という思いだったのかもしれない。

この前までは、〝上がる（張る）所は、ちゃんと上がって！〟だったが、「そんなことよりも」と今回は言う。多分、これが私たちには、その時々の課題なのだろう。石田先生に言われることは、どれも挑戦し乗り越えなければならない課題なのだが、その都度その都度違う形で言われるのが面白い。

そう言えば、我が家で教員仲間との本読み会で、次回からオブラスツォーフの『人形劇私の生涯の仕事』（晩成書房）を読んでいくことになっているが、この本にも次のような箇所があった。

「おそらく、ほんものの俳優のもっとも決定的な資質は、交流の能力であろう。ほんとうに相手役をみつめ、相手役のいうのを聴き、それに応えることは、いつでも、どんな俳優にも出来るというわけではない。応えるというのは、相手役の「ことば」にでも「キッカケ渡し」にでもなく、相手の情緒に応えることとである。」

この本は、10年ほど前に文屋國昭さんのお宅で「スタニスラフスキィ・システム」の本読み会をしていた時、人形劇に関心があったAさんから教えられた本であった。それが、10年ほどして、ようやく私の中に必要になったのだった。まったく歩みが遅いと言うほかない。

○「ことばが分かり易い」のこと　1989.7.2

「此中は殊の外不仕合せな（このじゅうはことのほかふしあわせな）」

前回、あまりにも私の「物言い」がいい加減だったため、後半は石田先生の自範・先導での稽古になってしまったが、今回もそうであった。日常の努力（修練）が限りなくゼロに近い私にはとてもありがたいのだが、石田先生には全く申し訳ないと思うのみ。

で、そんな中で〃こうすると、ことばが分かり易いでしょ〃（石田先生の言葉）と言うのを、前掲わずか15音の箇所で特訓を受けた。

初め、あまり起伏の無いノッペリした形で言ったら、石田先生から〃頭の方を落とすのが名告りですから、どっしりというか、腹に応えて、準備して。「このじゅう」を抑えて……〃との指示。それで、「このじゅう」を意識して抑えて言ったら、今度は「ことのほかふしあわせな」でないと言う。即ち、私の「ことのほかふしあわせな」は、ひと繋がりで一気に言っているが、「ことのほか」と「ふしあわせな」を分けて言うのだと言う。

そこで、「ことのほか」と「ふしあわせな」を分けて言うと、〃そこが、もっと緩急がつくといい。「ことの」を準備して……〃との新たな要求。今度こそはと「此中は殊の外不仕合せな」を言うと、更に新たに石田先生が「かふ」でないと言う。「かふ」と続けるのではなく、「ことのほか」の「か」と、「ふしあわせ」の「ふ」を分けて、改めて「ふしあわせ」を違えて言うのだとのこと。

先生の後を追って何度か練習し、ようやく合格になったが、

①「このじゅう」を抑えること

②「は」は次への繋ぎなので大事に扱うこと

③「ことの」で下から持っていく

④張りの頂点の「か」と次の言葉の「ふ」を繋げない

⑤「か」と「ふ」のリズムの線を別に作る

⑥「な」を丁寧に扱う（「な」で言葉・音を束ねる）

等の課題が、わずか15音の中にあることを初めて知ったのだった。

○「見えず・聞こえず・言えず」のこと

1989.7.29

『しびり』の時に、石田先生から〝何だっけな、何だっけなと思い出しながらやらないように……〟と言われていたのに、今回の『痩松』でも、また同じことを言われた。しかも、もっと強烈に〝来週があるんだったら、すぐ「来週やり直し！」ですよ〟と。

科白をきちんと覚えていないということは、本当に石田先生の言う通りだ。今回は、相方のSさんが何を言っても、どう動いても「次に何するんだっけ……」ばかりに意識がい

き、見れども見えず、聞けども聞こえず、言っても言えずの状態になってしまうのだった。当然なことに、対応や必然、強弱や攻め・引きと言ったものが、まるで無くなっている。我がことのように、胸や身体が締め付けられるのだった。

「口の過ぎた女じゃ」から入った時、私の言い方に石田先生からすぐストップがかかった。〝そんな風に、準備して言ってはダメなんですよ。いや、準備していいんですけど、そういう準備ではないんですよ〟と。私の言い方は、「ここからですよ」という説明の言い方だけで、中身が何もない。半ば呆れながらも、相手をやっつけてしまおうという強圧さがこの台詞にあるはず。それを表現しようとするのが「準備」であり、「科白をいう」ことになる。

私の言い回しには、いつも相手がいなくなってしまう。というより、相手を無視した自分だけの喋りで、対応無しにペラペラ言ってしまう。しかも、対応が無いから一本調子になり、特に語尾が不明確だったり、軽くなったり、無造作に次の言葉と繋げてしまう。

とにかく、まず科白を覚えてしまわねば、次へ進めない。

○「受動か、反抗か」のこと　1989.8.16

稽古の回を重ねる毎に、石田先生の言葉が辛辣になってくるような気がするが、今回は、今まで最高のカウンターパンチを食らってしまった。

「あなた方のは、受動か、反抗だけなんですよ。言われたことだけをやって、全然自分なりの工夫がない。「誰そ捕らえてくれい」にしたって、どんな「捕らえてくれい」なのか。ただ言っているだけで……。早い話、練習不足ですよ。自分なりに工夫して、それでも分からない時は、どうしてテープを聴かないのですか。私の声が、ちゃんと示しているでしょう。等々」と。

私は、7月（7/29.30）の後、今回（8/6.7）の稽古日まで、少なくとも10回以上は学校の体育館で練習（1回あたり1時間～1時間半）してきた。誰もいない体育館に、三間四方のマスを作り、その中で大声を出して練習してきた。だから、「今度こそは……」と内心思っていた。それが、前述の如き先生からのパンチである。稽古が終わって〝有難うございました。〟と言ったものの、その時の空しさと、どっと出た疲れで、思考力がゼロになってしまった。

でも、考えてみれば（※考えなくたってそうなのだが）、練習した云々は、こちら側の言い訳でしかない。前回の稽古を基に今回の稽古があるのだが、その間の先生の予想・期待に応えられるだけの事実を出さなければ、何もしないで来たのと同じなのだ。実際、大声を出して練習したというものの、科白を覚えるのと、動きの順序を覚えることだけに終始したようなもの。第一、先生の声の入ったテープを真面目に何度も聴き返すことをしなかった。

次回、10月までの2ヶ月。自主稽古のやり直しである。

○「動きが先」「手は後から」のこと　1989.11.1

10月30日に、石巻の市民会館で『野村狂言の会』の公演があった。で、今回は、石田先生の弟子という役得で、野村万作先生たちプロ狂言師の〖舞台合わせ〗を拝見することが出来た。公演開始1時間半前のことである。

舞台上では、万之介先生や石田先生らが動きや位置を確認し、その二人に客席のあちこちから見ている万作先生が注文をかける形で〖舞台合わせ〗が進められた。日頃、私たちの前では大きな存在の石田先生が、万作先生との関係では小山位に見えたのは、何となく面白かった。でも、それだけ、万作先生の力量は、偉大でありすごいということなのだろう。〖舞台あわせ〗を見ながら、附属小学校時代に見た斎藤喜博先生と梶山正人先生の関係を思い出していた。

で、この日の公演は狂言三番を楽しんだが、この「楽しんだ」ことを如何に浅薄に捉えていたか、今回の稽古でまたまた思い知らされた。というのも、何かの本で「狂言はセリフ劇で云々」と読みかじったことが頭の中にあり、科白にのみ意識がいく練習を重ねてしまっていた。当然、動きはいい加減になり、結果的に科白までもいい加減になったことに気づかずに稽古日を迎えてしまった。

今回の稽古では、石田先生に〝動きを先にして下さいよ〟、〝手は、後からにして下さいよ〟と何度も言われた。例えば、

アト　やい。その懐にいれた物は何じゃ
シテ　何も入れはせぬ
アト　いや入れた
シテ　目の早い女じゃ

の所では、私は科白を、女房の方を向く動きや正面を向く動きと一緒に喋っていた。それを石田先生は、〝まず動き出して……。それからたっぷりと科白を言う……〟と注文してきたのだった。

また、別の場所の「危ひ」は、逆に言ってから徐に手を上げるようにし、「こちへ」はたっぷり溜めておいてから手を上げるよう注文してきたのだった。

公演で楽しんだのは、実にこのこと（動作である動きと、科白である物言いの関係）だったのである。科白が生きるようにとの無理・無駄のない動きが科白と表裏一体であったのであり、動きが次の言葉を楽しみにさせていたのである。

○「手順」のこと　1989.11.19

数学の世界に「同型」という言葉がある。代数的であれ、順序的であれ、位相的であれ、構造が同じ時に「同型」という語を使う。

これは、別に言うと操作と結果という視点でも考えることが出来る。例えば「3を加える」操作と「2を加える」操作を順に行った場合と、操作の順序を逆にして「2を加える」から「3を加える」としても、結果は同じである。ところが、この操作を「3を掛ける」と「2を加える」としたら、「掛ける」と「加える」の操作を逆にしたら、同じ数の「3」と「2」を使っても、結果は違ってしまう。もっと卑近な例で言うと、「パンツをはく」と「ズボンをはく」で考えるた場合、パンツをはいてズボンをはけば普通だが、ズボンをはいてパンツをはいたら、もう物笑いである。

囲碁の世界に、「定石覚えの定石知らず」という格言がある。石の置く場所や置く順番ばかり必死で覚えるが、「何故その場所が良いのか」「何故その手順が良いのか」を考えないために、上手にちょっと変形されると、総崩れになってしまうことを言う。

テレビで囲碁の対局を観ていると、時々「あれっ、何でそこから打つのだろう?」と思うことがある。私の目から見ると、「同じ形になるのに」と思えるのだが、プロの解説者が〝これが手筋ですね〟といとも簡単に言ってのける。多分、プロの人たちからすれば、その手順が、最良・最強の必然の手ということなのだろう。

でも、私からすれば、「何故最良なのか」「何故最強なのか」「何故必然なのか」が分からないために、「どうせ同じことなのに、何故あんなに拘るのだろう?」となる。

今回の稽古では、石田先生からの注文を受けながら、この「手順」と言うことが何度も頭をよぎっていった。
・後からやったって、何の意味もないんですよ。
・一歩出るのは、別の世界に入るからなんですよ。それを言ってから出たって……。
・顔を見てから、動いて下さい。
・一度手を引いてから、その後で上げて下さい。
・「もので」まで張る。後は、押し付けて……。
・「はて」は、すぐ被さって。間をあけたら間のびしてしまう。　等々
一つの手順に洗練されるまでには、様々な無駄や駄目があるのだろう。今、その駄目の一つ一つを、私は打っているのだと思う。早く、最良・最強・必然の「手筋」が分かるようになりたいものである。

〈１９９０年〉

○「役柄」「役づくり」のこと

1990.1.16

今回の『魚説法』で、私は三つ目の役になる。『しびり』の時は主人役、『痩松』の時は山賊役、そして『魚説法』では俄坊主役である。

で、前回の『成り上がり』でのNさんの太郎冠者を見て、また今回の『魚説法』での坊主役の科白を練習していて、狂言での「役づくり」とはどうするものか、考えるようになった。『成り上がり』でのNさんを見ると、「頭が悪くて、頭が良い」、「のんびりしていて、敏捷な」太郎冠者を見事に演じていた。Nさんのキャラクターによるものか、地でいくものなのか、あるいは陰でのものすごい自己修練によるものなのか、とにかく「はまり役」だった。私の『痩松』での山賊役も、石田先生からの〝ふてくされたように……〟を手掛かりに、発声から意識して練習したのだった。

でも、今回の『魚説法』での坊主役は、どう喋ればいいのだろうか。前回の山賊役に引きずられて、どうも威厳を示そうとして重々しく喋ってしまう。私が思うには、荘重とも言うべき修業を積んだ大和尚ではなく、まだ入門したての見習い小坊主か、寺の作男風情が坊さんに成りすましているのではないだろうか。だから、お布施に執着し、「生蛸、生蛸」ととぼけて逃げるのではないか。

『俳優の創造』（滝沢修　麥秋社刊）やスタニスラフスキィ・システムに関する本を読むと、台本の読み合わせに入る前に、「役づくり」のための下調べ（解釈）をものすごく突っ込んでやり、また極めて重視する。言い換えると、役が目の前に浮かんでき、手や口がひとりでに動き出すまで執拗に下調べをし、解釈を求め続けると言う。だから宇野重吉さんは『桜の園』での桜の複数形に8年も拘り続けたのだろう。

もしかすると狂言では、『魚説法』での坊主役を「軽っぽく」とか、「ふざけて」とか、「頼りなげに」等と一言で括っては駄目なのかもしれない。ひたすら、石田先生の言い回しを愚直なまでに真似し続けることのみが唯一の「役づくり」なのかもしれない。

俄坊主ならぬ俄弟子の私を、石田先生はどう料理して『魚説法』の坊主役にしていくのか、不安でもあり楽しみでもある。

1990.2.10

○「えい　ここな」のこと

『魚説法』のシテ（坊主役）の科白に、2つ目の所で「えい　ここな」がある。

シテ　いや表に案内がある。案内とは誰そ

アト　私でござる

シテ　えい　ここな。何と思召てのお出でござる

この「えい　ここな」の部分だけで、石田先生は、4つの中身を言われた。

① そこは、ですね。ちょっと止まりますけど、あんまり、止まって見つめてない方がいいんです。そうすると、「えーい」で引くの、辛いでしょう。もう一つ、自分で何か、きっかけ作んないと引けないでしょう。

② 「えーい　ここな　なんと」じゃありません。出て行って、こう、ここで引いたところで、〝ああ、お前か〟ってことなんであって、で、〝どうしたんです？〟となる。だから、「えい　ここな」と「何と」は別です。

③ 「えい　ここな」なんてのは、「私でござる」に対応した柔らかさで受け答えしただけでいいんです。無理に力を入れたり、自分で作ったりしないでも。

④ 「ござる」の「る」と、「えい」を同じ音にしない。「何と」もです。「えい」を高く入ったら、「何と」は、落ち着いて、下から入っていく。そういう違いを際立たせた方がいいんです。

いつぞや、稽古仲間の文屋國昭さんが言っていたような気がする。「型とは、必然であり、典型である」と。私自身、中身の詰まった「型」を知るようになるのはいつの日のことか。南無三宝である。

1990.3.15

○「我が口調」のこと　その一

3月の稽古の時、石田先生から、〝田中さんのは、こうなっていますよ〟手振りで示しながら言われた。私の喋る口調が、外に広がる形でなく、内向きに籠るように喋っていると言うのだった。〝普段喋っている癖ということもあるけど、狂言では「外に広がる」方がいいんです。「内向き」に喋ると、最初に力が入って内に向かうから、喧嘩しているみたいになる。それよりも、外に広げていくように喋った方が聴き易いでしょう。〟とのこと。

私は、今から14年〜10年前に宮城教育大学附属小学校に勤務していた時に、職場の先輩方から〝田中さんと話していると、喧嘩しているみたいだ〟とか、〝言い方が、いつも喧嘩腰だから……〟と何度か言われた。その時は、「敵地で孤軍奮闘」みたいな気分で緊張と必死の連続でいたので、「無意識のうちに我が身を守る口調になったり、攻撃的な口調になってしまうのかな……」くらいにしか思っていなかった。でも、その後、石巻の公立小学校に転勤しても、やはり何度か〝唇をとんがらせて、喧嘩みたく言わなくても……〟と言われた。私としては、普通に喋っているつもりだったし、喧嘩を売るつもりは毛頭なかったのだが、どうも相手や周囲にはそう聞こえていたらしい。

私の喧嘩腰の口調は、石田先生の指摘で、ようやく氷解した。私は、生来口下手である。それ故、思いと言葉がなかなか一致しない。思いや情念のみが先行し、口籠ることや吃ることがしばしばある。だから、無意識のうちに出だしに力を入れ、次の脱力・解しをしてきたのだろう。もっと肩の力を抜いて、おおらかに自分を出していけるよう「自己改造の要あり」である。

○「我が口調」のこと　その二　1990.4.24

4月の稽古から『茶壷』に入った。私とSさん、それに女性のHさんの3人組である。尤も、3人組と言っても、私は小アトの目代役なので「まるで楽勝！」と思っていたら、私の喋りに早速駄目が出された。

・もう興奮しないで下さい。
・もっと収まって。
・張った後は、もっと収まって下さい。そうすることによって、目代の「格」が出てきますから。
・高過ぎますよ。もっと落ち着いて。
・それも高過ぎますよ。
・少し声を落として。一人言だから。
・それも落ち方が足りない。　等々

私は、以前から職員会議や研究会、あるいは組合の大会等で自分の意見を言う時、声が上ずってきて、呼吸のリズムが狂ってしまい、酸欠状態になることが度々あった。声が上ずり、呼吸が浅くなり、心臓がトカトカしてきて、頭が混乱し、メロメロの悲惨な状態になって、ついに何を言っているのか自分でも分からなくなり……。

子どもの前だと、教室だろうが、体育館だろうが、校庭だろうが、どうということなく話せるのだが、人前（大人の前）だと、もう駄目。緊張が声を上ずらせ、声の上ずりが更なる緊張を呼び、そして酸欠状態へ…というパターンに陥るのであった。

その解決方法が、今度の目代役でつかめそうだ。苦しいけど、楽しみでもある。

○「ずるける方法」のこと

1990.11.27

仙岳院の稽古場へ遅れて行くと、Hさん、Iさん、Eさんのグループが、石田先生にしこたま言われていた。〝若い人のように、すぐに覚えられないってことあるでしょう〟、〝帰っても、そんなに練習しないんでしょう〟等から、〝どうして、相手の顔を見ないんですか〟、〝「自分の分だけ言えば終わり」ってんでは、どんどん孤独になっていきますよ〟、〝もっと相手の科白を聞いて下さいよ〟、〝間違いには、許される間違いと、許されない間違いがあるんですよ〟等々と言われていたが、その中で、次のように言われたことがあった。〝なかなか練習が出来ないんですから、もっとずるける方法を考えるといいんですよ。もっと、手を抜く方法を考えるといいんですよ〟と。

「ずるける方法」とか「手を抜く方法」というと何か聞こえが悪いが、よく聞いてみると、話の筋をつかみ、自分なりの思い（想い）を持ってやれば、もっと簡単に取り組めるはずとのことらしい。別に言えば、解釈をして自分なりの話の流れを持つようにとのことである。

これは、狂言の世界ではあってはならないことらしい。徹底的に型を習い、ひたすら型を覚えて身に沁み込ませることで、内面・情緒に迫っていく。その型の一つ一つは、内面・情緒と結びついた「様式」であるが故に、徹底して型を通すということの要である。だからこそ、プロの修業では、寸分違わぬ型を体得するまで、身体をいじめにいじめ、勝手な思い込みや癖が消え去るまで稽古し続けるのである。

でも、私たちは素人であり、「素人の世界」に居続ける弟子である。狂言の稽古を通して「狂言の世界」が楽しめれば本望である。それ故のアドバイスではあるが、私たち教師には、示唆に富む話であった。

1990.12.2

○「舞を覚える」のこと

『茶壷』のシテ（すっぱ役）をやることになっていたSさんが『万乃会』に出ないことになって、急遽私がシテをやることになった。そして、稽古仲間の文屋さんが、私のやっていた小アトの目代役にリリーフである。

シテをやることになって、科白の方は一通り覚えていたので何とかなったが、動きと舞はまるで覚えていない。石田先生からは、〝一度、やったでしょう〟、〝二人がやるのを見ていたでしょう〃と言われるのだが、私には関係ないと思って呑気に過ごしてきたのだからどうしようもない。稽古が終わってから、アトのHさんに教えてもらって、舞を必死でノートに聞き書きした。

で、動きの方は、稽古の時教えてもらうので何とか『万乃会』の発表まで間に合いそうだが、舞の方は、自習して体で覚える以外にない。しょうがないので、連日、学校で自主トレ・特訓をすることにした。幸い、学校の放送室のスタジオが絨毯敷きになっている。子どものいない放課後、こっそり入って一人特訓を始めた。

舞は謡に合わせて舞うのだが（※本当は、舞に合わせて謡うのだが）、まず一つ一つの動きが分からない。自分で謡っては、ノートを見ながら舞の動きを思い起こしていった。しかしながら、二回目の「わがものゆえに……」で扇を抜いて前で開き、形を収める……と一つ一つ辿っていって、最後の「……とのさま」までいったら、もう前の方の動きは忘れているといった具合。

四苦八苦しながら動きを確認した後、いよいよ謡いながら舞を通してみることにしたが、これがまた大変。謡いながら舞の動きをして、しかも常に次の謡と舞を意識して準備していないと、すぐに頭と身体、声と動きがバラバラになってしまう。何度やっても突っかかっては失敗の繰り返しである。でも、そのうちにいい方法を思いついた。それは、謡のテンポをうんと遅くして舞うのである。こうすると、次のことを考える余裕が出来て、動きの準備が出来るのであった。

考えてみると、これは梶山正人さんに歌の指導で何度も教わった方法である。曲のテンポを落として、呼吸のリズムをつかまえさせ、内容を盛り込んでいく。謡と舞でも同じことだったのだ。

○「テンポ」「リズム」のこと　1990.12.13

今から10年ほど前、「スタニスラフスキィ・システム」の勉強会をしていた時のことだ。『俳優修業』（山田肇訳　白水社刊）での「テンポ・リズム」の章の本読みの所で、仲間の文屋さんが『スタニスラフスキイ・システムによる俳優教育』（白水社刊）の本を紹介し、〝テンポより、リズムの方が大事なんだってよ〟と言ってきた。一緒に勉強会に入っていた梶山先生も、そばから〝そうなんですよ〟と言っていたが、私には何となく「ふうん」としか思えなかった。「テンポとは?」や「リズムとは?」が、私の中で明確になっていなかったからだ。

10年後の今、そして『茶壷』のシテ（すっぱ役）の舞を自己練習している今、「テンポ」とは全体の流れに関係し、「リズム」は解釈に関係すると思えてきた。

具体的に言うと、『茶壷』での舞の部分「さ候らえばこそ　さ候らえばこそ」は、左右から収めの形になり、「おれが主……」で半身にひねって自分を指さし、そしてまた戻る等の動きが、謡のテンポを落としてゆっくり舞の動きを確かめながらやると、よく分かるのである。そして、ゆっくりしたテンポでなら動けるようになると、だんだんテンポを速めていき、通常の2～3倍の速さでやると、これはこうして、次はどうなって、ここで足をかけて等々の動き・流れがよく分かる(つまり身体の流れを作り出す)のである。

また「リズム」に関して言えば、例えば、シテ(すっぱ役)がアト(中国の者役)の真似をして「あれは、は茶壷でござる。私は、中国の者……」と言う所があるが、石田先生から〝もっと、言葉を強調して下さい。**ちゅうごくのもので、ことのほかのちゃずきで。まんま……**〟と言われた。アト(中国の者役)の真似をするのだから、アトと同じ調子で言うのではなく、一層強調して言うのだが、強調するためには、その前で力を溜めなければならないし、また強調した後は収めなければならない。これは、別に言えば梶山さんから習った「攻めて―引いて。引いて―攻めて」でもある。つまり解釈したことは、リズムの違いやリズムの強調となって表れる。

更に、リズムを違えることとは、自分の中に解釈の違い・情緒の違いを引き起こす。『茶壷』での小アト(目代役)をやっていた時、「やい、やい。両人共、……」を一気に言っていたら、石田先生から〝「やい、やい。」で落ち着いて。「両人」から気分を変えて、落ち着いて言って下さい。でないと、目代の格が無くなっちゃう……〟と言われた。気分を変えるとは、それまでの調子を変えることであり、まさにリズムを変えることになる。

もっとも、これが「テンポ」でこれは「リズム」と簡単に種分け出来るものではない。『茶壷』でのシテ（すっぱ役）での「やい、やい。若い者。ここは街道……」の所は、ねこなで声で寄って行く所だが、その前の部分とリズムを変えなければならない。しかもテンポも変えて落とさなければならない。というより、気分を変えようとしてリズムを変えると、必然的にテンポも変わってくる。

日本語での「調子を変える」は「気分（情緒）を変える」に繋がるが、この「調子」を「テンポ」「リズム」に置き換えるとどうなるのか。また一つ、勉強課題か見えてきた。

○「瞬きする」のこと

1990.12.16

ずっと以前の、何日のことだったか。テレビのトーク番組か何かで、ちあきなおみという歌手は、一曲を歌い終わるまで一瞬も瞬きしないと聴いた気がする。真偽のほどは定かでないが、自分でも真似をして目が痛くなり、「なんとまあ、大変な努力をするものだ」と思った記憶がある。

今回、国立能楽堂での『万乃会』に参加して『茶壷』をやったが、その時のビデオテープを観て、全くびっくりしてしまった。やっていた時はまるで意識していなかったが、科白を言っている時の瞬きの多いこと。気にして見ると、うるさいと言うほかないぐらいである。

で、プロの万作先生たちはどうだったんだろうと、石田先生から渡された『茶壷』のデモテープ（シテ―万之丞先生・アト―万作先生・小アト―万之介先生）を観たら、案の定、万作先生たちは極端に瞬きが少ない。万之丞先生にいたっては、一度も瞬かないのではないかと思うぐらいほとんど気づかない。

絶え間なく瞬き続ける我が姿を観て、うるさいと言うだけでなく、表現になっていない、〈観客に働きかけ、交流していない〉と思えてきた。内にあるものを出しているということは分かるのだが、目を見開いて瞬きをせず語っている方が、はるかに演技者との交流を感じるのである。もしかすると「瞬き」など、取るに足らないどうでもいいことなのかもしれない。あるいは、見栄えをよくする一つの表現術・演技術なのかもしれない。でも、瞬きする、しないという姿の中に、内的表現の問題が潜んでいるのかもしれないと思った。

追　やはり、歌舞伎の世界では、表現上の重要なポイントだった。武智鉄二さんの対談集に「○○の何代目は二時間も瞬きをしなかった」と書かれてあった。

1990.12.16

○「芸になる」のこと

もう2年ほど前になる。『宇治の晒』の小舞を教わった時、石田先生が〝ここは、櫓で舟を漕ぐ形になるんです〟と言われたことがあった。それで私は、一生懸命櫓を漕ぐ姿を作っていたら、〝それは、櫓を漕ぐ姿であって、舞ではありません〟と言われてしまった。

今回、『茶壷』で急拵えのシテ（すっぱ役）をやった。やり終えて控の間に戻った時、後見をしてくれた石田先生から〃地でいって、面白かったですよ〃と、ニヤリと笑って一言声をかけられた。私としては、それなりに精一杯やったつもりだったので、〃ありがとうございます〃と返事をしたものの、何となく気になった言葉だった。

その後の外での食事会の時には、わざわざ宮城から観に来てくれたIさんから、〃田中さんが出てて、面白かったわよ〃と言われ、仙台『乙の会』グループのSさんからも、〃赤堀先生（大学時の教官）とくすくす笑ってたのよ〃と言われた。

で、家に帰ってから4日ほどすると、発表した『茶壷』のダビングテープが送られてきたので、早速ビデオでの我が『茶壷』を観てみた。ビデオを観て、なるほど皆さんの言う通り面白いと思った。『しびり』や『痩松』、『魚説法』の時よりも面白いと思った。でも、反面ひどくがっかりしてしまった。「なんだ、これは。全然芸になってないじゃないか」と。

優雅さ、格調の高さ、品の良さ、あるいは動きや声の明快さ・明確さ等々。そういったものを観客に感じさせた時、それが「芸」であり「芸術の世界」を表現したということになるのだろうが、私の演技には、まるで無縁の世界だった。つくづくと、プロの世界への道の遠さを思い知らされた次第である。もっとも、「芸」にならないから素人と言えるのかも……。

ともあれ「遠い道　はるかな道」である。

〈1991年〉

○「助詞の効用」のこと

1991.1.14

今回から、新しい狂言『謀生の種』というのを稽古することになった。というのも、第4回『遊兎の会』の発表会が3月10日にあり、『茶壷』か『棒縛り』を配役を替えて出してくれということだったが、Hさんも文屋さんも都合が悪くて駄目になり、それではということで、急遽東京の弟子のTさんと一緒に、『謀生の種』をやることになったのだった。ただ、稽古日があと4回しかないので、台本を見ての「素狂言」にしようというものである。見台に台本を置いて、正座したままでのやり取りであるから、動きは覚えなくてもいい。しかも、「台本を見ながら言っていい……」とのことだったので、即〝はい、いいです！〟と言ってしまった。すると、早速台本を渡され、すぐ稽古が始まった。

今回の『謀生の種』は、一人で長い科白を言う箇所が4か所もある。『魚説法』でのお経の科白くらい。そのため、いつものように石田先生の後から続けて言うのだが、話の筋を分からずに言うため、息が続かない。張る部分を十分最後まで張りきれないのである。具体的に指摘された所を幾つか上げてみると、

・「いたいて」の「て」
・「若い者が」の「が」
・「富士の」の「の」
・「着せてみせうと」の「と」
・「山の如くに」の「くに」
・「紙を」の「を」
・「事では」の「では」
・「嘘を」の「を」
・「継ぎ合わせてなりとも」の「とも」
・「させらるるが」の「るが」
・「種で」の「で」
等々

これらの箇所は、息を十分保持出来ないでいるからなのだが、よく考えると大半が助詞の（助詞様の）部分である。即ち、息を保持させられないでいる原因の一つに、私自身の中に、「助詞を軽んじてしまう体質（つまり、大事なのは名詞に代表される単語であって、助詞はその名詞の添え物――くっつきでしかない）」があるのではないか。別の言い方をすると、「書き言葉文化」を「話し言葉文化」に優先させてしまっていたのではないか。確かに、文では、名詞、動詞、形容詞、副詞等の単語が、文の内容を規定していく。その意味では、助詞は「くっつき」という添え物でしかない。しかしながら、助詞は、文の方向を規定していくと言えないだろうか。「話し言葉の世界」では、明らかにそうだろう。私たちは、おしゃべりや会話をしている時、単語の意味が分からなかったり、聞き漏らしたりすることが度々ある。それでも、適当に返事をしたり、会話に交じっていられるのは、話の方向が分かっている時である。今の会話が否定の方向なのか、付け足しや倍加・倍増の方向なのか、一旦停止の場合なのか、逆戻りの方向なのか等が分かるのは、助詞を（助詞様を）はっきり示し合うのが「話し言葉の世界」の基本なのではないだろうか。

私が十分に張り続けられないのは、息の保持や呼吸の訓練が出来ていないからである。でも、ここには「書き言葉の世界」と「話し言葉の世界」の違いが潜んでいるようだ。特に、学校教育では、「書き言葉」の優位、というより「話し言葉」を蔑ろにしている風潮が蔓延している。私ら教師にとって、大きな課題である。

1991.2.4

○「いろんな張り方がある」のこと

「リズムとは、強調のことである」とこの頃考えるようになってきた。強調するためには、その前で力を溜めなければならず、また強調した後は必ず収めなければならない。この強調の有り様（溜め—強調—収め）がリズムとなって、相手や観客に伝わっていくのだと思える。

狂言で言えば、強調とは「張り」のことである。その「張り」について、石田先生は、今回次のように言ってきた。〃今はまだいいですけど、張る所が、結構いろんな張りしていますからね。注意して下さい。押さえたりとか、たっぷり言ったりとか、さらっと言ったりとか、高さがあるとか……〃とである。私が、張りの所をやたらと力んで声高に言ってばかりいたので、それを捉えて言ったのであった。

また、他の所では、次のように言っている。

〃つまりね、二字目ははっきり言いますけど、音が上がるのは、三字目以降だと思って下さい。〃

〃そんなに上げないの、音を。音を張るというのは、音を上げるもんだと思わないで下さい。むしろ、強めるもの。強めて、広がるもんだと思って下さい。〃

〃言い方を変えれば、普段とそんなに変わらない喋り方をしていればいいんです。それを、もうちょっとたっぷりと広げて……。〃

〃もうそろそろ、ただ張りを真似するだけでなく、いろいろなニュアンスがあるでしょう。それを聴き分けて下さい。〃

私の課題は、山積している。

○「思いを作る」のこと　1991.2.7

2月4日の稽古は、私が先に帰ったのでよく分からないが、大分遅くまで稽古をしていたらしい。翌5日の稽古も私が先になったが、20分位で終わったので、次の方々の『附子』の稽古を見ていた。教えられる弟子たちが科白をまだよく覚えていないためか、石田先生も随分イライラしている様子だった。その中で、次のように言っていたことが、私の中に強く入ってきた。

〝もっと思いを入れて下さいよ。ただ科白を言おう言おうとしているから、相手を見なくなってしまう。科白なんか、少々違ったっていいんです。今、ここで何をしようとしているのか、どんな思いでいるかってのが大事なんですよ。思いがないから、科白の言い方も違っちゃってる。仮に、思いがなくっても、科白の言い方が正しければ、その思いが伝わるんです。……思いが無いから、動きもいい加減になっている。足を引いてから、御掛物を破るってことないでしょう。ここは、破ろうって思いでいるんだから。〟

スタニスラフスキィ流に言えば、「真実の感覚」ということになるのか。あるいは「情緒的記憶」での情緒ということになるのか。要するに、「その気になる」の「その気」のことである。

これは、『しびり』をやっていても、『痩松』や『魚説法』、『茶壷』をやっていて[illegible]、強く感じたことである。「その気」になってくると、科白にリズムが出てくるし、[illegible]

ズムを作ってやる（つまり、習ったことを正しくやる）と、「その気」になってくるのである。そして、「その気」が次の「その気」を呼び起こし、次の「その気」がそのまた次の「その気」を呼び起こし……と、芋づる式に情緒・思いが引き出されてくるのである。

だだ、残念なことに、今の私のレベルでは、この「その気」の連鎖が必然的に繋がり続けていくというものではない。まだまだ、一つの演目で何箇所かそうなってきたというレベルである。しかしながら、正しい科白の言い回しと情緒との関係が納得出来てきた。

1991.2.19

○「思いを入れる」のこと

いつでものことだが、新しい狂言を習う度に、そして稽古をする度に、石田先生から、〝ここは○○なので、その思いを入れて下さい〟、〝▽▽の思いをもっと出して下さい〟と言われる。まったく呑気にペラペラと出てしまう場合だけでなく、私なりにその思いになったつもりでも、何度も前述のように言われてしまう。思いもなしにペラペラ言ってしまう場合は問題外だが、思いを入れたつもりなのに言われてしまう場合の原因を、後でテープを聴きながら考えてみると、次の二つがあるようだ。

一つには、分かったつもりの解釈が違っている場合である。その部分だけで言えば、私なりの解釈も成り立つのだが、全体の流れ・必然からすれば、石田先生には異を感じるらしい。それで、駄目が出る。「狂言の世界（科白芸の世界＝話言葉の世界）」の基礎基本・

原則を知り、早く科白の抑揚における流れや必然を感じて反応する身体になりたいものである。

二つには、思いの表現が表現になっていない時である。自分ではそのつもりでも、石田先生の耳には、全然その思いが表現（言葉の言い回し）になって届かない。すると、また駄目が出る。石田先生の耳には、と言うより「そのような表現では、相手や観客に届きませんよ」ということである。特にこの二つ目は、強調や誇張、あるいは流れのうねり・振幅が小さいということのようだ。しかしながら、この濃淡を色濃くする、あるいはうねりの幅を大きくするということが、まだ分からない。石田先生の示す手本にひたすら耳を傾ける段階である。

指摘された「思い入れ」の幾つかを上げてみると、

・「されば」　いよいよ来たな
・「あの大きな山」　山を見る
・「まず甲斐の国」　もったいぶって
・「何と」　呆れて
・「何が大勢の」　別の気分で
・「と申して」　元に戻って別人に
・「扨扨訳もない」　呆れて

・「さらば」　　突っ込む　　等々

○『岩飛』での謡のこと　1991.3.27

12月の『万乃会』での演目が、中野さんと組んでの『棒縛り』と決まったが、肝心の台本が手に入るまで、謡の稽古ということで、小舞『岩飛』の謡を教えられた。

今回は、久しぶりに石田先生の指導の言葉を抜き出してみたい。

・強吟なので、もう少し力を入れて下さい。一つ一つの字を口の中で遊ばせるくらいの感じのほうがいい。つまり、一つ一つには、何の節もないわけですから。例えば「はじめんとて」でも、強弱とか、出す―引く。そういう、言葉のアクセントに気をつけて……。

・頭にカタカナで「ノル」って書いてあるでしょ。そういうふうに書いてあるのは、囃しに乗るってことなんです。これは「大ノリ」という謡で、簡単に言うと、能の謡とか狂言の謡というのは、みんな八等分されるんです。で、「大ノリ」というのは、そのまま八等分なんです。勿論、このリズムには緩急がありますけどね。「いーでーいーてーいーわーとーび」で八つでしょ。

この一、二、三……で終わったり始まったりする音と、この一、二、三…の間で終わったり始まったりする音があるんです。半間ってことなんですけど。その二種類ありますからね。それと、ついでに言うと、「一、二、三、四……」の「二」と「四」に力を入れて下さい、だから「い**で**い**で**いわと**び**」。「八」も力を入れる。「はーじーめーんーーーとーてーーーー」で「八・五」で終わる。で「と」も上で始まる。

・最初のうちは、慣れないですから、印をつけた方がいいですよ。我々は、裏とか表と言うんですけどね。上から始まるのを裏って言うんです。特に「東をみけば」の「ば」の所に点、伸ばす印が書いて無いでしょ。書いて無くとも八等分するから「・ひーがーしーをーみーれーば」で、七つで足りないから、「ば」を引いて八つにするんです。

・「にー**ち**ーりー**ん**ーがーちーりー**ん**」で、二つ目と四つ目、八つ目に力を入れる。力の入れ方も、「にち⤴」って上に上がるんでなく、「にち⤵」って。

・裏で終わった時は、当然、一つ目は当たって休みになってるわけだから、次を引くわけです。引いて、この「η」って当たった所が一番強くする。だから、「チョン、にー**い**し**を**」。「チョン、にいしをみれば」も七つだから、「**ばあ**」と引いて八つにする。

・裏、表の目安としては、次の節に点々がふってあれば、裏で終わるんです。「チョン、みいなそこに　ずっふっと」上。音は変えない。節は同じ。

・二つ目と四つ目に力が入んなくなってきたよ。特に、二つ目に力を入れて下さい。当たっている時は、二字目に力が入んの。当たっていない時は、一字目のおしりに力が入んの。「ひが」「にち」。「にし」は当たっていないから「にいし」。

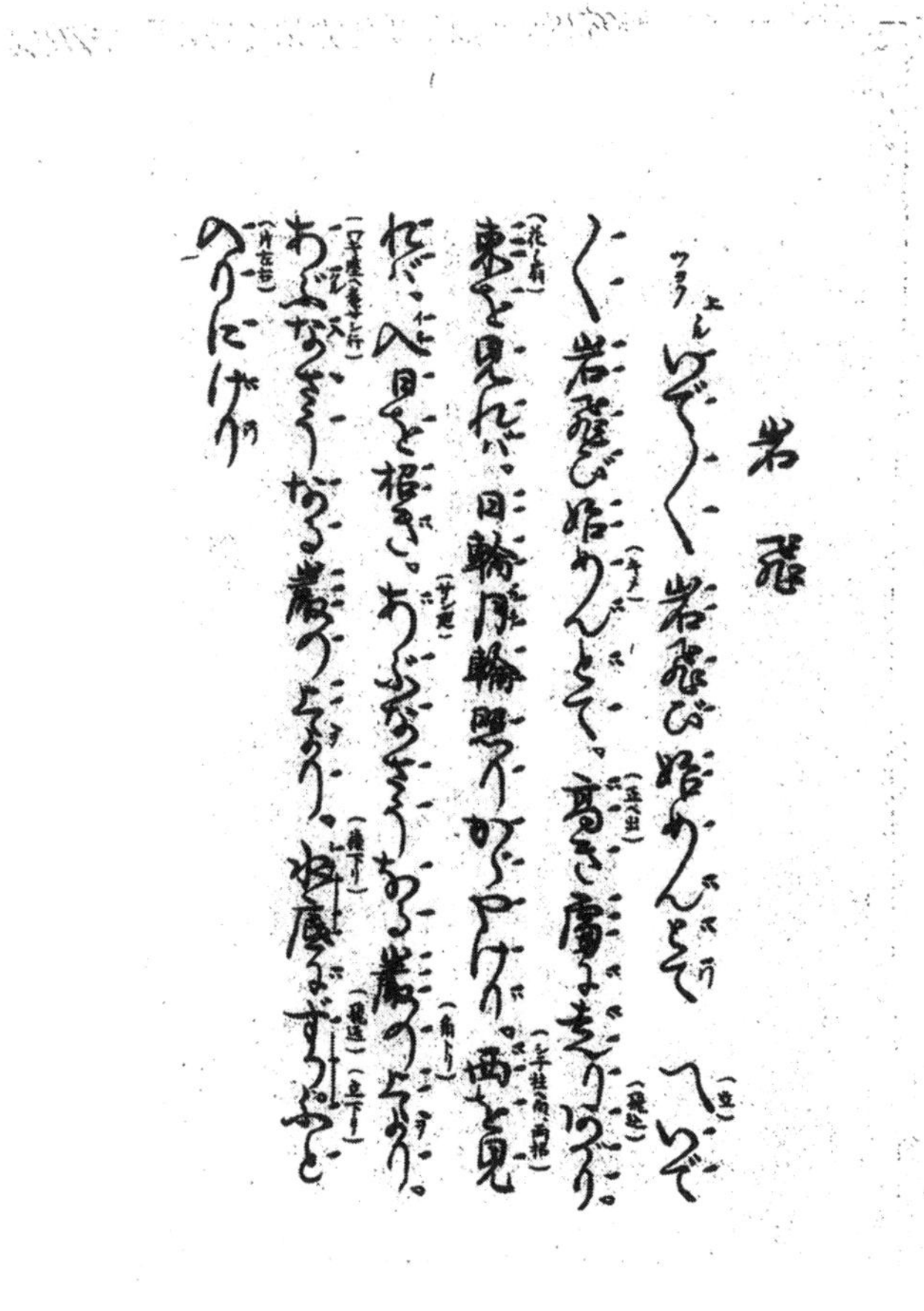

〈1992年〉

○「緩急をつけて」のこと

1992.2.20

1月から『大原木』の謡と舞を教わっている。何故『大原木』なのかは、よく分からずに教わっているのだが、謡の声を出すほどに、そしてまた、舞の動きをするほどに、私用にと『大原木』を選んだ理由が感じられてきて面白い。ただただ「さすがに先生だ」と思うのみ。

ところで、舞の稽古の時に、何度か言われた言葉に、〃緩急をつけて下さい！〃というのがあった。「木買ふし……」の立ち上がってからの正先へ12足出て行く時や、「小原……」の左廻しと「知られぬ梅……」の右廻しの時だけでなく、「おぼろの……」の巻きざしにしても、「影は八瀬……」での月扇や「松が崎…」での花扇、そして最後の「大原木召され……」の左右の収めにしても、私の動きはただ動く順を追うだけで、同じテンポでのっぺらぼうの如くべたーっと動いていただけだった。

だから、石田先生に〃緩急をつけて……〃という注文がついたのだが、帰ってから考えてみると、この「緩急」という中身は、大変なことだと思えてきた。国語辞典によれば「①ゆるやかなこととときびしいこと。②急なこと。」くらいで大したことは書かれていない。

しかしながら、舞の場合の「緩急」とは、スピードの速い・遅いの違いは勿論であるが、集中と解放であり、凝縮と弛緩であり、抵抗と押し出し（勢い）のことである。しかもそれに呼吸（息）の支えが絡んでくる。
今の私は、石田先生から〝ここをこう……〟と極めて単純に、典型化して教えられたものを、一本のひものよじりを丁寧に解していくように、一つ一つの動きを分解して解析していかねばと思っている。多分、二十代の頃だったならば、身体をいじめ抜くことで、一つ一つのことが、あるいは次々と変化する一連のことが、総合されて身についてくると思えるが、如何せん、不惑も半ばの45歳。自分のペースで、一本ずつに糸を解しては編み直す作業をじっくり且つゆっくりと進める他は無い。4月末の『遊兎の会』では、まるで見栄えのしないものにしかならないだろうが、私にとっては面白い、課題がいっぱい入った『大原木』である。

1992.5.4

○「すり足再考」のこと

5回目の『遊兎の会』も心楽しく終わり、帰りの新幹線の中は、誰もが満足でいっぱい。一言の口も利かず、すぐ眠りに入ってしまった。でも、私は、居眠りしながらもぼんやりと『遊兎の会』を振り返っていたのだが、ふっと劇団関係女性陣の「すり足」の姿が浮かんできた。私にはまだ「良いの悪いの云々」と批評出来るだけの技量は無いが、妙にスケートの足の運びのように見えて、印象深かったのだった。

そう言えば、4月の稽古の時、石田先生から〝足の先が上がってしまいますよ（※親指が上に反り返るの意）〟と足の運びで注意を受けていたのだった。〝床から足を離さないで。むしろ、足の指を逆に反らせるくらい（※への字の如く）で歩いた方がいいんです〟と言われ、「そうだった、そうだった」と反芻していた。ずっと以前に、万作先生から〝美しい「すり足」なんて芸ではありませんよ〟との話を聞かされたことがあったが、『大原木』の舞の動きに気を取られ、ついつい足の運びにまで神経を通わせることを怠っていたのだった。

それで、『大原木』発表の『遊兎の会』までの間、単身赴任先のアパートの床で、「大原木召され候へ」の前へ出て行くところや道行きの部分での足の運びを練習したが、当然の如く上手くいかない。何度も繰り返すうちに、上手くいかない原因の最大のもの（※原因は幾つも思い当たったが）は、腰の安定にあると思えてきた。つまり、武智鉄二氏の言葉を借りれば、腰（重心）を低くしているつもりでも、ナンバ流の腰にならず、非ナンバ流・西洋式の中腰になり、重心の不安定さから足がふらつき、それをカバーするために無意識裡に親指を立ててしまうのだった。

蛇足だが、能のすり足と狂言のすり足は、足の運びが違うと言われている。武智鉄二氏の本によると、それは「猿楽と田楽の違い」であり、「神への祭事と生産労働の祭事の違い」だそうだが、そういった問題も含めて、再度「すり足」を考えてみたいと思った。

○「様式の中のリアリズム」のこと　1992.5.28

教師仲間での勉強会『ナンバの会』で、武智鉄二さんの『武智歌舞伎（武智鉄二著作集）』（三一書房刊）を読んでいるが、今回その中に「様式の中のリアリズム」という言葉が出てきた。「様式」と「リアリズム」の問題は、『アンサンブルとどろき』で文屋さんが表明してからの課題であったが、武智鉄二氏の本の中に正面から書かれてあった。もっとも、「書かれてあった」というだけで、それを私が理解したということではない。それでこの「様式の中のリアリズム」ということを、石田先生から教えられ稽古した『大原木』と結びつけて考えてみようと思った次第である。

『大原木』とは、狂言の小舞謡である。京の都はずれの大原の者（大原女か？）が、都への道々、「木買ふし　木買ふし　大原木召され候らへ」と言っては、木（大原の木＝大原木）を売り歩く姿を謡と舞にしたものである。テンポのゆったりした、それでて内容が凝縮し且つ悠然とした小舞である。

この『大原木』の舞の最初の部分に、立ち上がってから正先（舞台の手前）まで出ていく動きがある。謡では「大原木召され候らへ」の部分である。後見の謡に合わせて（※本当は、舞手に謡手が合わせるそうだが、舞手―素人の私、後見―先生なので）、左足→右足→左足→右足…→左足・右足（両足揃え）との足の運びに合わせて、左手を脇から前に徐々に上げていき、最後の両足揃えの時に、左手が伸びたまま前方に上がっているようになる。

この左手が前方に上がった状態を、石田先生は〝無限の彼方を指す〟と言い表した。私は、それを数学でいう「無限遠点」とイメージし、左手だけでなく視線も無限の彼方へ持って行く（つまりは、「思い＝意志や情緒」の全てをはるか彼方に繋げて行く）よう意識してみた。

ところが、これが難しい。アパートの板の間で何度も練習するが、上手くいかない。何が上手くいかないのかと言うと、謡のリズムと足の運びのリズム、左手を上げていくリズム、それに無限の彼方（無限遠点）に繋げる心理状態とがまるでバラバラで、舞として一つに統合しないのだった。気持ちを意識すると足が遅れ、足の運びの調子を気にすると左手が早く上がりすぎ、手と足が上手く合ったと想うと無限の彼方に気持ちが繋がっていなかったりと、ずれや急ぎ過ぎの繰り返しであった。でも、たまたま一致すると非常に気持ちがいい。というより、身体内部に「必然」を感じるのである。その時、ふっと思ったのが「様式の中のリアリズム」であった。

○「肚が痛くなる」のこと

1992.5.30

稽古が終わってから石田先生と一緒にお茶を飲んでいた時だ。相方をするNさんが、石田先生に、今回から稽古を始めた『柿山伏』の口調（抑揚・イントネーション）について質問し出した。

〝今度の『柿山伏』では、山伏役の喋り方が、押しつけるっていうか、がくっと下がる所がいっぱい出てきますが、私なんかだとそのまま言ってなかなか下がんないんですが、どうすればいいのですか？〟

すると石田先生、あまりにも常識的な（初歩的以前の？）質問だったのか、かえって言葉に詰まってしまって、〝そうですねえ……〟と言って、天を仰いだまま苦悶している。私が、側からもぞもぞと〝「呼吸」っていうか、「肚の支え」ではないんですか……〟と質問気味に言うと、すかさず石田先生が、〝そうですよ。私なんかよく肚がいたくなりましたよ〟と言ってきた。この言葉を聞いて、「やはり、そうだったのか」と一人納得した次第。

というのも、この頃自分の発声・喋り方が、意識しないとすぐ喉（声帯）に頼ってしまい、力んでは喉を痛くすることの繰り返しが非常に気になってきたからだ。2～3年前までは、喉だろうが声帯だろうが、あるいは横隔膜の支えだろうが、ガンガン大声を出していけば、それなりに（自然に）鍛えられてきて張りのある声に行きつけるのではないかと思って、ひたすら無人の体育館で一人大声を出していたのだった。しかしながら、全く継続性のない衝動的な自主練習のためか、いつも喉を痛くしてはゲーゲーの繰り返しだったので、最近はもう少し賢い練習（焦点を絞って、訓練する場所・部位を意識した練習）をしなければと思っていたのだった。

この知恵は、『武智歌舞伎』の本読みにもよるが、具体的には『大原木』での「木買ふし」の部分、「しーぃいぃいぃいー」を謡うには、どうしても肚で謡う（肚で支える）のでなければ、声がめためたになることによるものだった。

「肚の支え」は、新たに見つけたこれからの必須修業課題である。

○「いろいろな言い方」のこと　1992.6.19

『茶壷』の頃からだったような気がするが、石田先生から〝ただ、大きく・小さく（高く・低く、上げて・下げて）言うのではなく、大きいのにもいろいろありますから、気をつけて言って下さい〃と言われ出した。つまり、「一つ一つの言葉には意味（思い）があるのだから、それを感じ取って表して下さい（解釈をし、表現を工夫しなさい）」ということである。しかし、これが大変。しかも、私たち素人弟子には、「俳優業が専門職業ではない」という逃げ道があるため、真面目に自主練習・自主勉強をついついしないでしまう。だから、何度も同じ所でつまずき、何度も同じことを繰り返してしまう。私たちから石田先生に「教えて下さい！」と頼んでいるのに、ほとんど練習や勉強をせずに稽古に来るのだから、「全く、私たちは、かしずかれるのを是とする大名か殿様なんだなあ」と思わざるを得ない。ただただ、石田先生の人徳を願うのみ……。

で、今回の『柿山伏』でも、〝いろいろな言い方がありますから〟と早速言われた。

アト　（笑い）あの大きな形りで、木の陰へ隠れたというて、見えまい事は。き奴は愚かな山伏そうな。ちと嬲ってやらう。はあ、柿の木の陰へ隠れたを、人かと思うたれば人ではない。

この部分を口伝えで教えながら、石田先生は〝独り言の所。説明している言葉。相手に向かって言っている言葉といろいろありますから。整理して下さい〟と注文をかけてきた。確かに、先生の言う通りであり、こう言われるとよく分かる（もっとも、「分かる＝出来る」では全然ないのだが…）。お陰で、練習の方向が定まってくる。後は、自主練習の中で思考錯誤を繰り返す以外にない。

ところで、石田先生の「独り言」「相手に言う」の言葉を聞いていて、私は、宮城教育大学・授業分析センターでの斎藤喜博さんの授業を思い出していた。私の学級（3年生）の子どもたちに、坂本遼の詩『春』を教えていた時、子どもたちの朗読に対して、〝自分に聞かせるように〟、〝みんなに聞かせるように〟との評価や注文を絶えず出していたのだった。「表現」を考える（行う）上での原則が、ここにはあるのだろう。更なる課題である。

○「地を出さない」のこと　1992.8.3

大変に生意気で身の程知らずなことなのだが、「地（生身の私）」が出ないようにするにはどうしたらいいのかとずっと思い続けてきた。芸（身体表現による芸術）とはそのようなものと観念的には考えるからだ。でも、夢中になり「その気」になると、何時も生身の私が出てきて、私自身の身体行動になってしまう。『茶壷』の時は、その最たるものだった。観客からはいくらか笑ってもらえ、自分でも「その気」になり楽しんでやったのだが、石田先生からは一言、〝田中さんの地が出ていて、面白かったよ〟と言われてしまった。

私ら教師が、学校で子どもたちと劇などの「表現活動」に取り組む時、一番先にぶつかる課題は、子どもたちがなかなか「その気」になってくれないことだ。暗記した台詞をただ棒読みの如くぺらぺらと言うだけで、何の感情や思いもない。それで教師は、解釈をしたり、イメージ・情景を作ったり、間の呼吸を教えたり、相手との対応関係を作ったり等々、様々の手を尽くして子どもたちを「その気」にさせて（役にならせて）いく。子どもたちが「その気」になればしめたもの。子どもたちは自分でどんどん想像し、イメージを膨らませ、表現をいろいろ工夫し出すからだ。

「スタニスラフスキィ・システム」を持ち出すまでもなく、「その気になる」（信頼の感覚・真実の感覚）は、「テンポ・リズム」や「とぎれぬ線（貫通行動）」と同じくらい演技術のイロハなのだろう。でも、「その気になる」と「地が出る」の矛盾を、私の中で具体的実践課題としてずっと解決出来ずにいたのだった。それで、厚かましくも〝あのう、石田先生に質問なんでございますけれども……〟となった次第。

それに対する石田先生の答えは、簡潔明瞭だった。〝言葉をきちんと言うんですよ（言葉の中に内在する様式をしっかり表すの意）。〟とのこと。そして付け加えてくれたのは、〝言葉が、身体を表しますから……〟だった。言われてみれば、真にその通りである。全く私の物言いは、自己流のいい加減なものだった。石田先生からいつも言われている〝もっと、ちゃんと言葉を覚えて下さいよ〟は、実に意味深い言葉だったのだ。少しずつ少しずつ、「言葉の持つ世界（言葉の表す世界・言葉の創り出す世界）」を実感していこうと思う。

1992.8.8

○「手（足）拍子」のこと

空威張りのみが好きで、ちっとも分別の無い山伏が、百姓にさんざん嬲られ（馬鹿にされ、騙され、煽てられ、威され等々）て、ついには鳶になった気で木の枝から飛んでみるが……。その時、山伏を煽り立ててその気にさせるのが「とぼうぞよ　とびそうな」の囃し言葉であり、手（足）拍子である。ところが、この手（足）拍子が以外に難しい。手に持った扇で打つ時に、足を上げればいいだけのはずなのだが、まるで出来ない。1回目は、狙っているのでなんとか恰好がつくが、2回目、3回目とやっていくうちに、手と足がバラバラになり、めためたになってしまうのだった。

考えてみれば、この手と足の拍子は、「逆ナンバ」の動きなのであろう。つまり、重心を低く取って、右手に持った扇を上から左の手の平に振り下ろす度に、右足をポンと跳ね上げる。「右手を上げれば、付随して右足が上がり……」が「ナンバ」なら、この右手が下がると右足が上がるが対になる動きは、まさに「逆ナンバ」ではないか。普通に、「手↓↑足」と動かすならたいして困難は無いのだが、重心を低く安定させ、右足の時は扇を左側に、左足の時は扇を右側で打つようにしたり、だんだんとテンポを上げ、山伏を煽りたてていく……となってくると、途端に不安定になって、手足がバラバラになる。

稽古での、私の動きがあまりにもギクシャクしていたのだろう。稽古が終わってから、〝田中さん、「とぼうぞよ」の動きはね……〟と、石田先生が話しかけてきた。先生が言うには、「とぼうぞよ　とびそうな」のもともとの動きは、念仏踊りに発していると言う。扇での手打ちの音は鐘の音であり、右足が上がれば上半身のバランスは左側に来るでしょうとのこと。そして、石田先生が念仏踊りの動作をして見せてくれたのだった。

石田先生のこの一言・一動作で非常にすっきりした（でも、まだ出来ないのだが……）し、急に百姓役も格調高くなった気がした。念仏踊りと聞いて、かつて何度か観た『わらび座』を思い出したし、帰ってからグラフ雑誌の朝日百科『日本の歴史』で調べてみると、奈良県当麻寺の二十五菩薩の写真があった。なんと、この二十五菩薩の姿は「とぼうぞよとびそうな」の姿そのものだった。

〈1993年〉

○『千切木』のこと

1993.2.22

女房に尻に敷かれながらも、空威張りする話を、何故『千切木』と言うのか。昨年暮れの『乙の会』忘年会の席で、石田先生から〝来年の『万乃会』では、『乙の会』の皆さんで『千切木』をやってみて下さい〟と言われ、一同〝おお、それはよい!〟と返事をして、その場で配役を決めるまでに話は進んだが、肝心の「千切木」の意味さえ分からずにいた。

それで、今月の稽古の時、恥ずかしながら〝あのう、何で「千切木」と言うんでしょうか?〟と、石田先生に訊いてみた。すると、石田先生は怪訝そうにしながらも〝あれ、この前言いませんでしたか?〟と言いながらも、次のように説明してくれた。

〝「千切木」とは、胸(乳房)の所までの長さで切った棒のことを言うんですよ。その棒は、相手をやっつけに行く時に使うんです。だから、「いさかい果てての千切木」とは、「後の祭り」ということなんですよ。〟

そこで、私が〝すると、「千切木」って、ゲバ棒のことですか?〟と再び訊くと、そばで聞いていた中野さんが〝そういうことですね〟と、合いの手を入れてくれた。「ゲバ棒」

とは、1960年代後半から1970年にかけて、学生運動が全国的に吹き荒れた時、学生の示威行動のスタイルに「ヘルメットにタオルマスク、そして手には角材」があった。その時の角材を通称「ゲバ棒」（ゲバルトの棒）と呼んでいたのだった。

この「ゲバ棒」のことを口にして、ふっと『武智歌舞伎』での武智鉄二氏の文章を思い出した。それは、日本の伝統文化論の中で「大学の因襲・権威を否定するのに、角材ではきわめて日本的云々」と書いていたことだった。以前その所を読んだ時にはよく意味が分からず、気になりながらも飛ばしてしまったのだった。それが、「千切木」の話を聞いて「あっ、こういうことだったのか」と蘇ってきたのだった。つまり、「伝統（大学の因襲・権威）を否定するのに、伝統（角材＝千切木）を以てす」ということだったのだ。

1993.3.5

○「鉢叩」のこと

4月29日の『遊兎の会』での発表会に、『乙の会』の男性陣が『鉢叩』の謡で打って出ることになった。「打って出る」というとカッコいいが、皆一様に戦意喪失で、ばらばらではとても発表に耐えられないというのが本音である。あの手この手と、手を替え品を替えて手を打ってくる石田先生の苦労が偲ばれる。

ともあれ、『鉢叩』をやることになって、皆で石田先生の先導を聴いてみた。聴いてみて、一同皆びっくり。今までの謡とはまるで違う世界。石田先生の独吟で、途端に好きになり、すぐ『鉢叩』に魅了された。私はと言えば、「あれっ、何処かで聴いたことがあるぞ……。そうだ、これはスーパー歌舞伎『オグリ』の遊行上人のリズムだ！」と思った次第。だから、なおさらのこと感激し、「これは面白い」と、石田先生の選曲（？）にただただ感心した。

スーパー歌舞伎『オグリ』での遊行上人が、「一引き引けば百僧供養　二引き引けば千僧供養　極楽往生疑いなし　亡霊供養は間違いなし」と立札の文句を言うのであるが、そのリズム・抑揚が『鉢叩』の後半部「思えば浮世は……」のリズム・抑揚にそっくりなのである。伝統芸能・古典芸能の狂言と歌舞伎であり、同じ「踊り念仏」のことであるのだから当然ということなのかもしれないが、梅原猛の原作が十分に歴史を下敷きにし、市川猿之助の演出・構成が、そしてまた演技・表現が、能楽の世界（能と狂言）の流れを内包した歌舞伎（スーパー歌舞伎）であることが今更ながら実感出来た。

肝心の『鉢叩』の練習であるが、今のところ全く心もとない。石田先生は〝慣れれば、すぐ出来ますよ〟と言うが、まだ全くの手探り状態である。それでも「引きながら絞っていって、十分弱まったところで一気に振ってまた引いていく」部分の謡い方は、肚で支え続けなければ駄目だとようやく分かった。ただ今は、クライマックス部分の張りの自習中である。

○「ぼおろん　ぼおろん」のこと　1993.3.10

昨年暮れの忘年会の席上、私たちの演じた『柿山伏』の「ぼおろん　ぼおろん」の話になり、破石澄元さん（石田先生・中野さんと同じ歳で、中尊寺のお坊さん）から、〝何故「ぼおろん」と言うのか教えましょう〟の話が出た。

この「ぼおろん　ぼおろん」とは、昨年12月の『万乃会』で私と教員仲間のNさんとで『柿山伏』を演じたのだが、その『柿山伏』での山伏が、さんざん百姓に嬲られたことに腹を立て、得意の法力で百姓を金縛りにかけようと「ぼおろん　ぼおろん」と呪文を唱える科白のことである。『柿山伏』だけでなく、『梟山伏』や『茸』での山伏が法力を示そうと「ぼおろん　ぼおろん」と呪文を唱えるのであるから、これは、山伏の一つの典型を示す科白なのだろう。もっとも、これだけしか知識がないので、石田先生から教わることが私のすべて。破石さんからの話は、実にありがたい説教（教養）になる。

で、破石さんが言うには、〝真言密教の中で、「最小最尊」を表すサンスクリット（梵語）の言葉が、「ボロン」です。だから、密教修業や山岳修行をする山伏の呪文になっている。〟とのことであった。さすがに、中尊寺のお坊さん（上から四番目の位とか）。破石さんの一言一言が急に有難く聞こえ、教養で満たされて徳が高くなっていく感じがする。破石さんの機会があれば、破石さんに真言密教について講話をしてもらいたいものと思ったのだった。

○「自習をして下さい」のこと　1993.5.8

今月の稽古日は、4月29日の『遊兎の会』が終わっての近くだったこともあって、『千切木』の練習を全くせずに稽古に行ってしまった。（4月29日までは、『鉢叩』の自主練習で精一杯。「ラーラ・ラーラァ」の前後の音とリズムが、そして「思えば浮世は……」からのリズムがなかなか取れず、直前まで四苦八苦してしまった。その反動で、気を許してなかなか頭を『千切木』に切り替えずにいたら、すぐ稽古日になってしまった。）

そんな状態を見透かして、稽古後の先生の言葉は、さりげない〝少し、自習をして下さい。あんまりむきになってやんなくてもいいですけど……〟という一言だった。また、お茶を飲みながらも〝早く科白を覚えて下さい。本を見ながらですと、科白の言い回しがなかなか分かりませんから。〟と駄目を押されてしまった。

この『千切木』をやり出して、石田先生のその言葉の意味が、ますます実感されてくる。5年前に『しびり』で狂言の手ほどきを受けてから、『魚説法』、『痩松』、『茶壷』、『棒縛り』、『謀生の種』、『柿山伏』と教えられてきたが、演目を重ねる度に科白回しが難しくなってくる。と言うより、石田先生の要求課題が、少しずつ上がってきているようだ。本当は、『しびり』や『魚説法』にしたってきちっとした様式があり、思いを込めた科白回しがあるのだろうが、私らの実力からすれば、「狂言に親しんで」と「狂言を楽しんで」のレベルだったのだろう。これらのことは、私らが素人弟子である以上何時だって変わらないことなのだが、次々と高度になってくる感じである。
だから、今までのペースで、「7月頃までに科白を覚えれば……」と呑気に思っていたのだが、とてもそんなペースでは、石田先生の要求課題に応えられそうにない。『千切木』をやり始めて、言葉の上げ下げだけでなく、思いを込めて科白を言うには、まず「すらすら言えるまで覚えなければ、どうにもならない」というのが、今日この頃の実感である。とにかく、早く科白を覚えなければならない。

追　前文と関係ない蛇足
テレビで『鬼平犯科帖』を観ていたら、長谷川平蔵役の中村吉右衛門が、亭主を「ていしゅ」と三音で喋っていた。他の役者（新劇俳優）は「てーしゅ」と二音だったのに。「さすがに歌舞伎役者だ！」と感動した次第。

1993.7.10

○「生の声を出さない」のこと

7月3日に、国立能楽堂まで我らが師匠の「抜き」との『花子』を観に行った。「もしかすると、客席がスカスカかもしれない」と、東京の仲間を5人ほど誘い、私の相棒まで引き連れて行ったのだが、全くの杞憂のことであった。客席は満席状態で、観客は石田先生の芸を観ようと開幕前から非常な緊張状態で、咳をするのもはばかれるほどシンとしていた。この異常なほどの静けさは、楽屋の緊張が客席まで巻き込んでしまったものなのか、あるいは観客一人一人に石田先生への期待と希望が共通にあったための緊張なのかはよく分からないが、ともかく初めて体験する気分だった。

それにしても、『花子』が難曲・秘曲といわれる所以が、石田先生の舞台芸を観ながら身に染みて分かった。1時間20分近くの大半を一人芸で観客を引き付け続けるのだから、大へんなエネルギーだ。男役の演者は、太陽の如く、強烈なエネルギーの糸を放出し続けないと、観客は勝手に動き出し、演者とは無関係の世界に入り込んでしまう。しかもそのエネルギーは、強大と言うだけでなく、様々の色や彩を持ったものでないと平板・単調になり、すぐ観客に慣れられ飽きられて、逃げられてしまう。パンフレットの文言によれば、「高度に洗練された演技術」ということになるのだが、その意味することを実感出来て、十分に堪能した『花子』だった。

ところで、前回の『千切木』の稽古の時、石田先生に二度ほど〝生の声を出さないように〟との声掛けがあった。ずっと以前に〝地が出ていて……〟と言われて、その後地を出さない演技の意味が少しずつ分かってきたが、今回の「生」は、その時の「地」とは意味することが違うと思うのだが、何のことやらよく分からないでいた。

それが、『花子』を演じる石田先生の姿を観ていて、「あ、生の声が出ている！」と思った瞬間があった。多分、この『花子』は、一切「生」の姿を出さず、謡うように且つ流れるように、そして観客を陶酔さすように運ばねばならない曲なのではないだろうか。そして、そのためには、強大で緻密な集中力でもって支え続けて……という曲なのだろうと思う。でも、さすがの石田先生も、支えきれずにふっと「生」が出てしまったのではないだろうか。石田先生を以てしても、大曲・難曲・秘曲が『花子』と言うことなのだろうが、「生とはこういうことなのか」と、これからの私の稽古の方向・質を教えられた『花子』でもあった。

○「一つ一つの科白には、いろいろな感情」のこと

1993.8.3

『千切木』での女房役をするIさんが、都合でなかなか出てこれなかったので、それをいいことに科白覚えをのんびり取り組んでいたら、7月の稽古の時、石田先生から〝女役は、私がやります！〟と言われてしまった。石田先生にすれば、Iさんの復帰をぎりぎりまで待っていたが、もう限界ということであろうし、「今までの遅れた分を、これからの稽古で取り戻しますからね。いいですか、田中さん！」という宣言でもあったのだろう。

私にとっては、稽古時だけでなく本舞台で石田先生と一緒にやれるなんて願ってもないことなのだが、このことだけで、物凄いプレッシャー。「私に出来る範囲で、出来ることを……」と覚悟を決めて「まな板の鯉」になる他はない。

で、7月の稽古時に言われたことを、今回は抜き出してみたい。「いろいろな感情」を

再整理して一つ一つ具体的に身体や声で確かめないと、とても石田先生に稽古をつけてもらえそうにない。

・「何故にやら身共が方へ人を起こさぬ。案する処、某を嫌うと見えた」

全部じゃなくてもいいんですけど、張る所にもっと力を入れて下さい。

・「其の様に嫌う処へは猶参ろう」

意外にそうなりがちなんですけれども、逆の方が生きるんです。「猶参ろう」を軽く言った方が。

・「ほ。こりゃいずれもお揃いじゃの」

基本の線としては、もっと明るくやって下さい。というか、力強く、きちんとやればそうなるんですけれども、わりとまだ楽なんですよ。一つ一つ力一杯やって下さい。

・「のう亭主」

そこは、低い調子でいいんです。低くて力強く。

・「人をおこさぬ。但し、」

ここは「人をおこさぬ」で休んで下さい。「人をおこさぬ」と言って、向こうが返事をしないから、また何か言うって感じがいいんです。

・「勤まるか」

「勤まるか」って、もっと怒っていいですよ。

・「合点の行かぬ衆じゃ」
もっと憎々しげな感じを出していいですよ。「あゝ」に対して、憎まれ口を言う。
・「いずれも」
現代語的な感覚で言いますとね、〃ああ、歪んでる、歪んでる。物には三寸の見直しということがあるが、そんなもんじゃなく、あれは全くひでぇなあ。おい、あれが見えないのかい……〃。で、返事がないので横を向いたら、今度は〃あ、花を活けたか〃って具合に、自分の中でどんどん変化をつけてほしいんですよ。「いずれも」は、〃なあ、みんな!〃って感じ。
・「いいや」
「いいや」の「や」を頂点に持ってくる。
・「あれあれ又硯文台の……」
今度は、さっきの「はあ花を……」と違って、「やー」って相手に言っておいて、「小さし出た奴の」と独り言を言いながら戻って来て、すぐ見つけるんですよ。
・「さてさて物覚えの悪い衆じゃ」
そこは、たっぷりと言うんですよ、自分の思いで。動きをやると分かりますが、そこは、正面向いて自分に言ってるんです。自分っていうか、自分の思いで言っているんですよ。

・「これ國昭殿」「なんじゃ」

「これ」をもっとたっぷりと。「こーれ」。

「なんじゃ」で対等にならない方がいい。だから、「殿」で力を抜かない。

・「料理喰いには」

難しいんですけども、一つ一つの科白に、いろんな感情を入れてほしいんですよ。「料理喰いには」ったら、もっとこう、馬鹿にしたように〝何馬鹿なこと言ってんだ〟って感じで。

・「さあさあ」

「いやおれが来いで」って気分と、「さあさあ」って気分を違えて。「さあさあ」は、もっと割り込んで行く感じで。そして、「聞こうぞや」で威張るんですよ。だから、なんて言うんですかね。ある所まで行ったら、難しいけれども、もう上げ下げを忘れてほしいんです。上げ下げに気を入れるよりも、もっと気分でしゃべるようにしないと、このシテはなかなか大変ですよ。

・「えい女ども」

気がつきますけれども、正気になるのがまだ早すぎるんですよ。半々ぐらいで、女だとわかるけれども、まだうろたえている感じだといいんですよ。田中さんの「女ども」だと、堂々と相手の顔を見ている感じでしょ。もっとうろたえている方がいいんですよ。「誰がふんだぞいやい」で、ここで正気になる。だから、「何じゃ」をすぐ言わない。体裁悪いから威厳を取り戻そうとしているんですよ。

・「いやここな奴が」

空威張りをする。

・「男がふまれてよいものか」

「いいやここな奴が」は相手でいいんですけれども、「ふまれてよいものか」でそっぽ向くんですよ。相手に言うんじゃなくて。〝そんなことはありっこない〟ってぐらいで。ただし、しっかり言ってほしいんです。

・「何じゃ」

もっとびっくりするんですよ。おびえるっていうか。「何じゃ」の「じゃ」は引かない。〝なんだってんだ〟って。「何じゃ」って出ないで。「なん」で引いているでしょ。その引いたままで「じゃ」を言ってほしいんですよ。「何じゃ」のアクセントが違うでしょ。

・「むゝ」

これもすぐ言わない。「むーーん」。

・「草履の紋の……」

そこも、そういう言い方じゃないんですよ。だから、もう上げ下げよりも、テープに取ったニュアンスを生かして下さい。それによって、上げ下げが少しぐらい狂ってもいいから。

・「あのふまるれば、果たすさねばならぬか」

それも素直過ぎるんですよ。

・「ふまる〻度に」

〝なあんだ、そんなら……〟って。

・「再々の」

技術的に言うと、「再々の」の「の」まで上げて言っちゃう。つまり、楽しそうに言うんですよ。楽しそうにって言うと語弊があるけど、当たり前のように、何でもないように言うんですよ。それが、女の怒りを買うんですから。つまり、女にとってはとんでもないことを言うんだけど、自分にとっちゃ当たり前のことで言うので、怒ってくるんだから。

・「やい」

つまり、要するに女に対して、卑屈になったり、威張ったりがどんどん出てくるんですよ。その差が……。で、今度は威張るんですよ。

・「事によると」

「果たすといえば」までは威張っていたのが、「事によると」からまた臆病になってくるんですよ。

・「すれば身共は」

もっと情けなく。

・「ほーお」

女のパワーに負けちゃっているんですよ。こっちの方が上なの。パワーが。この部分は。

・「身共はどのようにふまれても」

まずはね、逆にして下さい。頭がわりと強めで、語尾が必ず弱くなっちゃってる。そうじゃなくって、頭はもっと楽に出して下さい。頭から張る所以外は。その分、語尾はあんまり消さないで下さい。

・「どのように履まれても余り……」

ほらほら、「あまり」の方が「も」よりも強いでしょ。「どのように」ってどんどん力を入れていくんですよ。張ってる所で力を入れていないから、前言った基本的なあり方として〝張った後は、力を抜いて落とすんですよ〟というのだけ守っちゃっているから。でも、張ってる所が力が入ってなかったら、力抜いて落としちゃったら、どんどんコケちゃうでしょ。

・「死んでよくば」

ほら、また同じでしょ。「ば」で力がぬけちゃっている。

・「是は迷惑なことじゃ」

それじゃ、落ち着き過ぎちゃってるんですよ。つまり、鈍重な夫じゃないんですよ。女房の尻に敷かれてとかで、みんなに馬鹿にされているんですけど、それは間抜けで動作がトロいからじゃないんですよ。だから、何かやられたら、〝何すんだ、これは。いい迷惑だ！〟ってな感じで。〝困ったな、困ったな〟とトロトロと言うんじゃないんですよ。そうだと、感じが違っちゃいますよ。もっとうろたえて下さいよ。

・「果たしに行かねば内へは寄せぬ」

「ぬ」が「ん」になってもいいですけど、何が大事かというと、その強さが大事なんですよ。いや、聞くわけじゃないんですよ。〝果たして来なかったら、内へは寄せないってことなのか〟って、自問自答するんですよ。自問自答まで行っていなくても、相手の言った言葉を繰り返し、はっきり言うってことなんですよ。「果たしに行かねば」「内へは」「寄せぬ」って強くなってくるんですよ。だから、高低じゃなく、強弱でとらえて下さい。

・「何とおぬしも」

それも「何と」が強いから駄目なの。

・「それならば」

これも同じですよ。「それならば」が強すぎる。頭から力を入れて突っ込まないで。そういう気分じゃないんだから。頭から突っ込んだりは、警戒している時ですよ。女の方はそうかもしれないけど、そちらはそうじゃないんだから。

・「それならば安堵した」

〝あーあ、よかった〟って、もっとすべて極端にやってほしいんですよ。日常用語を……。

・「今日の当屋は國昭であった」

それも、考えるんですよ。

・「ここじゃ」

一点だけ言うとすれば、「ここ」の二字目がもっと伸びるということです。そうすると、はっきりします。一字目と二字目をもっと丁寧に言って下さい。いくらあわてふためいていると言っても。

・「物も案内も」

いやいや、音の調子の問題じゃなくて、ニュアンスですよ。普通に〝こんにちは〟じゃないんですよ。どっか気後れしながら、びくびくしながら言うってことなんですよ。「もの」って上げると、気後れしてないでしょ。「ものも」の「の」を上げないで、押さえ込んで行くんですよ。ただし、そうやると、必ず声が小さくなっちゃう。小さくならないでやる。だから、力が入っているんです。

・「國昭内にか」

そんなに気を抜かないで。そこは、もう覚悟を決めるんだから、はっきり言う。

・「何じゃ留守か」「留守じゃ」

あのね、読んでるから余計そうなるんですけれども、読むとみんなそうなるんですけども、だから、余計逆に意識して下さい。〝終わった〟って気分にならないで、自分の科白が、自分の言葉が喋り終わっても、しばらくそのままの気分でいて下さい。全部、内に収まっちゃってるんです。演劇で言えば、方向性が無いんです。

方向性で言えば、全部自分で止まっちゃってるんです。

・「二つ取りには」

つまりね、難しいんですけどね、今の田中さんの科白の頭の入り方だとすれば、我々がそれをやったとすれば、もうやかましいくらいになって、アップアップになってしまうんです。それがそうならないというのは、張る所とか後半で逃げちゃってるからなんです。だから、もっとある意味では、基本に忠実にやってほしいですよ。張る所は、要するに音が上がるんじゃなくて、強く、太く、大きくたっぷりと言うんでしょ。それをやったら、今の調子じゃ絶対出来ないはずですよ。

※　ここまでテープが切れてしまいました。残りは、今までのテープで復習します。

○「一センテンス内の張り」のこと　1993.8.18

8月12・13日の稽古は、「今までの稽古は、一体何だったのか」と思うほどであり、安普請の家が一夜の台風で根こそぎ吹き飛ばされたようなものであった。最初の12日は、私と文屋さんとで、午後6時半から8時半までの2時間近く一語一語の最初から最後まで全部手入れされ、手直しを受けた。そして未消化のままで翌13日になると、動きがドーッと入ってきて、昨日の稽古で教わったことも今日言う科白もボーッとなって何も出てこず、脳みそが真っ白けになってしまった。「そんなこと言ったって……」と言い訳がましいことを言いたくなる気持ちが何度も沸き上がったが、出来ていないのは事実だし、なかなか出来ずにいるのも事実なのだから、ひたすら身を任せる他なかった。

で、今回も「思いをまとめる」なんて余裕は全くない。稽古の時の石田先生の言葉をテープから拾うのが精一杯。先生の、私を何とか変えようとしての言葉の多さから、我が身の出来を押し量ってほしい。

・「いやこここな奴が」

一つの気持ちが出た場合には、よっぽど特殊じゃない限りは、息を吸うまではその気持ちで押し通して下さい。押し通すということは、それが途中で弱くなっちゃわない。

・「やい汝は女じゃによって何もしらぬ」

もっと上げ下げがあってほしいんですよ。今んだと、「おまえは、女だから何も知らない。やっつけるというのは、ひょっとしたら、おれが死んじゃうことだぞ」と、この程度なんです。だけど、そうじゃなくって、上げ下げがあったでしょう。そういうふうに持っていけば「おまえは、**女だから何んにもしらない**んだぞ。**やっつけろっ**たら、ひょっとしたら、おれが**死んじゃうかもしれない**」って、いろんな声を出してほしいんですよ。「やっつけると言えば、ひょっとしたら、おれは死んじゃうかもしれない」って言うんじゃない。「**やっつけろ**っていったら、ひょっとしたら、死んじゃうかもしれない」でもいいし、「やっつけろっていってることは、ひょっとしたら、**おれが死ぬかもしれない**」でもいいし、何かいろいろあるでしょ。それを自分の中で決めて言ってほしいんですよ。そうしたら、ある程度オーケーなんです。

　今の「やい」もよくない。つまり、切るならば変えてほしいの。今のは「おいおまえは女だから何もしらない」っていくんでしょう。でも、切るんだったら「**おい**、いいかおまえはな」って気分なんですよ。つまり一言で言うと、抑揚を自分のものにしちゃうということなんですよ。それは、「**おい**おまえは女だから**なんにも**しらないんだ。やっつけるということはひょっとしたらおれが**死ぬかもしれない！**」。そういう気分をつくっていくことなんです。上げるんだ、強めるんだと言っているよりは。それをやらないと、なかなかこの役は難しいんです。

・「ほー」

「ほー」。これは精一杯の反抗なんです。だから、「ほー」の頭は、せいぜい強く爆発して下さい。この下げていく所で、皮肉が出るわけですよ。苦笑いってのがね。だから、下げていくためには、最初の「ほー」が、せいぜいピーンといかないと。いつも弱いんですよ。最初の「ほー」が。

・「身共はどのようにふまれても」

「自分は**どんなにふまれたって、**あんまり死にたくはない。死んでいいならどうぞ**かわりに**行って下さい」ぐらいにね。頭に柔らかい調子を入れた方がいいですよ。

・「果たしに行かねば内へは寄せぬ」

前にも言ったので言いますけど、言葉ってのは自分でやったつもりになっても、そんなに変わってないですということです。思ってる以上にいっぱいやらないと、変化が感じられないんです。言葉っていうのは、そういうのがあります。

それから、「なんだって、やっつけにいかなければうちへはいれないんだって」(※さらっと言う)というのが素直な日常です。芝居の世界も同じですね。でも、狂言はそうじゃないんです。「**なんだって、**やっつけてこないと、**うちへいれてくんな**

いのか」って。つまり、一つ一つの言葉の重みがみんな変わってほしいんです。

「はたしにいかねばうちへはよせぬ」では、「はたしに」「うちへは」がほとんど変わんないでしょ。だから、技術的な言い方をすると、一つのセンテンスの中に、似たような張りが二つあったらよくないんです。変えるんですよ、張りが二つあったら。そうすると、「はたしにいかねば**うちへは**よせぬ」。「はたしに」「**うちへは**」。または、「**はたしに**」って言っちゃったんなら、「**はたしに**いかねばうちへはよせぬ」。

そういうふうに変えてほしいんです。「はたしにいかねばうちへはよせぬ」。これは一番つまんないっていうか、あんまり面白くないんです。

・「南三宝」

「なむさんぽう」。「な」よりも「む」ですよ。これは、どうしても「さんぽう」の方が強いんですけどね。とにかく、「**もう**、**だめだ**」って感じなんですね。そうすると、それを出すためには、さっきの「うちへは**よせぬ**」「うちへ**いれない**」「**しまった**」では、つまんないでしょ。だから、「はたしてこなかったら、うちへはいれないっていうのか」「**しまった**」。だから、「よせぬ」が強かったらつまんないんです。

「よせぬ」で素直に退かないように。実際、女の方は、「よせぬ」の「ぬ」まで聞いていませんからね。

・「その時腰の刀をするりと抜いで」

そこは、難しい所なんですけどね。もう一つ別の次元の話になっちゃうんですけど。つまり、主観的になり過ぎるっていうのかな。要するに、対象物がある言い方をしているんですよ。実際に人間がいて、そこに何かがある時に喋ってる言い方をしているんですよ。そうじゃなくって、言っている人の言葉で、腕、足が見えてくるのだったら、そうは言えないでしょ。何かこう聞いている人に、見ている人に、その言葉を想像させるような余裕なり、気分をつくってくれないと。そこが狂言の面倒臭さでもあるんですけど。勿論、面白さでもあるんですけど。実際に無い物を見せるわけですから。

・「ほ」

「ほ」はいろんな言い方がありますし、いろんな思いがありますけれども、とにかく絶対あってほしいのは、侵入する闖入者って感じの気分があるから。もっと、ポーンとした感じがあってほしいんです。

・「又おれが来いでも連歌の会が勤まるか」

「か」の音。どういう気分で言っているんですか。つまり、「連歌の会が勤まると思ってんのか、あーあ。」って感じでしょう。そうじゃなくって、次の科白の気分をお尻に出さない方がいいんですよ。「勤まると思ってんのか！」「あーあ、だめなやつだ」の方がいいんですよ。「勤まると思ってんのか、あーあ、だめだ」って言ってるけれども、それは、あまり面白くないんですよ。「勤まるかぁ」って、もう否定的な気分になっちゃって、気分が出ちゃってる。全然別個なの、「ああ」とは。「勤まると思ってんのか！」。怒りでも何でも構いませんけども、はっきり言って下さい。「か」を。

○「科白は謡、動きは舞」のこと　1993.9.23

前回の8月の稽古から『千切木』の動きに入ったが、私の科白の覚えが悪いために、動きの稽古がなかなか先に進まないでいる。10月〜12月の間に4回の稽古があるので、『万乃会』までには石田先生がなんとか間に合うようにしてくれると思うのだが……。

それにしても、まだ相手役の「女房」が決まっていない。石田先生からは、〟誰が「女房」になるかは、田中さんの稽古次第……〟と釘をさされ、石田先生が決める花嫁に期待と希望をもって自主稽古に励まなければならない。

ところで、「科白を覚える」ということについて、私は浅薄に捉えていた。だから、いつもいい加減な覚え方で済ませてきていた。「まずは、科白の字文字を丸暗記出来ればいい。余力があれば、抑揚をつけて……。動きが入れば、科白回しももう少し見えてくるだろうから……」くらいにしか自覚していなかった。しかし、今回の『千切木』の動きの稽古で、「科白を覚える」とは、「一つ一つの言葉に内在するテンポやリズムを、確実に身体に叩き込むことだ」と思い知った。つまり、科白とは、「言葉の多い（長い）謡」のことだったのである。だから、謡の自主練習の時、何度も録音テープを聴き直しては同じく謡ったように、科白を覚えるのにも、何度も録音テープを聴き直しては、そのテンポ・リズム、抑揚、張り、間等を確実に身体に滲み込ませなければならなかったのである。それが、言葉の多さのみに捉われて、字面だけの丸暗記に走ってしまっていたのだった。

丸暗記になれば、言葉の持つテンポやリズム、抑揚やうねり、間と言ったものが創り出す必然は、消えてしまう。動きを教えてもらいながら、科白の言葉に必然がないため、「何だっけな、何だっけな」と科白を思い出すことの方に気が行き、動きがこれまた必然の無いもたもたしたものになってしまう。すると、それがいっそう科白の内容を混乱させて言葉も動きもメタメタにし、ついに頭の中が真っ白けの虚空状態に陥ることになる。舞を舞う時、出だしの部分以外は誰かが謡ってくれるにしても、自分で謡えなければ舞うことは出来ない。舞の動きと謡の抑揚・流れとが一体になっているからだ。

〝科白をきちんと覚えて下さいよ〟とは、今までに何度も言われてきたことであるが、今回石田先生がぼそっと言った〝舞がきちんと出来るといいんですけどねえ……〟と併せて、自主練習のやり方の再検討が必要である。

1993.10.15

○「意識のコントロール」のこと

10月3日の稽古日に、ようやく『千切木』の女房役が決まった。いつぞやの『遊兎の会』で『風車』を舞った女性とか。記憶にあるような、無いような。何だか素敵な女性だったような気もするが……。ともあれ、彼女との合流稽古は、12月4に白石・能舞台での稽古のみ。かっきりとして微動だにしないほどの役づくりをすれば、相手が誰であろうと変わりがないのであろうが、それは、プロの話。場所が変わり、服装が変わっただけでもう違ってくるのだし、何よりも、日が経つだけで演技の中身が変わってしまうのだからどうしようもない。ひたすら、無人の体育館で、「朝練」並みの自主稽古を積み上げる以外にない。

ところで、私は左利きなので利き足も、大方の人と反対である。正座をした時も、左足が上になる。このことを今までほとんど意識せずに過ごしてきたが、今回の『千切木』で初めて意識するようになった。というより、一つ一つの動きを十分意識してコントロールしていかないと、私固有の「利き手・利き足」からくる生の姿（癖）が出てしまうのだった。

例えば、女房から棒を渡される時、何の気なしに受け取ってしまうと、右手の甲を上にして鷲掴みする形になってしまう。左利きなので左手に力が入るよう無意識に左の甲が下向きになってしまう。また、女房から押される時も、二人で持った棒は、左手側が下方で右手側が上方になるようにして斜めに持つが、意識しないと、どうしても利き手の左手ばかりに力が入って、いつの間にか棒が水平になってしまう。

これは、手だけの話でなく、足でも同じことが起こる。一番基本の「立つ・歩く・座る・止まる」等の動作にも、意識しないと必ず生の姿（癖）が出てしまう。「左→右」と止まるのに、意識しないでヘロヘロと歩いて行くと、脳みその指令と身体の動きが分裂してもたついてしまう。出の時から十分に意識して歩数や歩幅を調整して歩まないと「左→右」で収まらない。

科白の稽古は、謡と同じく「一つ一つ、一語一語のテンポ・リズムを必然として辿ること」であると知ったが、動きでの稽古も、舞と同じく自分の癖を殺して、一動作一動作の必然を辿ること」だと思い知った次第である。

○「賽の河原の石積み」のこと

1993.11.14

11月4日は、私一人で2時間半の稽古になった。持ってきた90分の録音テープがとうに終わったのに、石田先生との一対一の稽古がなおも続き、とうとう2時間半にも及んでしまった。始めの内こそ気合を入れテンションを上げて行っていたが、〝違うでしょう!〟の駄目が出始めると、練習してきたリズムもテンポもメロメロ、抑揚や間はもう訳が分からなくなり、レーピン画の『ヴォルガの船曳き人』みたいな姿になってしまった。この間に、石田先生からは〝ここだけで4つも違ってる〟から、〝その間はなんですか〟、〝全部嘘っぱちなんだよ〟、そして〝なんて言うんですかね。一言で言うと、気持ちも入っていないし、狂言の抑揚もメチャクチャなんですよ。抑揚もメチャクチャ、気持ちも入らないってあんまりいないんですけどね…〟と言われてしまう。フラフラの頭と体で帰りの新幹線に乗り、栗駒高原駅から車でアパートに戻ったが、もうその日は風呂に入るのが精一杯。ボーッとした頭のまま寝てしまった。

3日ほどしてようやく元気が出てきたので、4日の稽古のテープを聴いてみると、なるほど石田先生の言う通り全くメロメロのメチャクチャである。これでは、石田先生ならずとも頭に来るのは当たり前と思ったが、自分のノートのメモを見ると、今回の稽古の中で注意されたり直されたりしたところが、ほとんど同じように既に書かれているではないか。それを見た時、ただただがっかりしてしまった。

石田先生が言うには、私らの覚え方・自主稽古の仕方が悪いという。わざわざ覚えにくくして、わざわざ内容を無くして、そしてわざわざ抜け殻にしてひたすら暗記しようとしているという。そういえば、4日の時にこんなことも言われた。〝「差しまわし」ってやったでしょう。あれとおんなじ。一、二、三なの！〟と。でも、「差しまわし」と言われても、すっと出てこない。当然体も動かない。習ったことが全く身に着いていない。

どうも、私らの稽古は「賽の河原の石積み」を繰り返しているようだ。少なからず、我が身の練習方法を振り返ることが必要である。

○「腹の立つのが当たり前」のこと　1993.11.29

「朝練」での自分の声のテープを聴いて、我ながら呆れてしまった。何と34個所も、石田先生から習ったことと違っていたのである。（本当は、もっと違っているのだろう。私が違ってると思えた個所が34個見つかったということである。）

科白の抑揚や張りが違うと言ったことだけで34個所もあるのだから、動きや間を入れたらこの何倍の数になるのか。稽古中に、だんだん石田先生のテンションが上がってきて、何度も爆発を起こすのももっともだと、つくづく思った次第である。

以下、我が身のために34個所を記しておく。

・「今日は」　低く喋って陰気な感じ。もっと歯切れよく。
・「わごりょ達は同じ来る道を」　「わごりょ」はたっぷりと。「同じ」は上から入る。
・「いずれもあれが目にみえぬか」　「いずれも」は一気に。「あれ」の「あ」、「目に」の「め」、「見えぬか」の「み」を強調する。
・「さきの月も言うて聞かせたに」　「さきの月」は下から入って、さらさらと。
・「是は何とする」　自分に収めず、相手に渡す。
・「此の足跡が不審なか」　足を広げ、低くなる。
・「何とよう似合うたか」　1音ずつ丁寧に、たっぷりと。
・「ふまるゝ度に果たそうなら」　「ふまるゝ」「果たそう」に抑揚のうねりをつける。

・「やい汝は女じゃによって何にも知らぬ」　威張って。説得調で。ゆっくり向きながら。「女じゃ」「何も」を強調。

・「何じゃ果たしに行かねば内へは寄せぬ」　こわいんだから、すぐ見ないで、興奮しない。軽く、自分の内へ引かないように。

・「この内へ寄せぬに」　「内へは」でない。

・「何とおぬしも」　弱みを出して。

・「どうでも亭主ぶりにしたたかにふみおった」　「どう」「亭主」「したたかに」でうねりを作る。

・「先ずつうっとそちへ」　「そちへ」を忘れぬように。

・「そちは女じゃによって何も知らぬ。男は辞儀に余れというわいやい」　「。」ではなく、「、」のつもりで。気持ちを繋げておく。

・「打って打って打ち殺して」　勢いついてリアルにならない。動きと言葉を合わせる。

・「悉く行かいでも」　上から入る。

・「身共も」　「身共は」ではない。

・「何某様お宿にござりまするか」　「お宿に」は下から入る。

・「腹を立ちょうぞよ」　「腹を立ちょうが」ではない。

・「仰向けに転げうによって」　下から入る。

・「何と強い者か」　自慢げに。
・「あれは見かけに似合わぬ」　上から入る。
・「何じゃ猶行かねばならぬ」　すぐ言う。
・「最前からの様に」　上から入る。
・「ひょっと内にあり合わせた時は」　「あり合わせたならば」ではない。
・「たまったものではない」　「たまったことではない」ではない。
・「是迄来たれば」　「来れば」ではない。
・「その棒をおこしおろう」　「その棒をこちへおこしおろう」ではない。
・「手も足もない」　見ている気分になって。
・「腹の上へ飛び上がって」　「飛び上がり」ではない。
・「何とでかしたであろうが」　「何とでかしたであろう」ではない
・「留守ではあるまいけれども」　「留守ではなけれども」ではない。
・「此の様な時は」　上から入る。前の「此の様に」は下から入る。

○「量質転化」のこと　1993.12.18

12月4日に、白石の能舞台で、初めて東京の弟子・Aさんと一緒に稽古したが、何せ初めての相方。呼吸も加減もあったものではなかった。ただただ、自分の頭の中にあることを必死で吐き出すだけで終わってしまった。それで、『万乃会』の前々日10日（金）に、〝東京で、一緒に稽古しましょう〟と申し入れたら、〝あいにく10日の夜は、仕事で稽古が出来ない〟とのこと。〝でも、11日だったら何とか出来そうなので、何処か場所を捜して一緒にやりましょう〟との返事。私は、すがる思いでAさんにお願いした。

それが、いつのまにか石田先生宅の稽古場で稽古を見てもらうことになり、そして石田先生のお宅で鍋料理を御馳走になり、愛蔵のビデオ（越路吹雪・美空ひばり・山口百恵）まで観せてもらうはめになってしまった。全く、石田先生の好意、というより先生の人柄の核になっている「善意」に大感謝だった。

ただ、今にしてふっと思うのだが、もしかすると、あの愛蔵ビデオの視聴は、石田先生の「最後の、そして捨て身の稽古（指導）」だったのではないだろうか。「破れかぶれになって、我が身を晒すことも出来ない。かと言って、抑揚や強弱も満足に出来ない。それでて、深刻ぶって滅入ってばかりいる……」そんな私を、せめていい気分（役者になった気分）になって、明日を楽しんでもらいたいとひそかに思っていたのではないだろうか。

今回の『千切木』の稽古では、石田先生にいろいろな角度から様々に言われ、またあの手この手の注文をいっぱい受けてきた。でも、私の方は乾いた砂地に柄杓で水を撒くようなもので、撒いても撒いても底なしに滲み込むだけで何の変化も起こらない。そんな中での最後の手に、愛蔵のビデオ視聴を思いついたのではないだろうか。そんな風に思えるぐらい、前の晩のビデオ視聴は面白かった。特に、石田先生がビデオの三人を称して、〝役者ですよ！〟と言ったのには、思わず感動のあまり笑ってしまった。私ら教師グループが見えずにいた石田先生の楽しみの一面を知って、実に満たされたひと時になった。

お陰で、舞台当日は、緊張しながらも楽しんで太郎冠者を演じることが出来た。後日送られてきた『千切木』のビデオを観ると、ところどころ声が小さく、動きにも情けない姿が幾度も目についたが、それでもそれなりに楽しんでいた。これも、前日の晩にようやく私の中身（質）に変化が起こったからだと思っている。

1993.12.20

○「『千切木』の総括」のこと

ようやく国立能楽堂での『千切木』の発表が終わった。気軽に〝太郎冠者でいいです〟と言ってからの一年、特に8月からの5ヶ月は、大変な5ヶ月間になってしまった。毎回の稽古が2時間以上に及び、私個人はとても得をしたのだが、反面、次の稽古日までにその稽古量に応えようとするのがこれまた大変。私の生活リズムを大幅に変えなければならなくなり、生活の様々の所にほころびが出て、「破産」寸前になってしまった。

〈その一〉時間に余裕がなくなってしまった。

私は、昨年から「土帰月来」の単身赴任生活である。それが、8月から「土帰日来」になってしまった。というのも、毎日学校の体育館で「朝錬（6時半～7時半）」の自主稽古を始めたからである。自主稽古なら夕方か夜でもよさそうだが、地域への学校開放のため、スポ少の剣道が、午後5時から3時間、毎夕使っている。苦肉の策で思いついたのが、早朝練習の「朝錬」だった。朝6時過ぎにアパートを出て、6時半から1時間近くの自主稽古だったが、仕事や出張が絡んで週平均3回位しか練習が出来ない。しかも「3日休むと、すぐ科白に悶える」状態の繰り返し。暇が出来るとすぐ稽古のことが気になり出し、実際は大したことは何もしていないのに、自宅やアパートでのんびり休む暇がなくなってしまった。我が相棒からは、〝帰って来ても、何もしない！〟と文句ばかり言われ、すっかり評判を落としてしまった。

〈その二〉家計が苦しくなってしまった。

私の給料は、手取り28万円である。昨年に比べると定期昇給で一号俸アップしたが、その額は6千円。つまり、現在の手取りは28万6千円である。この中から家に11万円送っているので、実質17万6千円が私の生活費になる。この内訳を述べると、家賃と電気・水道・ガス・電話代に6万円、本・新聞代に1万5千円、ガソリン代に2万円、付き合い費に3万円となり、差し引いた5万1千円が食費と狂言の費用になっている。狂言の費用と言っても月々の稽古料は1万2千円だが、往復の交通費（新幹線代）を入れると、月3万円は必要になってくる。この3万円を確保すると、1ヶ月の食費は2万円弱になってしまう。1日当たりにすると7〜8百円だろうか。また私は、給料から天引きの形で月に2万円ずつ「狂言」貯金をしている。『遊兎の会』『万乃会』そして忘年会・新年会用の臨時支出のためである。この「狂言」貯金は、年額24万円になるが、毎年すべて使い切って、繰り越しが0円が続いている。出演費だけでなく交通費や宿泊費、東京でのブラつき費を入れると『遊兎の会』用に7万円、『万乃会』用に16万円が必要だからである。

この家計配分が『千切木』で狂い出した。月々の狂言費用が3万円を越え出したし、狂言貯金も24万円では収まらなくなってしまった。給料が上がれば問題は無いのだが、何せ教員は、公務員。しかも、残業代は一切認められない教育公務員である。昇給は年一回の定期昇給のみで、わずか6千円である。狂言費用の増加は、他の支出費用を切り詰めることで乗り切る他にしょうがない。結果、食費を切り詰めたことで貧乏指数とも言うべき「エンゲル係数」は下がってきたが、実態はいっそう生活が苦しく貧乏になってしまった。

〈その三〉　仕事が溜まり出してしまった。

「教頭の仕事」って、いわば雑用係のなんでも屋である。校舎施設の維持管理から、先生方の仕事（子どもの教育）の応援と指導、PTAや地域との渉外、各種業者との連絡・調整、教育委員会や各学校間のパイプ役、そして文書の作成等と、まさに「学校の何でも屋」である。

その「何でも屋」の仕事が、この二学期には、一手も二手も遅れることが多くなってしまった。期限を過ぎることはなかったが、以前の様に先を見通して先手を打つことが少なくなってしまったのである。「朝錬」や仙台での稽古の皆勤が、微妙に影響しているようだ。そもそも、『乙の会』に入って狂言を習い出したのは、教師の仕事を豊かにし、彩をつけるため。あくまでも、本業は「教師業」である。しかしながら、この『千切木』では、と言うより8月以降の『千切木』には、加速度的にのめり込んでいった気がする。2時間以上の稽古に応えるには、今までのような呑気さは通用しなくなった。でも、ミイラ取りがミイラになったのでは、笑うに笑えない。「分を知って、中庸を求む」姿勢の、再構築をしなければならない。

〈1994年〉

○「長い張りと短い張り」のこと

1994.2.14

『千切木』の発表が、狂言自体への能力だけでなく、生活力や経済力も含めて我が実力以上のものだったこともあって、しばらく充電の時期が必要だと思っていた。でも、石田先生に〃今年の『万乃会』で、中野さんが『縄綯』のシテをやるので、文屋さんと田中さんは、アトと小アトをやって下さい〃と言われ、身の程知らずにというか性懲りもなく、すぐに喉元の熱さを忘れて二つ返事で〃はい、やります!〃と言ってしまった。文屋さんと私は、「狂言オタク」か「狂言中毒」のようである。

で、早速今月から『縄綯』の稽古に入ったが、相変わらずさっぱり出来ない。中でも、〝「長い張り」と「短い張り」では、違うでしょう〟と何度も直されたので、今回は、このことに触れてみたい。

アト「この状を國昭殿の方へ」

他にも何ヵ所も「長い張り」の箇所が出てきたが、この所で、何度もやり直すはめになった。何が出来ないのかと言うと、「くに」から「かたへ」まで張り続けられないのである。つまり「**くにあきどののかたへ**」と、肚で呼吸を支えながら徐々に上げていくことが出来ず、「にあき」で急に上がったり、「くにあき」ではさらっとなって「どの」で上がったり、「かたへ」で上がったりと、張りながら徐々に上げていくことのコントロールが出来ないのであった。石田先生からは、何度も手本を示されただけでなく、〝早く張らない〟とか、〝押さえて少しずつ上げていく〟と言われ、〝『千切木』の「ほおりこうでおいたがよい」と同じですよ〟とまで言われたが、なかなか出来ない。

要は、肚での支えがコントロール出来ればいいのだが、呼吸と発声と支えがばらばらなので、それが我が身では一体化・統一化されず、サラッと出来ない現状である。

1994.4.25

○「明るい声と暗い声」のこと

2月から学校の仕事が忙しい。もっとも、学校という所は年中忙しいのだが、特に年度末・初めの2月~4月は、予定なんて有って無いようなもの。「その日暮らし」の中で一つ一つ確実にしかも手際よく仕事を処理していかないと次々に仕事が溜まって、青息吐息の日々になってしまう。だから、稽古の方も、2月に1回、3月は欠席、4月も1回ということになってしまった。東京からわざわざ仙台まで教えに来てくれる石田先生のことを思うと、唯々頭が下がるのみ。弟子がさっぱり稽古に来ないのでは、儲けどころか張り合いまでも失せてしまうのでしょうが……。

で、4月の稽古では、「明るい声」「暗い声」ということが、課題に出された。当然、私の声が明るくないから「明るい声に」と言うのだし、暗くないから「暗い声に」と言うことになる。この「明るい声」と「暗い声」に関して、石田先生は、解釈と技術の二面から話されたが、私にとっては、もう一つの課題があることに、7年目にしてようやく気づいた。

それは、稽古のテープを聴きながら気づいたのであるが、我が口調には「一語一語の中に抑揚がない」と言うことである。つまり、石田先生の言葉・声・口調には、はっきりと抑揚があって語られているのに、私のはいわゆる「棒読み(棒語り?)」になっているのである。大きな張りや上げ下げは真似ていても、例えば「寄合ふて」とか「申すに」等の一語一語には、抑揚や変化のない一本調子になっているのであった。だから、「縄を綯ふ事は得物でござるが。はあっ。夫は此事を申して」の所で、〃「このことを」っうと、不機嫌なんですよ。「このことを」って、こう真っ直ぐ、ぐじゅぐじゅ、ぐーっと続ける癖がある。そうじゃなくって…〃と、石田先生から指導を受けたのだった。

「明るい声」を出すには、解釈を踏まえた上で、出だしの音を高めに出すとか、張っている所が低くならないとか、要になる音を高く保つとか、個々の言葉に応じた一般的な技術があるのだろうけれども、私自身に内在する癖（生来の癖）にようやく気づいた次第。もう一度、改めて一語ずつの点検をやってみたいと思っている。

○「生真面目過ぎる」のこと

1994.8.6

「学校が夏休みに入ったら、少しは休める」と思っていたら、事務主事さんは、明星大のスクーリングに行ってしまうし、業務員さんは頸椎ヘルニアで入院・病休になるしで、一人で三役をこなす羽目になり、毎日学校に出ている状態。お陰で、玄関掃除、保守点検、給与計算、事務整理、事務所・委員会回り等々と学校業務の裏方を一手に引き受け、いい「管理職修業」になっているのだが……。

7月の稽古では、文屋さんと私の、と言うよりアド（主人—田中）と小アド（何某—文屋）やシテ（太郎冠者—中野）との掛け合いの呼吸を教えてもらった。（一文や一語ずつの張りや抑揚、粒立てての発声・発音の手入れは、当然毎度のことであるが。）

例えば、「己が何を知って」の所は、〝すぐ言わなくていい。かえって焦んない方がいい。不機嫌になるんですから〟と言われ、「えい國昭殿ただ今こなたへ」の部分では、〝もっと柔らかくなる。忘れちゃうんですよ。全然、違う気分で……。「えい國昭殿」って言いきっちゃうと変わり易いんです。言いきらないと変わりにくい。〟と言われる中で、石田先生から表題の言葉が出てきた。

アト　「鳥目できっと算用致しませうはさて」

小アト　「是は尤でござる」

〝お互い気が抜けちゃって。こっちは、頭に力が入ってしまって……。そうじゃなくって、今の気分を「さて」まで出して下さい。企みですからね。どうだいって気分で。お互い何かあるでしょう。生真面目過ぎる。それぐらいの気分でやっていいですから〟と。

シテ（太郎冠者）の中野さんを引き立てる、アトと小アトの脇役のあり方。そんなことが今回の『縄綯』での修業課題のようである。

○「足を掛ける度に前に出る」のこと　　**1994.10.8**

9月28日は、生協主催での仙台公演の最中にも関わらず、石田先生から、仙岳院で中野さん、文屋さん、それに私の3人が『縄綯』の特訓を受けることになっていた。何しろ、中野さんは2年越しの取り組みなのに、3人の稽古日がずっとズレ続けで、今まで一度も一緒に稽古したことがなかったからだ。12月3日の『万乃会』まで、あと3回しか稽古日がないというのに、まだ一度も一緒に稽古をしていないというのは、ちょっと危ない感じ。1〜2回の稽古や申し合わせだけで舞台に立てるというのは、プロの話。一回の稽古毎に同じことを言われる我々としては、相手がいてようやく自分の動きや科白の意味が分かってくるというのだから、大変頼りないことこの上ない。先生も、ここにきてついに不安の限界に達したようだ。結果、午後8時半から10時までの特訓となった次第。

で、今回の特訓の中で、私への宿題は、〃足を掛ける度に、前へ出て行きますよ。どうすれば、同じ場所に居られるか工夫してみて下さい〃ということであった。①足を掛ける ②身体をねじる ③掛けた足を引く という三動作だけのことであるが、これが私の場合は、きちっと決まらない。というより、自分の場所が定まらない。一回毎に、前にずれたり、横にずれたり、後ろにずれていたり。前回の『千切木』でも、〃舞の稽古をしていないから、姿勢が定まらないんですよ〃と言われたが、やはり、かっきりとした基礎・基本の姿が出来なくては、自分は楽しめても、観客を楽しませることは出来ないのだろう。

ずっと昔、宮城教育大学の授業分析センターで『第四土曜の会』があった時、斎藤喜博さんが〃あなたは、何通りのステップが出来ますか。境小学校の子どもたちは、何時でも二十数通りのステップが出来ますよ〃と言っていたことを思い出すが、「表現する」ということは、裏側には基礎・基本の裏打ちがあってのことだろう。
この機会に、かっきりとして動きや位置が不動の「足掛け」を定めてみたい。日に5分ずつ確かめても、12月3日までには、60回・6時間の「足掛け」練習になる。

○「後見をする」のこと

1994.11.14に

11月12日の第2土曜日に、東京・水道橋の宝生能楽堂で、我が相棒と一緒に狂言『釣狐』と能『道成寺』を鑑賞してきた。今回、特に相棒と一緒に観に行かねばならない義理も義務もなかったのだが、『釣狐』の狐（白蔵主）を石田先生が演じることもあって、相棒が青葉中学校の公開研究会に向けて石田先生にお世話になったこともあり、軽いノリで誘ったら、〝うん、行く！〟の返事が返ってきて、「瓢箪から駒」になってしまった。

今回の席は、脇正面でもうしろの席。しかも中正面と言ってもいいくらいの所だったので、脇座の所での演技は柱のかげになってほとんど見えずじまいだった。でも、その分、後見の方々の動きが横からよく見えて、これはこれで大変面白かった。

で、帰りの車中でも相棒と話題になったのが、万作先生の後見の姿だった。特に、石田先生が白蔵主になって、葛桶に腰掛けて物語る時の、葛桶を押さえる後見の姿だった。私自身、今までにも何度か、葛桶に腰掛けての演技を見てきたし、やってもみたことがあったのだが、どれもさっと手を添える程度だった気がする。しかし、この度の万作先生の後見は、全く違っていた。「この葛桶を微動だにさすものか」といった気迫が、手や体の満身にみなぎった押さえ方をしていたのだった。

思うに、白蔵主が体を移動させる度に、しっぽがついているため座り心地が悪くて、時には、葛桶ががたがたするのかもしれない。でも、それぐらいだったらプロなんだから、上手く対応出来るはず……では、ないのだった。万作先生の姿は、そういう勝手な思いをまるで受け付けないほど気迫のこもった、しかも当然やることを当然のようにやっている平然とした姿だった。そして、たとえ白蔵主がどんなに動こうと、葛桶は絶対に動かないという無限の安心・信頼をつくり出している姿だった。多分、この白蔵主の演技は、肉体に大変な過酷を強いるものなのだろう。白蔵主役に全力投球するだけでも大変なのに、葛桶のがたがたにまで神経を張らなければならないとしたら……。万作先生の葛桶を押さえる姿を見て、「これが後見なんだよなあ」としみじみ思った次第。

翻って、学校という職場に、真の「後見」たる校長、教頭、先輩教師がどれほどいることか。つくづく、学校現場の生ぬるさが思い知らされる。

1994.12.9

○「思っても見なかったこと」のこと

『子午線の祀り』での知盛の科白に「見るべきほどのことは見つ。今は自害せん。」と言うのがある。政争に明け暮れ、権力闘争に明け暮れした知盛にとって、壇の浦での潮の満ち引きが賭すべき運命のすべてだったのであろう。木下順二作による見事な締めの科白である。特にそれに準えたわけではないのだが、今回の『万乃会』で、私は思ってもみないことに遭遇してしまった。なんと、退場時の揚幕が上がらなかったのである。

今回の出演目の『縄綯』は、午後4時頃の予定となっていたので、文屋さんと私とKさんの3人は、当日の朝、仙台発9時の新幹線で東京に向かった。『万乃会』での舞台はもう7回目になるが、いつも前日に東京に行っていたので、何となく緊張感のない出発になってしまった。

それでも、国立能楽堂に寄ったりして会場の梅若能楽堂に着いた時には、それなりに気分も盛り上がってきていた。午後2時半過ぎに楽屋に行って準備していると、〝着付けますよ〟の声。石田先生や同門の破石さんにアト（主人）の衣装を着けてもらったのが3時頃だったろうか。衣装を着けてもらったものの、出番までは小1時間以上もあった。鏡の間で、うろうろしたり、ふっと思い出したように型や動きの練習をしたりしていたら、石田先生から〝いまさらじたばたしても駄目ですよ！〟のアドバイス。「それも、そうだな」と思って、そばにあった鏡の前の長椅子に腰掛けたら、なんとその長椅子は、腰掛ける長椅子なんかではなく、能の面を置く神聖な台だった。石田先生から注意されてあわてて立ち上がったものの、大変恐れ多いことをしてしまった。多分、今にして思うと、退場で幕が上がらなかったのは、その神罰が降りたのだったろう。

で、ようやく出番になったので、橋懸かりをややゆっくり目に出て行き、一語ずつ確かめながら精一杯の丁寧さで名告り、等々と、石田先生から〝今までで一番よかったんじゃない〟と後で言われたぐらい、まあまあの出来で進行していった。そして、小アトの文屋さんに縄を手渡し、「やれやれ、私の分は終わった」と思いながら橋懸かりをしずしずと戻って行ったら、揚幕が上がる気配がない。「でもまあ、行くまでには上がるだろう」と安心しきって幕の直前まで行ったが上がらない。幕の裏に人がいないのである。鼻息で幕が動くほどそばまで近寄ったがついに上がらない。私は、しょうがなく立ち止まってしまった。幕前で立ち止まったまま考えたことは、①後見の石田先生の所まで戻って幕を上げてくれるよう頼む ②客席に向き直って、演技のように立っている ③小声で中の人を呼ぶ ④幕の脇からそっと入る ⑤幕を持ち上げて堂々と入る などと立ちながらあれこれ考えた。でも、その時思い出したのは、以前の稽古で、石田先生に〝余計な動きはしないで下さい。意味を持ちますから……〟と言われたことだった。それで、あれこれ考えた末の結論は、「何もしないで、ずっと立っている」だった。ようやく、中の人が気づいて、揚幕が上がったのは、それから3~4分後だった。梅若の権現様、神聖な台に腰掛けてすみませんでした。

〈1995年〉

○「プロの稽古とアマの稽古」のこと　　1995.5.6

私の人事異動による転勤の関係で、狂言の稽古も今春から3年位休業かと思っていたら、何処でどう歯車が違ったのか通常の転任になり、再び稽古が続けられることになった。一時は、半ば観念したこともあったので、稽古への思い・エネルギーを再燃させるのになかなかパワーを漲らせられず苦労した。でも、まあ今は何とかやる気になってきた。それにしても、歳を取るほどに、生活の調子やリズム、思考の流れを変えるのが困難になってくる。肉体の硬化（衰え・老化）に伴って、「一途」が「意固地」になり「頑固」になって固着していくようだ。精神の柔軟性を意識しないと大変な年頃になってしまった。

ところで、今回の稽古の時、我が『乙の会』のアイドル、石田淡朗君（石田先生の子息―小学二年生）の稽古を拝見することが出来た。私の都合により早めに稽古を受けようと午後4時半頃仙岳院に行ったら、まだ誰も来ておらず、石田先生と淡朗君の親子が差しで稽古している場面に遭遇したのである。

親子とは言え、プロである父親が、プロへの道を歩もうとするであろう我が子に稽古をつけているのである。私ら素人弟子が稽古を受けている雰囲気とはまるで違って、ピーンと張り詰めた大変な緊張感が漂っている。とても同じ本堂内に居られず、お茶の用意をする振りをして、台所に逃げ込んだ。

しかしながら、台所に居ても、石田先生の言葉が私の耳にビンビン入ってくる。息をするのが苦しくなるほどである。ところが、その言葉の一つ一つをよく聞いてみると、私ら素人弟子に稽古で教えていることとほとんど違いがない。まさに、プロに教える基本や原則を私ら素人弟子には分かり易く（？）言葉や態度を変えて教えていたのだった。入会時に石田先生が言った言葉、〝私は、素人だからと言って手を抜きませんから。その方が、かえって皆さんのためになるはずです。〟を、改めて思い起こした。

それにしても、淡朗君は大したものである。一つ言われると確実に一つ入っていく。10言われれば、10入っていくのである。私らは、石田先生に10も20も言われても、一つか二つしか聞く耳を持たず、残りは勝手に都合のいいように解釈し適当にごまかしているというのに。やはり、プロへの道を感じる者としての心構えが違うようだ。〝観世や宝生では、小学校の高学年か中学にならないとこの役（能『望月』の子方）はやらせないんだよ。それを君は小学二年生でやるんだから、もっと大きくなんないと……〟とは、素敵な帝王学である。

1995.7.1

○「『柿山伏』再挑戦」のこと

『柿山伏』は、１９９２年の『万乃会』でNさんと一度演じている。しかしながら、今回は単に百姓役と山伏役が入れ替わっての再挑戦ということではなく、私にとっては、全く「新しい取り組み」という気がしている。というのも、3年前の時は、科白の字句の丸覚えしか頭になかったが、今回は、石田先生の発する科白回し（強弱・高低であり、リズム・イントネーションであり、追い込み・間であるもの）を、出来るだけ私の身体をとおして真似てみたいと思っているからである。いつぞや石田先生が言っていた。〝皆さんの覚え方は、要領が悪いんですよ。私の言う通りにすれば、すっと入って三遍か四遍やれば覚えてしまうんですけどねえ……〟と。

今回の『万乃会』は、10月23日（日）が発表日になっている。ところが、前日の22日は学校の「学芸会」の日であり、18日〜19日は石巻市の教頭会の研修視察になっており、17日〜18日は算数・数学教育の東北大会（仙台会場―助言者）ということになっていて、発表日前の一週間はめちゃくちゃな日々になりそうである。しかも次回の稽古日は8月22日と、2ヶ月近く間が空いてしまった。9月と10月にも稽古日が予定されているが、この日程では、前々回の『千切木』以上にハードな稽古・練習になりそう。次回8月22日の稽古まで、どれだけ石田先生の示範を体感・体現出来るのか、自主練習の工夫が必要である。

今回の稽古で、石田先生に〝歯切れよく、強くやって下さい。謡も言葉も、張った後、低いキィ（音程）にガクッと押さえつけた方がいいんです。「出でたる山伏⤵」〟、「憎い奴の⤵」のように……。田中さんの声は、わりとソフトだから、そうじゃないように。〟と言われたことを指標に、新たな『柿山伏』に挑戦してみたいと思っている。

○「科白の役割」のこと　1995.9.3

Kさんのアト（耕作人）で『柿山伏』をやることが正式に決まったのは、6月の稽古の時である。『柿山伏』の科白の稽古は、5月から始まったが、一時中野さんの『蝸牛』の相手をする話があったりして、それをいいことにふらふらしていたら、〃『柿山伏』でやります〃と、引導を渡されてしまった。そして、6月の稽古の終わりに、石田先生から〃次回の稽古は、7月が無くてすぐ8月になりますから、動けるように科白を覚えてきて下さい。〃と言われた。8月の稽古日は、8月22日〜23日である。それで、その時は「まだ2ヶ月はあるな。今度は、石田先生の示範のテープをじっくり聴いて、きっちり真似てみよう」と思ったものだったが……。

8月の稽古は、約束していた通りすぐ動きから入ったのだが、まず橋懸かりでの山伏の足の運びが出来ない。すり足の時と勝手が違って、フラフラしてしまう。また、上げた足をすぐ下ろしてしまうので、足をかけての方向転換がヨロヨロしてしまう。フラフラしないように、ヨロヨロしないようにと、動きのことばかり気にしていたら、科白の抑揚がメチャクチャになりだした。しかも、一度狂い出すと正しいリズム（間や抑揚、張り等）がまるで分からなくなっていく。まさに奈落の底の無間地獄に落ちていく感じである。動きに気をやれば、動きの未熟に引きずられて、科白が際限なくいい加減になっていく。逆に、科白に気をやると、動きがフラフラヨタヨタして違ってくる。頭の中がモアモアして訳が分からなくなった時に、〝また、字面だけで覚えてしまいましたね〟と、石田先生に言われてしまった。

もっとも、石田先生は、稽古が終わってから本堂内にあったお守り札を10枚持って来て、次のようなフォロー(慰めなのか、励ましなのか)をしてくれた。〝ここに、お守り札が10枚ありますが、狂言で言えば、動きと科白はその内の何枚分くらいだと思いますか？〟と私らに訊いてきた。すかさずKさんが、〝科白は、2～3枚くらい……〟と言ったら、石田先生は、ぼそっと次のように言ったのだった。〝狂言では、動きは「二」で、科白は「八」くらいなんです。その「八」でも、万作先生は「六」くらいしか出来ていない。私はまだ「四」くらいなんです。多分、死ぬまでに「八」になる人はいない……。でも、皆さんは「四」の稽古を受けても、家に帰ると「一」くらいになってしまう。是非、「一」に戻るんでなく、「四」に近づくように自主練習をして下さい。〟と。

1995.9.3

○「言動不一致」のこと

何日前だったろうか。朝日新聞の天声人語欄を読んでいたら、どこかの出版社の新入社員教育のことが載っていた。若い新入社員に、「年配の作家に論説を書いてもらう依頼の手紙」という題で作文してもらったら、中に「今日は。先生、お元気してますか……」という書き出しの作文があったそうである。で、天声人語の筆者は、明治期の言文一致運動に準えて、今の若い人は、何のためらいもなく「言動一致」の文を書く云々とあった。

この「言動一致」という四文字熟語を借用させていただけば、狂言の中には、「言動一致」のことよりも、「言動不一致」の場面が数多く出てくる。つまり、科白の言葉をしゃべることと、その言葉が表す動きとが一致しないのである。というより、敢えて一致させないことが多い。言葉と動作が一致すれば「日常」になるのだが、科白と動きを不一致にすることで「狂言の世界」（演劇の非日常性）を創り出しているのではないだろうか。

具体例で言えば、現在稽古している『柿山伏』の「今目の前を飛ぶ鳥も祈り落とす」の所は、言葉よりも動作が先行するし、「これを踏まえて柿の木にのぼろう」や「あの高い所から飛ばせおって」の所は、言葉と動作が一致するし、「この刀でかち落として」や「さらばひとつ食おう」は、言葉に遅れて動作が始まる。この「言動一致」の日常を否定し、「言動不一致」の非日常を誇張・強調することで、「演劇＝非日常の世界」を創り出しているのではないかと気づいた次第である。

私ら教師は、学校で子どもたちに演技指導をする時、「その気になる」ことをいの一番に考える。子どもが、その気になって劇の世界や役の世界に入ってしまえば、身も心も必然の流れの中で、自然に動きや科白が生じてくる。嬉しい時は嬉しくなり、悲しい時は悲しくなり、怒った時は腹立たしくなってくる。

しかしながら、「表現」ということを考えれば、「その気になる＝必然の流れが生じる」からもう一歩踏み出したものが必要なのだろう。それは、解釈に裏付けられるのは当然であるけれども、強調や誇張といったデフォルメだけでなく、単調なリズムを崩すものとして、「言動不一致」が企図されてもいいのかもしれない。これは、「表現」に関わる課題の一つになるのではないだろうか。

○『柿山伏』稽古記録　その一　1995.9.10

今回の稽古は、仙岳院に葬儀が入ったので、急遽中野さんの自宅をお借りして行うことになった。しかも、石田先生は、連日の全国行脚で風邪を引き、フラフラの様子。明日の稽古は休みにして、夕方の新幹線で東京に帰るとのこと。〝形だけ教えて、終わりにしますから……〟とのことだったが、あれほどゴホゴホしていたのに、稽古が始まると元気が出てきて、いっぱい注文・課題を出されてしまった。以下、その時の記録である。

・出の型

立った時、前の方に肘を伸ばして。もっと手を伸ばして。腰は最初から落とし加減にして、足をピッと上げて止めるくらいがちょうどいいんです。そして、着く足を前の方に出す。足を上げる時、前の方にいかない方がきれいなんです。踏み込んでいる感じで。下した足も、足を伸ばさない位置で……。膝が伸びきってしまわない方が、腰の安定がいいんです。ゆっくり着いて、スッと上げて—止めて、ゆっくり—スー—止めて。

で、すり足と同じで、だんだん早くなるでしょ。早くなってきたら、足の上げ方も小さくていいんです。そして、太鼓座で左足を大きく上げて、ぐっとかけて、右足も大きく上げてまた前へゆっくりと行きますね。そして、だんだん早くなってきて、小さくなってきて、左足—右足とこれを大きく一度止めて。それからゆっくりと、腰をぐっと入れて、伸びてから右足をぐっと上げて、ひねって—着いて、太鼓の方に向かう。その左足もゆっくり。で、四足か六足位歩いて行って、そして最後の足もまたゆっくりと止まる。最後の足は右になりますよ。四足というと、まずぐっと腰をいれるでしょ。そして伸びながら右足をぐっとやって。どっちかと言うと、この右足をついてから腰をひねった方がいいです。そしてこう行くから…。最後は右足。

・次第の謡い方

「かーいーをー」って一字一字を伸ばすよりは、「か」「い」「を」「も」と粒立った方がいいです。強吟ですから。強吟の謡の場合は、言葉もそうですけど、単語の頭をもっと低めに。言葉を喋る時だってそうでしょ。「かいをも↷もたぬ」って下がるでしょ。「かいをも↷もたぬ↷やまぶし」って。「みちみち」の「み」を落ち着いて。

「うそを」の「う」を下げて、「ふこお」の「ふ」も下げて。謡い終わったら、今度は沈みません。沈むのは、最初の出て来た時だけです。最後の足は、左になりますね。かけたんだから……。

・「これは」

頭をもっと押さえるんです。その方が強くなりますから。で、どっちかと言うと、気分的には、そういう気分ではないけれども、ちょっと怒ってるみたいな言い方が山伏みたいなんです。それと同時に、、バラバラの方がいいんです。「おおみねかつらぎをいたし」でなく、「おおみね　かつらぎを　いたし」って。単語、単語がバラバラでいる方が粒立って、強くなっていいんです。「ただいまがげこうどうで」と言うよりも、「ただいまが　げこうどうで　ござる」って。「まいろう」も、「まいろう」って言うよりも、「**まぁいーろーお**⤵」って方が威張ってるんです。

・「まことに山伏というものは野にふし山にふし」

だんだん頭が高くなっていくでしょ。「⤴**やまぶしと**⤵　⤴**いうものは**⤵　⤴**のに**⤵**ふし**⤵　⤴**やまに**⤵**ふし**⤵　⤴**あるいは**⤵」って。一つ一つ下から上がるのが、優しくなっちゃってる。

・「飛ぶ鳥も祈り落として」」

ここは切って止めて下さい。面を切るってことですが…。「とぶ」もやや上の方。

「とりも」も上の方。「いのり」もまだ鳥が飛んでいるんだから、下向いちゃだめ。拍子を踏んでから下を向いて下さい。

・「あたりに茶屋もなし」

⤵「のみたいものじゃが」を言い切っちゃいますね。その後、少し動いてから。周りを見てからじゃないと嘘でしょう。「あたりに」ですから。

・「何としたものであろうぞ」

左─右ときたんだから、今度は左足から。そして、大事なことは、どの辺に行くか決めてて下さいね。位置関係だけで言いますと、左─右と上げて、幕の方を見ますね。そして、今度は少し膨らみながら、なるべく中へ入る。中へ入って行って、右で止まって、柿の木を見たら一歩引きますね。で、「やいやい」の時に、常座に戻りたいわけですから、それが少し奥に行っている方が……。そうすると「ひとおともせぬ」で一歩下がるから、元に戻る。その位置がずれないように練習して下さい。

それともう一つは、「あたりにちゃやもなし」の次で、すぐ顔がこっち向いたでしょう。左のほうに。逆に、顔は右に残したまま…。そうすると、足がどんどん行っちゃっても、顔が残っているから、つまり足の後になれば、見つけたとなるでしょ。顔が先に行くと、歩いているのに見つけたとなって、おかしいでしょ。元の位置に上手く行くようにすることと、顔の位置を注意して下さい。「なんとしたもので」は、黙って動いてからでいいです。

・「柿ができてある。あれを食べたらば」

「柿はできてある。あれを食べたらば」って、つながりで持っていくのは、あまり狂言らしくないんです。むしろ、「柿ができてある」に対して「あれを食うたらば」を区別をつけて。演技術的に分けるとすると、「柿ができてある」って、説明の科白ですよ。「あれを食べたらば」は、自分の心情を言っているわけですね。それを変えた方がいいです。「やいやい」も、また別な感じです。遠くへ呼びかける。

「やいやい」の位置は、幕の方ですから、左足をもっと深くかけないと。右足からどんどん歩いて下さい。「所望でおりゃる」も、〝欲しいんだ！〟って。優しくならない。

で、見たままで一歩引くんです。左足を捩じっておいてから、右—左と引くんです。それをやりながら、「人音もせぬ」。だから、半身で幕見てたのが、体ごと幕を見るってことです。「人音もせぬ」で。そして右足かけながら正面向いて考える。「何としょうぞ」って。

・「此刀で」

「此刀で」ったら、もう刀を見ない。「此刀で」で数珠を見てしまう。しまいながら、刀を見る必要はない。それから、正面見るのも余計です。刀をみたら、しまうために数珠です。刀抜いた時の左手も変ですね。抜くまで脇に添えている。抜いてから、それから左手ですよ。ちゃんと左手添えて。右手でしごいて。で、柿を見たまま立つ。

・「今度は　つぶてを」

刀を差すんでも、置くんでも、全部やってから、次の言葉「今度は」って言う。で、さっきもそうだったたったんだけど、右足を動かしながら立つっていうのは、よくないんです。立った時には、しっかりと立った足してほしいんです。

・「いかな　いかな」

一歩引くのに、左足捩じるでしょ。そしたら、右足は左足より後ろへ引かなくっちゃ、そうしないとおかしいでしょう。

・「いや　あれに足掛かりがある」

「足掛かりがある」まで、動かない方がいい。

・「えいえい　やっとな」

上がった時に、両手を広げて伸びて下さい。立っちゃっていい。

・「さらば一つ食おう」

最初の時に、目の前にあるんだと、わざとらしいでしょう。ちょっと左くらいから。それから、枝ですから、左手ははっきりつかんで下さい。枝の太さぐらいで。取る右手は、はっきり捩じって下さい。

で、最初食べる時は、手のひらを回す必要ないんです。小さくなるから回すんであって。どんどん食べたら、最後は押し込んでいって。そして、一度止めて、それから立ち上がる。だんだん慣れてきたら、言葉言いながら動いていいんですよ。いろいろ自由にやって下さい。

・「南無三宝」

下向いちゃ駄目ですよ。食べんのは下でしょ。アドが拍子踏んだら一度起き上がって、「南無三宝」。

・「かげへ隠れう」

手の準備をしていて、「かげへ」でかがんで、それから「隠れう」。

・「やれやれ　嬉しや」

隠れる時はパッとやりますから、起きる時はもうちょっとゆっくりと。極端に言いますと、「嬉しや」の「や」が終わった時に、初めて全部起き上がったっていいんですよ。

・「びょう」

手は、無い。犬の鳴き声の時は、手はないです。向くだけです。

・「これも鳴かずばなるまい」

腰を入れて下さい。かがんだままでしょ。扇を抜いたりする時、いつも少しかがんでいるでしょ。かがんだまま扇を抜いて、扇を横に広げた時、伸びといて、ぐっと腰を入れるの。それで「ひーっ」です。

・「こりゃ　飛ばずばなるまい」

いろいろありますけど、一番いいのは、「飛ばずばなるまい」と言った時には、飛ぼうとしてからでもいいんですけど、とにかく、下を見てから怖がって手を広げるって感じがいいんです。「こりゃ　飛ばずばなるまい」は、起き上がるの。そうでしょう。「ああ　こりゃ飛ばずばなるまい」って飛ぼうとすると、「ああこわい」ってなるの。そう作っていかないと……。

「こりゃ」は、下向いちゃ駄目ですよ。上っつうか、真っ直ぐ。それでまた飛ぼうとして下を向くんですよ。山伏は、手を広げるのが何のためか、もうちょっと考えてやって下さい。つまり、飛ぼうと思って手を広げんの?。それでもいいんですけど、怖いから手を広げるのか、はっきりさせて下さい。今のだと、どっちつかずになっている。

・「飛ばせおって」

それから、飛びましたね。飛んだら、手を下にいって下さい。膝の上ではありません。あまり後ろでなく、横ぐらいで。で、「あいた　あいた」です。

「飛ばせおってけ」まで、上を向いたまま。

・「看病せい」
足を動かしてきて、手をやって下さい。
・「身共が」
また両手をやった方がいい。
・「苔嶺の雲をしのぎ」
「苔嶺の」で正面向く。「雲をしのぎ」まで動かないほうがいい。
・「なかるべき」
相手にパッと数珠を向けてほしい。で、急がないで、1~2回揉んでから、「ぼろん」。で、「ぼろん」を止めますね。そしたら、常座まで行って、ドン。その時、体はすです。「やいやい柿主は」と同じです。
・「尊い山伏は」
ずっと、下がって行きますね。そしたら、右手にきちんと数珠を持って、「尊い山伏は」で、足は左―右です。右は拍子。それが、「此やうな」。そして、見たままで、「つれていて看病せい」。
・「こころえた」
後ろに回って上がる時、何となく白々しかったら、「えいえい」と言葉を入れてもいいです。そして、「やっとな」で上がる。

今回の稽古はここまでだったが、最後に石田先生から〝自分で納得するように作って下さいよ。教えられた通り機械的にやるんじゃなく……。そうしないと、そうじゃないと、発展性が無くなっちゃいますから。〟と言われてしまった。

○『柿山伏』稽古記録　その二

1995.10.8

9月26日稽古のテープが、忙しくてそして疲れてしまって、毎日聴けずにいた。相方アト（百姓役）のKさんとの自主練習を、10月6日の夜6時から矢本コミュニティセンターで行ったが、一歩も進歩なしでの自主練習だったので、大変心苦しかった。でも、やったお陰で、「ペッ、ペ」の呼吸がなんとなくつかめてきた。もう二・三度やれば、形になりそうである。

で、今回も稽古のテープから、記録にしてみた。記録の言葉を、一回でも多く身体で反芻し実感するのが、今一番である。

・出の歩みのことで

だんだん早くなってきて……。早くなってきたら、足をそこまで上げなくてもいい。すっすっすっと来て、柱の陰でしっかり足を上げて……。

・謡

謡は、もうちょっと怒ったように。吐き出すように言った方がいいです。つまり、粒立てるっていうか、「かーいーおー」じゃなくて、「かぁいぃおぉもぉ」って、もっと言葉に近づくくらいに。

・「これは　出羽の」

強く言うから、力を使っちゃうから、次は楽に言った方がいいんです。「此度大峰葛城をいたし」なんて、もっと楽に言っちゃうんです。楽っても、さっきのように粒立てるんですけど。そのためには、その前の「出羽の羽黒山より出でたる山伏」も、「羽黒山より」で息吸って、そして「出でたる」となるように。苦しげになって、何とかたどり着くよりは、途中で休んじゃって、堂々と倍力入れた方がいいです。以下もそうなるように……。

・「いのり」

そこで下向いちゃだめ。拍子踏んでから下向くんですよ。「鳥も」まで正面の上向いてたら、そこから顔を離さないで……。ドンで下を向く。

・「いや　今朝どきのままなれば」

そこも、さっきのように楽に入って。「いや、今朝どきのままなれば　いこう　喉が渇く。湯なりとも」って。その方が楽だし、聴いている方も効果的なんです。

・「飲みたいものじゃが　あたりに」

「飲みたいものじゃが」ぐらいから、もう向いちゃって下さい。捜して下さい。

・「やいやい　そのあたりに」

そこなんかも、もうちょっと演劇として処理するとすれば、「何としたものであろうぞ」ってこうやって見ているのは、何か捜しているんでしょう。それが、捜して、発見して「あれに」となる。これも言葉が強いんですけれども、**「喉の渇きも　止もう」**って。その後は、今度は目的があるんだから、「やい」って、もっとすっと向いた方がいいです。捜している時と同じように「やーい、やーい」ってんでなくて。幕に向かって物を言うって感じで。そういう差を作って下さい。「食うたらば、のどの渇きも止もう」も急がなくて、「あれを食うたらば」「喉の」「渇きも止もう」って方がいいでしょう。もっと休んでいいんですよ。

・「此刀で」

そこは、座るのが早すぎる。それじゃ分からない。「此刀で」ぐらいから座り出す。言葉の頭で座るとこけちゃうし、動きがはっきりしない。つまり、「此刀で」ぐらいまでは動かない方がいいんですよ。極端に言えば、「此刀でかち落としてみよう」と言い切っちゃってから、座っちゃったっていいんですよ。

・移動の歩み

そういうとこは、もうちょっと早く出来ないかな。最初はゆっくりとしても、きっちりと早くなって…。それから、やれるかやれないは別として言っておきますと、「かち落としてみよう」で下向いたまま、数珠をしまって、刀に移行しないほうがいい。どっかで一度顔を上げた方がいいんです。それから、刀を抜く。

・「やっとな　やっとな」

腕が引けてないと見えませんよ。腕が引けてないということは、山伏のかっこうだから、体から刀を離さないと縮こまってしまって、動きが見えませんよ。特に刀を返した時なんか、背中側になるから、離しておかないと効きませんよ。

・「今度は礫を打ってみよう」

そこも理屈を言えば、見つけてから、石を拾う。手を動かしてね。

・「えい　えい　やっとな」

回す右手が、もっと下の方がいい。下手投げの形で。そしてこう投げた形が、投げた瞬間は手が上にあって、右足がつくとおっこっちゃうから。右手の伸びた先が、石が飛んでいったんだなってことなんだから。そうすると、そんなに上にやる必要はないんですよ。肩の高さのままで……。手を上下させない。その方が綺麗でしょう。

・枝を掴む

左手の枝を掴むのが無造作すぎるの。枝が太すぎなの。枝をもちょっと細くして…。で、右手はでかい柿。そして、右手を捻って、もうちょっともぐって感じがほしいの。

力が無さすぎますよ。捻って、ぐっと取るでしょ。そして、美味しいものを食べるんだから、口まで持ってくるのに、大きく、時間をかけた方がいい。その方が、食べるって気に見えるんです。

・柿を食べる

食べるのが早いのよ。一回目は、ゆっくりたっぷりと。二回目、三回目は早くていいけど……。それから、下に屈むまで行ってるけど、姿が綺麗じゃないでしょ。半分くらいまででいいの。そんなに屈んで行ったら、自分も辛いし、危ないよ。葛桶の上なんだから。

・葛桶の上がり方

左足一本に重心を乗せて、両手を離さないと……。両足乗ってから両手を離すなんて、出来ないですよ。両手を離して、左足一本で上がって、両足着いて、そして手を収める方が綺麗ですよ。

・「此の木の陰へ隠れう」

屈むのと手を上げるのが同時。それから、右手がもっと上に行ってないと隠れませんよ。

・「びょうびょうびょう」

首を使って下さい。実際は、袂の陰で見えないんですけどね。

・「ひいよろよろよろ」

危ないからつま先立ちしなくてもいいですけど、やる前にもっと屈んで下さい。扇を開いて、一度下に降ろして、屈んで、それから「ひい」。

・「えいえいやっとな。あいたあいた」

「えいえいやっとな」から「あいたあいた」が繋がると、つまらないです。「えいえいやっとな」、ドン。それから、「あいた」ぐらいで。ドン、腰を打った。で、息を一つうんとして、「あいた」ぐらいで。手の動きをやってから、「あいた」でもいいんです。

・「やいやい、そこな奴」

そこは、決める。「やいそこな奴」で、言葉よりも動きが残るぐらいに、たっぷりと。

・「あの高い所から飛ばせおって。健か腰の骨を打折った」

そこは、情けなく言うと面白いんです。他は全部威張っていますけどね。こういう風に、正反対の所が幾つか入ってくると面白いんです。

・「悔やむな男」

お尻を上げて下さい。単なる片膝でなくて、体が伸びるぐらいに。「いだつ」って言うんですけどね。で、「苔嶺の」で、お尻落としていい。

・「苔嶺の雲をしのぎ」

　少し緩慢ですね。怒って言ってるんですから、そんなにゆっくり出来ない。「男」は、いくらたっぷり言ってもいいですけど…。で、正面向きながら「苔嶺の」。「立行居行」は、たっぷりと。数珠を揉む時は、また「いだっ」て下さい。お尻を上げて……。

・「尊い山伏は」

　左足一歩出て、右手も使って、上からドン。

・「おんでもないこと」

　「なんじゃ看病せい」に被せるように。

〈1996年〉

○「聟の次に太郎冠者、太郎冠者の次が舅で、それから親」のこと　1996.3.3

　昨年の10月に『万乃会』があって、その夜の懇親会で石田先生から、〝田中さん、来年の『万乃会』では、『二人袴』をやって下さい。〟と頼まれてしまった。何せ酒の席のことで、気分も壮大になっていたから二つ返事で〝ああ、いいですよ〟と言ってしまったのだが、『千切木』以来、役のハードルが高過ぎて難渋の連続である。

『柿山伏』の時は、〃懲りない山伏なんですよ〃と言われ続けたが、〃どうも田中さんの山伏は、優しすぎて、見ていて可哀想になってくるんですよ〃が、結論になってしまった。私自身、「めげずに」「懲りずに」というのは性に合っているし、そのつもりで演じようとしてきたのだが、観客側に回れば、私の「一途さ」が健気さになり、悲壮感や哀感になって写ってしまうらしい。失敗しても失敗しても立ち上がるバイタリティ溢れるエネルギーやパワーが不足していたのか。とにかく「塀の中の懲りない面々」にはなれないでしまった。

で、今回の『二人袴』は、初めに聟役をやり、次に太郎冠者役をやり、そして中身を十分知った所で舅役をやり、円熟した頃に親役をやるという、大変にサイクルの長い演目なのだと言う。つまり、それぞれの役に合った稽古の積み重ねがあり、また人間としての人生修業・年輪と言ったものがあって出来る役なのだと言う。それを私は、いっぺんに二つも飛び越して舅役に挑戦することになったのだから大変である。我が大先輩の千葉さん（仙台二高卒）の最後の舞台ゆえ、なおさらのこと「身の程知らず」を只々恥じ入るばかりである。

とは言え、聟役には石田先生の子息・淡朗君がなり、太郎冠者には中野さん、そして親役には千葉さんがなるというのだから、面白い組み合わせの『二人袴』が出来上がるに違いない。その中で舅役の私だけがレベルダウンしそうなのだが、石田先生に任せて、我が身の能力を引き出してもらう他はない。

今年の10月23日は、文部省指定・道徳教育推進校の公開研究会の日である。学校の裏方として雑務に奔走しなければならないが、「趣味に生きる教師」がどこまで可能なのか、試される8ヶ月になりそうである。校長さんからは、〝教頭って、学校での「指導主事」なんだから、しっかり研究を指導してくれなきゃ……〟、〝教頭は、家でやんなきゃならない仕事は無いはずだから。いつも学校にいてくれなきゃ……〟等と、既に釘を刺されてしまってはいるのだが。

○「間がある」のこと　1996.9.15

10月23日の「文部省指定　道徳教育推進校　公開研究会」を1ヶ月後にひかえ、校内でも道徳の自主授業公開が一つ二つと起こり出した。私のような〖サークル教師〗からすれば「自分の持っているもので勝負するしかない」とすぐ開き直ってしまうのだが、年齢が三十代・四十代となっても、「公開初体験」の教師からすれば、「少しでも良くしたい」と「何かせずにはいられない」の気持ちが交錯し合って、道徳の授業の自主公開となるようだ。公開研究会後も、その新鮮な気持ちや意欲を持ち続けてほしいものである。

で、その道徳の授業を見に行って気になっていたのが、子どもへの問いかけ（発問）が定まっていず、何度も言い直しや補足をしていることだった。しかも、言い直しや補足をしているうちに、教師の意図や子どもたちに考えてもらいたいことが少しずつずれてしまうのだった。だから、子どもたちは教師の問いかけに表面的・反射的に反応するしかなく、立ち止まってじっくり考えることが出来なくなってしまうのだった。

教師が子どもたちへの問いかけをじっくり吟味し、「この言葉でなければ」あるいは「この言葉でこそ」という確信の持てる言葉を具体的に選び出し、子どもが集中を創り出す「間」を十分に取って、一語ずつ確実に伝えていったならば、後は子どもたちの反応を待つばかり……となるのだが、たいていの教師は、この「間」が作れない。空白の時間が怖くなって耐えられなくなり、不安を打ち消すべく子どもより先に喋ってしまう。集中を創り出す「間」、否定をする「間」、疑問を呈する「間」、沈静化を図る「間」等々、様々の「間」を創り出し使いこなせることが、教師の力量になる。

翻って、今回の稽古での課題は、この「間」だった。太郎冠者の科白が終わるのを待って、徐に舅役の私が喋りだすと、必ず石田先生から〝その間はなんですか〟の駄目がだされた。石田先生が言うには、同じ流れを引き継ぐあるいは倍加させるには、次の科白を被せていかねばならないのに、終わってから喋ったのでは、間が出来て、意味を持ってしまうということらしい。間があっては駄目な所に間を持たせてしまうと、見ている観客は、その間に意味を感じ、別の流れを想像し、勝手に中身を作り変えてしまうということであった。今までの稽古では、科白をずらずらと言うことに精一杯で、全く「間」の無い演技であったが、ここらで「間のない」、あるいは「間のある」演技に挑戦していってみようと思う。

○「科白が出ない」のこと

1996.12.8

11月24日に、矢来能楽堂で第10回の『万乃会』があった。前日の23日には、文部省近くのイイノホールで、かつて姉弟子だったHさんが『水月会』という日本舞踊の発表会に出るというので、観に行って来た。演目は歌舞伎に出てくるもの（例えば「吉野山」「藤娘」など）で、舞台装置や衣装も全く歌舞伎そのもの。歌舞伎の踊りの場面ばかりの特集といったものだった。一演目が終わる度に15分ほどの休憩があって、その合間に舞台装置が一回ずつ替わるという大掛かりなもの。〝日本舞踊なんかでは、最低百万円はかかりますよ〟という話が、納得出来た感じだった。踊りは、それなりに面白かったが、歌舞伎での女形のイメージがあるためか、女性が踊る日本舞踊に生の女性が見え隠れして、逆に色香が歌舞伎で観たほどに感じられなかったのは、私の偏見かも……。

ところで、肝心の『万乃会』での『二人袴』であるが、全員そろっての稽古が一回のみというまさにプロ並みの稽古で、当日を迎えてしまった。もう私の方は、「どうにでもなれ」という捨て鉢気味の開き直った気持ちでいたため、焦る気持ちは無かったが、出演が夕方の六時近くということで、気力をどう持ち続けたらいいのかで困っていた。それでも、近くに矢来公園があったので、一人で科白を確かめたりしていた。

午後3時頃能楽堂に戻ると、4人で科白の稽古をするからと、私をさがしていた。あわてて、万作先生たちが休んでいた奥の部屋を借りて、4人で科白のみの申し合わせを始めた。私の分はすらすらと出てきたので、さっきも公園で復唱したのだからと、安心して本番を迎えることにした。ところがである。肝心の舞台で、科白が出なくなったのである。

聟が戻って、親が替わりに出て来ると、「これは親御様でござるか。最前から、なぜにお通りなされませぬ」の科白を言うのであるが、聟が戻って、親が出て来る間に、心内語で諳んじていたら、「最前から」の次が真っ白になって出てこないのである。何度繰り返して諳んじても「最前から……」なのである。聟や両人には「どれへお出でなされました」が出て来るのに、親への科白がプッツンと途切れて空白状態。必死で考え続けたら、ようやく最初の「な」まで出て来た。でも、ついに時間切れ。親が登場して来てしまった。それで、当たらずと言えども遠からず、ままよと「なんとなされました」と言ってしまった次第。親御役の千葉さん、違う科白なのによく返してくれました。本当にすみませんでした。

〈1997年〉

○「流れと様式」のこと

1997.1.6

昨年10月の『二人袴』での合同稽古の時のこと。『七つ子』の舞を、千葉さん、淡朗君と私の三人で自主練習をしていたら、「定家葛か」の箇所での右手の扇を返すタイミングが早過ぎて、淡朗君に〝田中さん、違うよ！〟と言われてしまった。その時は、〝あらまあ、失礼しました〟と再度二人に合わせて終わったが、謡での音程をふらつく所が二ヶ所もあって、頭の中はそのことにのみ気がいっていた結果だった。でも、今にして思えば、私にとっての大事な課題があったように思える。

舞を習い始めの頃は、私らのまるでリズムが無く、ギスギスしてコチコチの動きを見て、石田先生から〝もっと、さらさらと動いてみて下さいよ〟とよく言われた。それで、私なりに気づいたのは、テンポを変えてみての練習だった。通常の二倍、三倍のテンポにしてゆっくりと舞の動きをたどっていくと、動きがよく分かるのである。そしてまた、逆にテンポを速くして舞うと、動きの流れがよく分かるのだった。

こうして舞を幾つかクリヤーしてきたが、この練習法・習得法に盲点のあることを知らされたのが今回の〝田中さん、違うよ〟だった。つまり、こうして舞の動きや流れを一通りつかんでも、出来るようになったと安心し油断をすると、舞の動きがどんどん自己流になって行き、「型＝様式」の世界から離れて行くのである。別な言い方をすると、様式に基づいてリズムを正しく押さえないと、別のリズム（都合のよい勝手なリズム）が自分の中に出てきて、自分では調子よく動いているつもりでも、「型＝様式」から離れた俗な動きになってしまう。

これと似たことは、文章を書いている時にもよく起きる。特に、時間の限られた「管理職登用論文」などは、その最たるもの。このことを書こうと思って書き出しても、接続詞や助詞の使い方一つで、文の意図した方向がどんどんずれていってしまう。文章を勢い（調子とリズム）で書いているために、なかなか軌道修正が出来ず、意図したことと違う内容になってしまうことがしばしばである。

水が上から下に流れるように、流れとは必然のことである。だから、断片毎の細切れになった動きを幾ら繋げても、必然の動きにはならないのである。しかも、その必然の流れは、準備の有り様で多様な流れを引き起こす。舞の動きを獲得するのに、改めて「流れ」と「様式」の繋がりを確かめてみる必要がありそうだ。

1997.5.4

○「『よしの葉』の舞」のこと

今年の『万乃会』は11月の初めということもあって、学校や仕事の都合で出られないと思っていた。そうしたら、ひょんなことから1月の稽古日に『遊兎の会』に出ることに決まってしまった。しかし、実際に『七つ子』の舞の稽古をしたのは、3月21日の日が初めて。しかも、私の覚えが悪く、何度も繰り返すものだから「殿に隠して……」以下の後半は〝こうやるんです〟と、石田先生に型を見せられただけで稽古は終わってしまった。全く、この時の心境は、飼い犬が50㎞も遠くに離されて、後は自力で戻ってこいと放り出されたようなもの。何となく方角は分かるが、途中はすっかり忘れた未知の世界。自分に内在する生理的な第六感に頼り「ああか、こうか」と試行錯誤するしかない。

①「ざんざとなるはの」のリズムと4足の足の運び ②「よしの葉のよい女郎」と手と足の間 ③「参りて」の目付柱への進み ④「酌を」の片膝ついての左手と右手扇の共応 ⑤「とりとうは候へど」の戻り ⑥「子持ちの」の1足出と右手扇の差し出し ⑦「ならひとて」の扇の返し ⑧「子抱いた」の右手扇の後ろ返し ⑨「やれやれ」の足拍子 ⑩「お子抱いたやれやれ」の足拍子

等々がまずやれるようになって…と、気ばかりが必死での自主練習を4月1日よりようやく始めた。（3月中は、校長以下8名の転勤事務で一人三役―校長・教務・事務―の仕事をして、毎日へとへと。とても、舞の練習をする気力がなかった。）

しかし、人間の感覚って変なもの。一つ一つの舞の動きが分かってくると、後半の動きも思い出されてきたのである。「殿に」は両手を広げて前で合わせたな。「まどろもと」で扇を返して、「すれば」で屈んで。「窓から」で身体を捩って。「月が」は身体を伸ばして。

「がんが」は扇を持ち替えて右手上にかざし、急いで道行になり、目付柱のそばまで行って右・左と止まる。そこで、すぐ扇を返してまた道行で戻り…と、石田先生の姿が蘇ってきたのだった。

こうして4月13日・14日の稽古日を迎えたのであったが、そうこうしているうちに、いつの間にか足拍子が違和感なく踏めるようになっていた。前回の3月の時には、仲間の文屋さんから、〃まだ、「ナンバ」になっていないね〃と言われて、「全くその通りだ」と我ながらがっかりしていたのだったが、いつの間にか「ナンバ」の身体になっていたのだった。

○『名取川』余談

1997.5.10

狂言の曲目の一つに『名取川』があると知ったのは、何年前のことだったのか。全く記憶にないのだが、何時の日か関わってみたいものと思っていた。それで、「この機会に」と『名取川』の謡部分を稽古し出したのだが、これが大変そう。石田先生からは、〃舞でやりましょうね〃と言われ、〃はい〃と返事をしたもののどうなることか。ともあれ、すこし時間をかけてじっくり取り組んでみたいと思っている。

岩波講座第7巻『能・狂言・狂言鑑賞案内』での『名取川』の項を読むと、シテ（出家）が比叡山で受戒して「希代坊」「不肖坊」という2つの名前をもらったが、その名前を忘れないようと両袖に書き付けてもらって帰ってくる。その道々、「希代坊、不肖坊」といろいろな節をつけて謡う…とあった。その謡い方は、看経節、平家節、踊り節、勤業節で謡うとあった。これらは、一体どんな謡い方なのか。これらにも挑戦してみたい気がするのだが……。

また、この『名取川』の謡は、川尽くしになっている。御裳濯川、音無川、八十瀬川、鈴鹿川、野洲の川、杭瀬川、片瀬川、阿武隈川、藍染川、衣川などの川が連なって出て来る。ただし、福島から宮城に流れてくる阿武隈川は、「アブクマガワ」ではなく「オオクマガワ」となっている。そう言えば、亘理と槻木の間に大隈という地名があったが、何故「オオクマ」なのか不思議だった。もともとが、この地域は「オオクマ」であり「オオクマガワ」だったのであろう。

阿武隈川と言えば、私には司馬遼太郎の『義経』(※小舞謡『柳の下』の背景にある「衆道の世界」も、この『義経』で具体的に知った)が思い出される。義経が鞍馬山から藤原氏を頼って遠く平泉に赴く時、この阿武隈川の「オオクマ」の地に逗留し、土地の娘にご落胤を宿すのである。当時、土地の娘にすれば、都の高貴な方の種を宿すことは、自分が認められた(寵愛された)こととしてこの上ない名誉なことであった。今で言えば、「追っかけ」が憧れのスターと一緒に写真を撮るような感覚だったろうか。都人にとっても、接待のお返しとしての最高のプレゼントだったのであろう。全く、幸せな時代である。

尤も、これが事実だったかどうかは知らないが、司馬遼太郎の『義経』で知った世界である。

○「5分の違い」のこと　1997.11.9

第11回目の『万乃会』が、11月3日に国立能楽堂で行われた。聞くところによると、この『万乃会』は今回で終了とか。思えば、11回のうち初回を除いて10回出演したのだから、我が狂言の軌跡というものでもあった。どの会も、それぞれに学びがあったし、心に残ることがあったのだが、今回は万作先生の言葉〝和泉流には無い演技でして……〟に象徴される如く、『木六駄』のIさんの演技に収斂される会であった。

Iさんは、万作先生とは30年以上も付き合いのある70歳を過ぎた、でもかくしゃくとしたご婦人である。その彼女が舞台に現れた時、小柄なために狂言衣装が大き過ぎて、衣装の中に埋まった感じであった。子どもが出て来たのかと誰しもが思った程である。その彼女が、和泉流の狂言様式を大いに踏み外して演じたのだから、万作先生にすれば、〝和泉流にはない……〟と評する以外になかったのかもしれない。しかしながら、茶屋の主人の萬斎さんとのやり取りが軽妙洒脱でひょうひょうとしており、「人生は楽しく生きなくちゃ」を地でいく演技だったので、後見をしていた万作先生も必死で笑いをこらえているのだった。

後見人が演者の演技を見て笑いをこらえているなんて、初めて見た光景であるが、観客が演者の演技に引き込まれて、思わず拍手をしたなんてことも初めてのことだった。クラシックバレエで踊りの技術の見せ所をストップモーションにして拍手を過ごすとか、歌舞伎で見得を切った時に拍手や掛け声がかかるというのには何度も遭遇したが、狂言の舞台では初めてのことだった。打ち上げの席での萬斎さんの弁によると、〝Iさんの崩れに引きずりこまれまいとカッキリと演じるのに、いつもの2~3倍ものパワーと集中力がいった〟とのこと。とにかく、Iさんの演技に『万乃会』が飲み込まれてしまった感がした。

で、肝心の私たちの『附子』であるが、例の如く、観客の受けはまるでなかった。三人三様にパワー全開にしての熱演をしたのにと思うのだが、後でビデオを観て感じたことは、先へ先へと急いでしまって、演者も観客も科白や演技を楽しむ余裕がなかったことだった。万之丞先生と万作先生が演じたビデオでは28分かかっているのに、私たちのは23分で終わっていたのだった。中野さんは十分すぎるほどたっぷりとやっていたのだから、5分の差は、完全に私と文屋さんの演技が作り出したものだった。間のない(間の抜けた=間抜けた)演技のため、笑いをつくり出せなかったのである。

1997.12.25

○「初級、中級が終わってから」のこと

今回より『名取川』の舞を稽古することになったが、石田先生が私の動きを見て、開口

一番〝この『名取川』の舞は、初級・中級の舞が出来るようになってから、舞うんですけどね……〟と、半ば匙を投げたような言葉が返ってきた。その言葉で、私の頭の中は真っ白。ただただ我が身の無知・無分別を実感するのみであった。

で、何故こんなことになったのかと言うと、我が地元が題材になった狂言『名取川』を少しでも知ってみたいという好奇心に端を発する。それで、まず『名取川』の謡を教えてもらって…と思っていたら、石田先生の〝せっかくですから、舞までやったら……〟という社交辞令を何の準備もなく単純素朴に受け入れて、〝では、舞まで！〟と返事をしたら、この結果になってしまった。

今までに舞台で舞ったものは、『宇治の晒』『兎』『七つ子』『大原木』の4曲である。その他に、『茶壷』や『棒縛り』、『二人袴』の中での舞が全財産である。尤も、これらの舞が、何時でも舞った時点の姿で即座に舞えるというのなら、初・中級としての基礎基本にいくらかはなっているのかもしれないが、現在の私にはどれもこれも「今は昔」のことになり、跡形もなく消え去ってしまった。ま、始まった手前、石田先生から〝無理です！〟の引導を渡すされなかったのをいいことに、それを一縷の望みにして少しずつ我が身体に染み込ませていきたいと思っている。

30年ほど昔の学生の時、教育雑誌の『数学教室』に数学者・遠山啓さんが教授学講座の連載したのを読んで、私の脳ミソに刷り込まれた事柄があった。それは、〚新しいことを学ぶ時、人は常にゼロから出発する』というものであった。当時の文部省・教育界では、スパイラル理論とかで「事柄が螺旋的に繰り返されることで、能力が開発されていく」との考えが常識化していた時に「麓から登る理解の山が、一回ごとにゼロから始まっても倍加して理解の山が大きくなっていく」と、認識の世界を説明したのだった。そして更には、出発はゼロからでも、前の山で培った基礎基本が、認識の飛躍のバネになると言ったのだった。

遠山啓さんの話は、数学教育協議会が先駆的に取り組んだ数々の実践研究に基づく「認識の世界」のことだったが、今にして思えば「身体の耕し・学び」にも当てはまるのではないだろうか。是非、『名取川』の舞で実感したいと思う。

〈1998年〉

○「譜読みの段階と解釈」のこと　1998.8.10

〝今年の合宿は、今までで最低の合宿です！〟とは、石田先生の弁である。石田先生としては、合宿での稽古を通して、『遊兎の会』会員相互に交流の渦（助け合い・教え合う）が起きてほしかったらしいが、皆それぞれに自分の稽古にのみ心奪われて、他人のことなど構っていられない状態でいたことに腹立たしかったようである。

他人の稽古を見れば、当然自分の狂言と共通の部分（科白回し・動きの流れ・配置・手順等）が出てくるのだから、それを盗めばいいはず……となるのだが、現実には、殆どの参加者がまだ自分の科白すら満足に覚えずに合宿に参加しているのだから、他人の稽古など見ている余裕など誰一人なかったのであった。

それでも、夜はカラオケで深夜まで騒いでいたようだし、渓流釣りやカヌーに乗って楽しんでいた人もいたのだから、それなりに楽しい合宿になったのではなかろうか。石田先生の願いや要求はよく分かるし、そうあればまた違った合宿になったのだろうが、それこれのことは今に始まったことではないのだから、組織者としての課題としておく外はない。

で、皆さんの稽古ぶりを見ていて、私にも言えることだったのは、「あれは、こう。次はこうして、その次に……」と、型や手順を覚える事のみに執心して、解釈を忘れてしまうことだった。うろ覚えのため、違った動きや意味のない動き、あるいは勝手な思い込みによる動きをすると、すかさず石田先生から〃それは何ですか？〃、〃どんな意味があるんですか？〃、〃意味を説明して下さい〃との叱責にも似た駄目が飛んでくる。科白を覚え、動きを覚える段階、つまり音楽で言う「譜読みの段階」でも、絶えず解釈の裏打ちを持たないと、覚えることが型や手順を流していくだけになってしまう。

私の『舟ふな』で言えば、「神崎の渡しというはこの川のことか。何とこの川を歩渡りにはなるまいか」という科白の部分で、一度正面を向いて、また太郎冠者と向き合う動きを教えられた。それを私は、同じテンポで動いたら、すぐ石田先生から〝どうして同じ速さなのですか？〟と問われた。この動きの意味などまるで考えていなかったので、口籠っていると、〝最初は、川を眺めるんでしょ。だから、ゆっくりと動く。次は、太郎冠者に問うんですから、はやく動く。そうすると緩急が出て、平板でなくなるんです〟との言葉。全く理に適った演技指導である。そして、〝こういうことを合宿でやりたいんですよ〟と、そばでみていた文屋さんやOさんに視線を流したのだった。

〈1999年〉

○「十聞いても一出来ない」のこと　1999.10.3

「一」出来ないと言うよりも、「一」しないと言うべきか。稽古時のテープを後で聴いてみると、石田先生の指導の一言々々がよく分かるし、自分の声が指導の一つ一つに、全く応えていないことがよく分かる。こんなにも応えないのは、私の方に「応えようとすまい」という意志が働いているのではないかと思うほどである。

ともあれ、久しぶりに『雷』のテープを整理することで、自主勉強のし直しである。

・「ぴかり　ぐわらぐわらぐわら」

「ぴか」と「り」の二つなんですよ。

「り」がぴっとなるように。「り」は力強く。
頭の「が」をもっと強く。上から下へ落とすんです。
「ぴかり」に余り力を入れない。「ぐわらぐわら」の方が強いんですから。
・「あいた　あいたあいた」
一発目だけは、衝撃的に。後は、力を抜いていいんですよ。後の言葉は、全然別にして。
・「己は何者じゃ」
ほわっと出ないように。ほわっと出る時は、張る時です。もっと、押さえて力を入れて下さい。
・「雷じゃ」
「ぞんじませ」で「かみ……」と入る。

微妙な言い方をしますと、音が並び過ぎているんですよ。一字一字ははっきり言うんですけれど、その具合は「かーみーなーり」ではなく、「かみーなり」。二字で一つになっている気分のものが多いんです。例えば「ぴかり」は、「ぴ」と「か」と「り」ではなく、「ぴか」と「り」
・「ちと頼みたいことがある」
二字目、三字目を上げないで、四字目か五字目を張る。「たのみ……」でなく、「たのみたい……」。

・「別の事でない」

もっと余裕を持って。

・「健か腰の骨を」

「落ちたが」と変えて下さい。「こしの……」でなく、三字目、四字目で上げて下さい。張った後の、一番最後が、一番高くピーンとなるんです。それが全部落ち気味になっている。

「健か…」を実感として言うんですよ。その前までは、原因だから客観的に。「健か」は主観。言い方を変えると、全部次のことを準備し過ぎちゃってるんですよ。「此の所へ」と言っている時は、落ちてんじゃなくて、何もないの。「腰の骨を」でも、何もない。で、「打ち折った」。

・「どうぞ療治をしてくれい」

繋がり過ぎてしまっちゃってる。繋がり過ぎると、如何にも読んでいるようになってしまう。

「療治をして」ではなく、「療治を・して」の二つなんです。

・「早うせい」

「早う」「せい」

・「どうなりともせい」
「どうなりとも」「せい」
・「聊爾はせぬ」
張るってことの概念が、違っているんですよ。音さえ上げればいいってんでしょ。そうじゃないんですよ。本来、張るって言うのは、音を上げながら、太く、響き渡っていくんですよ。他の役ならごまかしがきくけど、これは、そうはいかないんですよ。音を上げるよりも、太くしていくんですよ。
・「是は何とする」
今のだと、「これ」が一番強いでしょ。そうじゃないんです。一番強いのは、「なんと」。
・「夫れならばそれと」
〃なあんだ、そうか〃と言うのが必要なんですよ。もっと謡うの。二字目じゃなく、三字目、四字目を張る。そうすると響き渡っていくんですよ。

「ならば」ではなく、「なーらーーば」。自分の中に照れがあるんですよ。ストッパーを外して下さい。緩急がもっとあるんです。一緒にやって下さい（※「なーらーーばー」と一緒に声を出す）。そうすると、自分の中に何か違うものが生まれてくるでしょう。それを常に持ってやらないと、雷にならないですよ。

・「よい肝を」

「**よい**きもを」でなく「よい**きもを**」ですよ。

「きも」が縮まりましたよ。それは何故かと言うと、音を上げようとばかりするから、エッとなるから、音が詰まっちゃうんですよ。たっぷり言うから、音が上がっていくんであって。

・「して何とある」

ここは、さらっと言う。演劇的に言うと、つまんないことに勘違いして、びっくりして怒ったんだから。それで、〝なあんだ、そうか〟と言ったけど、鬼の威厳を取り戻そうとしない？

・「中風とは何のことじゃ」

もともと狂言とは、日常的なものをやっているんでしょ。内容的には、普段の、非日常ではない。だからこそ、日常を誇張してやっている。その誇張の精神がありますか。あんまり変わりなく日常を引きずってる。更に言えば、雷なんだから、人間じゃないんだから、もっと日常からかけ離れなきゃ。それが希薄なんです、すごく。狂言の鬼のやり方ってのは、鬼の非日常的な強さとか、人間的よりももっと強いとか、武張ってるとか、ということが演技のやり方や声の出し方としてずっとあって。ところが、言っている内容は、非常に人間臭い。だから、面白いんです。あなたのは、内容が人間臭いからって、声まで人間になっちゃってるから、つまらない。もっと、気取るとか、武張って。

三字目、四字目を上げるっていうのは、もっと重量級なんですよ。ちょこちょこ動いている人間だったら、すぐピッピッと音が上がるでしょう。だけど、重量級だったら、例えば自動車だったら、エンジンがかかっても、少し調子が出てからズウーッと出てくるでしょう。全部、そうやってほしい。だから、「ちゅうぶ」ってすぐヒュッとやらないで、「ちゅうぶ**とは**」でだんだん動き出して行く。それが三字目、四字目ということなんです。

ここは、視点が変わる所です。正面→相手。

(私の声に対して) ほら、「ちゅうぶ」では弱いでしょう。すごく良い人じゃないですか。頭から悩んじゃってるよ。そうじゃ、ないんだよ。「ちゅうぶとは」で、まだ分かってないんですよ、本当は。その方がスケールが大きいでしょ、人間として。人間つうか、キャラクターとして。〝あれは、何の意味なの?〟、というより〝中風……?　なんじゃそれ?〟って方が。そういう気分なんですよ。でも、あなたのは、「中風……」って考え込んじゃってるから、つまんないんですよ。

・「何にもせよ」

「に」と「も」の所。あなたのは、細くなって、弱くなってるでしょ。（※先生の示範）こっちのは、響き渡っているでしょ。こっちの方が鬼らしいでしょ。「も」をもっと響き渡らせて下さいよ。

・「高い所から落ちたれば　まくまくする　何ぞ薬があらばくれい」

（※私の声に対して）それでは、読んでいるんですよ。もっと具体的イメージなんですよ。実際、高い所を見て。そこから落ちるんですよ。頭で、何か、思いを入れないの。それが、狂言の鬼なんです。今のあなただと、「た」でもうそういう気分になっているでしょ。そうじゃなく、状況を作ってから喋る。

「か」と「ら」の張りに気をつけて下さい。で、相変わらず二字目上がりをしているでしょう。三字目、四字目上がりをしてますか。そして、切れてたじゃない。「まくまくする」までが、自分の世界。「…するなんぞ」じゃなく、「…する」。一呼吸おいて、下から「何ぞ」。

・「どりゃ」

脅すんですよ。

・「あゝ」

脅して強い形を見せた。それが情けないことをやるから面白いんです。

「どりゃ」と「あゝ」の落差を出さなければ。貴方の身体を見ていると、よく分かりますよ。身体を作ってから、喋ってみなさいよ。一つ、「はっ」って準備をしてから喋って下さい。で、「にーがーい」でなく、「にーがーーい」ですよ。

・「いずれ甘いところもある」

〝うーん、なるほど！〟何です。〝なるほどなあ〟じゃないんです。

・「気がはっきりと」

「きり」と「と」を張って下さい。

・「是を療治してくれい」

下から。

・「すえうとは」

「すえう」は上がんない。

・「一段とよかろう」

もっともっと威張って。それを、小さい声でもやってほしいんです。

・「あゝ痛い目に」

急がないで。そのために、「抜きました」で間を作っているんですから。

・「餘程心よい」

また、はっきりしていない。何処が張りで、何処が落ちるのか。

・「まだこちらの方が痛い」

「痛い」で落ちない。「いたい♪」と上がる。

・「いやも今の様に痛ければ止めじゃ」

〝痛いんだったら…、止めた！〟ですよ。〝痛いんだったらやめた〟って言い方が、余りにも多すぎますよ。頭から、先を見越しているような喋り方が多すぎますよ。

・「どうぞ痛まぬようにしてくれい」

そこは、もっと情けなく、頼むの。もうちょっと、演技出来ませんか。素直過ぎなんですよ。良く言えば素直。悪く言えば、工夫が足りないって言うか、一本調子なんですよ。「どうぞ―いたまぬ（※示範　どうぞに被せて、更に情けなく）」の二重構造の方が面白いでしょう。

・「さてもさても」

「掴み殺すぞよ」とし「さてもさても」の差を、もっと出して下さいよ。

・「やれやれ重畳のものに手出合うて」

そこが違うんですよ。さっきから言った日常と非日常。更に鬼。なんか一つのファクターに入っているでしょ、あなたのは。音を追っているだけで、何にもない。もっと、雰囲気とか、ものを真似てほしいんですよ。完全に、あなたの地声でしょ、殆ど。

・「薬代とは何のことじゃ」

三つに分けるんです。「薬代」「とは」「何のことじゃ」。

・「持合せが無い」

「もちあわせがない」じゃないの。ここなんですよ。さっきから言っているのは。もう、結論を言うような言い方はしないの。「もちーあーわーーせーが」。一つ一つ充実しているでしょ。あなたのは、先へ先へと言おうとしている。

・「なる程」

〝なるほど、もっとも…〟って、もっとスケールが大きいんですよ。〝なるほど、よーく、分かったよう…〟。

・「則ち汝を」

ここは、謡うんです。

・「降っつ」

「ふーうっ」の「う」の方に力が入ります。そこに、拍子が入りますから。

○「大人の下手な心理劇」のこと

1999.12.9

〝これは、狂言ではありませんよ〟と、相方の中野さんとの稽古の時、石田先生から最高で最大の言葉をなげつけられてしまった。稽古不足の言い訳は次々と上げられるが、そして狂言を十年以上もやって来た者への石田先生なりの期待もあるのだろうが、とにかく出来ないのだから、どうしようもない。

かつて、仲間と本読みをした『俳優修業』（スタニスラフスキイ著）には、「正しく確立されたテンポ・リズムというものは、ひとりでに、直覚的に、俳優の感情を捕まえて、彼の内に、役を生きている正しい感じを喚起することができるのである」と書いてあったが、狂言での「張り」や「抑揚」、「強弱」、「間」、「追い込み」等が「テンポ・リズム」に相当するのだろう。しかし、これが勝手な思い込みでいい加減だったら……。

石田先生に、冒頭の言葉と併せて言われたことは、〝私のテープを、何度も聞かないでしょう〟だった。以下は、それらを気づかせようとする石田先生の指導の言葉の、数々である。

――面を着けずに稽古をしようとしたことで――

面を着けないで、大丈夫ですか。初めてって言ったって、中野さんとは初めてでも、稽古は初めてではないはずですから。

――出から「あいた　あいた」まで――

いや、あのね、「ガラガラガラ」が急ぎ過ぎなんですよ。「ピカーリ、ガラガラガラ」（※先生の示範）の半分位にしかなっていないですよ。それから、「あいた、あいた」って起きるのが、元気過ぎなんですよ。「ガラガラ」とほとんど同じじゃない。「あいした、あいた」って、すごく元気なんですよ。それで、一度正面に膝つくなり、安座するなりして下さい。

――「気づかいするな」――

あのね、だからね、時間が無いんですけどもね。悪口で言っちゃうと、二人とも、考え違いしているのよ。それと、稽古不足なのよ。叉は、稽古してても、自分勝手に稽古してるんですよ。狂言じゃないんだもの。悪口言えば、心理ドラマを見てるんですよ。内容から言ったって、もっと昔話的な、メルヘンというか、童話の世界でしょ。それが、すごく、もうじめっと重苦しく、心情的に喋り過ぎているんですよ。「身どもを…」だって、〃俺、知らないのか!。雷だ!〃位の。それに対して〃いや、知りませんよ。誰でしょうか?〃って、こういう明るさが何にもないんだもの。だから、それには稽古不足というか、考え違いをしているっていうのは、ちゃんと私の言った通りやろうとしてないから……。それは、歯切れですよ。言葉、一字一字の。「気づかいするな」ってやると、どんどん重くなっちゃう。「うち続いて心地が悪い。それ故、今日は…」(※石田先生の示範)って、リズミカルな所が全然無いんだもの。二人して、そうでしょ。だから、年齢相応の、大の男が真面目な話をしているってとこしか見えないんですよ。そこをもうちょっと考えて下さらないと。

――「身共を知らぬか」――

「身共を知らぬか」で、ドンと安座するのは良くないですね。やっても良いんですけども、そこなんですよ。そういう所は、今度は自分で考えて……。やるとしても、ドンと、ここまでやっちゃうと。それは、もっと、悪口的に言っちゃえば、ご自分の長い間の人生経験とかでやってることに照らし合わせれば、ここまでやっちゃうと、更に行くためには、もっとパワーが必要でしょ。そのパワーを出さないでやるなら、やらない方がましなんです。つまり、一歩引いて二歩出るということならあり得る。でも、今の形だと、あなたのやっているのは、一歩引いて半歩も出て無いんです。そのくらいなら、見たままでやる。ドンと引いて、そのままじゃ、全然怖くもなんともない。そういうことの、出し入れの塩梅というのがあるでしょ。難しい役だということで悩んでらして、自分で判断がつかないかもしれないけど、とにかく、もっと素直に、きちんきちんと掻っ切ってやればいいんです。

それと、まあ、ついでだから言っちゃいますけど、今〝面つけて無いんですか?〟って言ったら、あなた〝相手と一回もやってないから……〟と言ったけど、それだって、初めてでないんだから、お分かりのはずなんですけどね。昨日も、Oさんが似たようなことを言ってたけど、Oさんとは違うんですから。何が違うかって言うと、狂言は、一回も相手役と稽古しなくったって、本番で出来るものでしょ。芝居じゃないんだから……。そしたら、今のあなたにとって何が必要かって言えば、それは、まだまだまずい所がいっぱいあるから、直される。直された時に、面を付けていなかったら、何時面をつけるんですか。そういうことが、あるんですけどね。それから、相手にしたって、一回も面をつけた人間と会っていない。それで、本番やるって、怖くてしょうがないはずでしょ。そういうことだって、あるはずです。だから、結構ですけども、お二人だったら、もうちょっと稽古の世界の上でものを考えて、いろいろやってほしいんですよ。他の人とは、ちょっとは違うわけですから。

で、時間が無いったって、そんなものは、電車の中の5分だって1分だって、出来るわけなんですよ。我々は、そういう生活をしているんですから。皆さんは、年に一回か二回ですけど、こっちは毎日舞台をやっているわけですから。ということは、同じことなんですよ。つまり、一つの狂言にかける時間というのは。そうすると、時間を割いて、トイレの中にいたっていいし、道を歩いている2分でもいいし……。そういうようなことって、多分、やってないでしょ。

――「別のことでもない」――

つまり、〝気持ち良いでしょ〟とか、〝その方が楽でしょ〟と言うのは、一杯工夫してほしいんですよ。でも、田中さんの場合、「気持ち良い」ということさえもやってないでしょ。つまり、疑ってかかるというか、模索するっていうか、チェックするっていうか。それで、どうもやりにくいなと思ったら、つまり極端に言ってしまうと、自分はこうだと信じ切ってやってみたら、やりにくいなということがあって、やっていく中にこの方が良いなと思って、最初のテープに戻ってテープを聴いてみたら、その通りだったということが必ずあるはずなんですよ。勘違いして覚えているというか……。それから、もっともっといろんなことを考えてほしいんですよ。時間が無くて、拒否しても構いませんけど、出来ればね。時間が無くてあれなんですけど、つまり、反復練習しかしてないんじゃないの。役者がそうなんですよ。この間、ロンドンに行っても、『盆山』を2分間初めにやってみて、〝5分間時間をあげるから、自分で稽古してみて。後で見るから……〟と言うと、初めから最後まで、つまり、初めにやったことを、2回も3回も同じことをやっているだけなんです。そこで、1回通したら、2回目は立ち止まって、ここはもう一回やろうとか、手はこっちが良いかなとか、ここはもっと大きくとか、そういうことをしないんですね。そうすると、固まるだけで、新鮮さが無くなるんですよね。だから、今止めたのは、狂言は、理屈だけの世界ではないですからね。

理屈だけで言えば、今の雷で言えば、あそこまで雷が痛がっているんなら、「雷じゃ」って、そういう声は出ないでしょ。「雷だ」って、そんなにでかくは出ませんよね。でも、そこは、出しても良いんですよ。理屈じゃないから。だけども、「身共は此の中……」って言葉は、誰に喋ってるの?。あなたのは、仲間とか、同僚とか、同じレベルの人間に喋っているように聞こえる。そうじゃないでしょ。脅している人間共でしょ。そして、そんなにしみじみと喋るものですか。非常にしみじみと喋ってますよね。そういう意識はないかもしれませんけど、つまり、ゆったりと喋ってて緩急がないから、しみじみとしてくる。演劇的に解釈すれば、うがった解釈をすれば、藪医者は出鱈目を言っているかもしれないの。それに対して、雷は馬鹿だから分かんないの。分かんないけど、何となく感心しちゃって……。そういうこと、世の中に幾らでもあるでしょ。藪医者は専門知識を喋っているんだから。そしたら、もっと、あーって感じになるでしょ。如何にも、何か納得しちゃって、理解しちゃってるインテリ同士になっちゃって。でも、心配だから、どうなんだ俺はって。するとまた、大変ですよあんたはって。「よい肝を」で、小さくなって駄目なんですよ。「ああ、怖かった」って。じゃなく、「**あーあ**、怖かった」とか「**ああ怖**かった」って。これは、あなたの癖ですよ、すぐ内側に小さくなるって。それから、「肝をつぶした」で、雷の威厳にかかわるでしょ。そしたら、「して、何とある」で、また威厳を取り戻してもいいんですよ。そうすると、藪医者は、「もつてのほかの……」と、被さって言ってもいいんです。私たちのやっている『雷』とは少し違いますけど、そこは自由なんです。演出は違いますけどね。それが「して、何とある」(※患者が尋ねるように)とやると、日常になってしまう。それから、二人ともそうですけど、喋り出したらネルギーが変わんないんです、減っていくだけでね。上がっていくという所が無いんですよ。張りっていうのは、大きく広がっていくんですから。だから、暗くなっちゃう。精一杯の所が無いんですよ。ぶっ倒れるくらいの瞬間まで、やっちゃうんですよ。私のように、年中声を出してる人間でも、張ってる時は、苦しいんですよ。だから、次が楽に言えるんで…。あなたのは、張りが楽だから、面白くも何ともない。

以下、テープが切れてしまったが、とにかく、パワーと張りが足りないのだった。

○『雷』総括

1999.12.20

今回の『万乃会』での『雷』への取り組みと発表は、不惑以来の〈人生上のエポック〉になった気がしてならない。「何が、どう」や「何を、どう」は、じっくり考えていかねばならないが、とりあえずそれらの幾つかを、フィーリング的に上げてみたい。

〈その一〉《身体で覚えるということ》

石田先生から、〝中野さんと『雷』をやってみませんか〟と言われたのは、5月の稽古日でだった。教師とは言え、校長職というその日暮らしのような不安定な日々を送っていた私を、『遊兎の会』に繋いでおく作戦だったのかもしれない。

ともあれ、雷の役を演じるのに、「これは大変だ」と気づいて、自分なりの自主練習を始めたのは、9月に入ってからだった。カセットテープに藪医者の科白を吹き込み、通勤時の車の中で応答の練習をしたり、11月からは、家を朝6時前に出て、学校の体育館で7時からの30分、テープを相手に一人稽古を始めたりしたのだった。そうして、稽古で教えられたことを、我が身体の中に「自分なりの納得」という形で作り出そうとした。しかしながら、［自分なりの納得］に基づく我が身体行動は、本質を現す「典型」とも言うべき身体行動とは、大きくかけ離れたものでしかなかった。［自分なりに納得したもの］は、私の中では「必然」になったはずなのに、これはどうしたことか。いみじくも、石田先生に言われた〝私のテープを聴いていますか？〟や、〝インテリの弱さを暴露してますよ〟は、「身体で覚える」ということの具体的在り様を示唆しているに違いないのだろうが……。自主練習の在り方が根本的に問われている。

〈その二〉《仲間意識・連帯ということ》

地謡の三人の女性を、あんなにも一途に、そして必死にさせたものは何だったのだろうか。前日の申し合わせでのモタモタした私の姿が主因だったにしても、あるいは、急遽石田先生が薬師の代役（※相方の中野さんが急に出られなくなった）で出ることになったにしても、あるいはまた、前日の申し合わせ後に石田先生に居酒屋に連れて行かれ、リラックスしたにしてもである。〝初対面でもやれるし、またやらなければならないのが、狂言というものなんです〟とは、石田先生の日頃の弁であるが、鬼の衣装を着けた後でも三人組が私に迫ってきて、〝ここは、こうね。じゃ、もう一回やりましょ！〟と言い続けたのである。そして、本番の「降っつ照らいつ……」の舞では、地謡の声が「ここ、ここっ」と言わんばかりの熱気で、謡ってくれたのだった。仙台勢の文屋さんの言葉を借りれば、〝あれで、仲間になったね〟というものであった。特にK嬢には、今までに酒の座興でヒズって（※ひずる……仙台弁で「からかう」の意）は二度も泣かせてしまった負い目があったが、発表会後の打ち上げ会では、帰りにわざわざ外まで見送りに出てくれ、私のコートの襟を直してくれたのだった。

〈その三〉《プロの支えということ》

雷が「ぴかり　がらがらがら」と言いながら橋掛かりを通って出てきた後、舞台でドンと跳んで寝転がり、「あいた」と叫ぶのだが、それだけでもう客席から笑いがきたのには、演じる私がまずびっくりした。後で客席から観ていた仙台勢の文屋さんやSさんから、〝石田先生が演じる藪医者の語りで、既に舞台設定が出来上がっていた〟、〝観客には、雷が落ちてきそうだなという期待感が出来上がっていたもの〟と教えられ、観客の笑いの意味が納得出来たが、同じようなことが、その後演じる私にも起こっていったのだった。つまり、私を雷に仕立てていく仕掛けが、藪医者の言葉や動作から次々と発せられてきたのである。藪医者である石田先生に身を任せ、仕掛けに乗っていくほどに、居丈高で武張った、それでて呑気で世俗に疎く、人が良くて何処となく憎めない雷になっていくのだった。発表会終了後の打ち上げ会の時に、萬斎さんから〝やりやすかったでしょう〟と言われたが、全くその通りだった。多分、地謡の出を見所で見ながら待っていた三人の女性陣にも、藪医者役である石田先生の引き込みと仕掛けが感染したに違いない。「何としても雷を天上に送ってやるんだ」という意気込みには、凄まじいものがあった。

〈その四〉《リーダーの資質ということ》

リーダー（指導者・組織者・責任者）の吸引力とは、結局は、そのリーダーの「人間的な魅力」のことだろう。枠を作り、規制や束縛を強化しても、あるいは理屈を立て、理論で是非を問い詰めても、そのリーダーの「人間的な魅力」に意気を感じ、信頼の絆が繋がっていなければ、言えば言うほど相手を彼岸の彼方に追いやってしまうだけである。私自身、30年近く、教師集団のサークルに関わってきたのだが、そしてまた、現在校長職を仕事としているのだが、我が身の至らなさ（我が魅力の足りなさ）を思うばかりである。何をもって我が魅力とするかは、人それぞれなのだろうが、反面、囲碁の世界で言う「いい加減な分かれ」（お互いそれなりに満足する）が、長続きの秘訣なのだなあと最近になって気づきだしたことである。

〈2000年〉

○『佐渡狐』稽古録Ⅰ

2000.8.20

科白	解釈・意味・内容 等	動き・型・様式 等
「是は越後の国の……」 「是は佐渡の国の……」	この2つに差がないと駄目です。佐渡の柔らかさと越後のかっきりさがないと。一番最初にきちんとしたことをやっておかないと、後でズレてきますから。	扇…脇狂言以外に、扇を手に持つことはない。いつも差しておく。 道行…道行は自分、自分の行く所を見定めてから歩き出す。道行の一番最後は、必ず一歩引くこと。
「御嘉例として」	「ごかれえ」じゃなく「ごかれい」ですよ。狂言では、エ列長音はないですからね。「え」は「い」ですからね。だから、平成は、「へえせえ」でなく「へいせい」です。	—シテの道行— 道行で歩いて行くでしょう。そうすると、脇座でアトが見るから、足掛けて常座に行きますね。常座まできたら、また足掛けて前へどんどん進んで行く、そしたらアトから言葉（「なうなう」）がかかりますから、左右と一度止まって、右足かけてアトを見る。見たら、左足かけて戻りながら「此方の…」と言って常座でアトと向き合う。
「身共は……」		「身共は」で一歩前に出て、「前に当

「まずそなたは」


「佐渡の国の……」

「中々」

「毎年御嘉例……」


「それならば……」

「さて佐渡は……」


「物事不自由に…」

「いやいや…」

「いかないかな…」

「いや佐渡に狐は…」


「なんじゃ狐」

もっと喜んで。嬉しい、嬉しい。祝言性というか、狂言の明るさがたりないですよ。


アトが何気なく言う。

軽く言う。

大きく。

アトは、もっとあっけらかんと言っちゃうの。単なる事実を言った方がいいの。反応はシテにさせたいの。「なんじゃ狐」って。シテは思いがけないことを聞いて、初めて困るという風に。そこで初めて出すんですよ、気分を。


て」で右手を胸前にかざす。「あとから」で右手を下しながら左足かけて、斜を向く。「先へ行く」で右足かけて、元に戻る。


一歩出る。

一歩引く。

正面向く。「上ることでおりゃる」でアトを向く。

—アトとシテの道行—

アトが左足を捩じって動き出すのが、相手を誘うって気になるの。シテは、それに引きずられて動き出し、アトの後ろに回る。

アトは、向き合ってから言うよりも、言いながら向き合う方が自然なんですよ。

「狐は　あ　あ…」

「狐に限らず」

「猪猿狼狸…」

「いや余の物…」

「さてはしかと……」

「しかと云うが何……」

アトとの間に間をとらない。ぺらぺらいうんだから。「ないはずじゃ」に被さる位に。

「いのしし」でなく「しし」

この会話、つまらないですね。もっと阿吽の呼吸の何か出ないですかね。ちゃんともう一回テープを聴けば、そうなっているはずなんだけどなあ。頭の音をもっと注意して下さい。で、最後に相手に渡す音もね。そことの関係が非常にアンバランスなんですよ。だから、対応も全然見えてこないんですよ。

アトは、「狐に限って……」をはっきり言う。「狐はとりわけ……」を逆にシラっと言っちゃう。強調しない。乗りかかった船だからオーバーラップしていく。

アトは、内側の怒りだから、シテの「沢山に居る」に対して、一秒位間をとってもいい。

乗りかかった船だから、負けずに大き

「狐は」で、正面向く。「あ　あ　有る」でアトを向くけど、キッと向くよりも、もっともたついて。顔だけが向く位に。

正面向く。「何でもいる」でアトを向く。

アト一歩引く。

「なる程合点じゃ」

「いやけふのお奏……」


「さて此批判の……」


「さあさあおりゃれ」

「心得た」

「さてけふは……」

「夫はあちら……」

「いや何かと……」

「まことに御館……」

「身共は引附が……」


く言う。

オーバーに「なる程」。

ここはね、もたもたしていると飽きちゃう。ここで、もう内容が決まったんでしょ。だから、後のストーリー展開に、サラッと行きたいの。

「さて此批判の」→「いやけふの」→「是は一段」とさらさら行く。


―アトとシテの道行―

アトは「さあさあおりゃれ」といいながら、橋懸りまで進む。二の松まで行ったら、一の松まで戻る。アトは一の松で「なにかと云う……じゃ」。シテは二の松で「まことに……じゃ」。アトが「心得た」と言ったら、後見の前まで行き、右足かけて後見を向き、片膝になって腰を下ろす。すぐ扇を取って広げ、胸の前に両手で扇を捧げる。

小アトの「今日のお奏者……」を聞いたら、扇を捧げたまま立ち上がり、左右と一歩引く。そして、右足かけて回り、常座に行く。

―扇の持ち方―

右手指4本の上に扇の要部を乗せ、親指を立てて扇を押さえる。左手は、指を揃えて扇の頭部を両手で挟むように押さえる。(扇を盆様台に見立て

「物も頼みましょう」

「是は佐渡の国……」

「御前の首尾……」
「頼み上げまする」
「畏ってござる」

5回目なのでさらさら言う。丁寧に、恐れを抱いた気分で。
頭を上げて丁寧に言う。

「やいやい」「はっ」
「御門前に……」

「汝一人か」に、すぐ「越後の……」と応える。

「畏ってござる」
「さてお奏者に……」

そういう所を、何で何度も繰り返してやってるかと言うと、もっと身体と言葉が密接なんですよ。「一歩出る―引く」と同じことでね。「畏ってござる)

「物も」と言ったら、「頼みましょう」と言いながら小アトに向かって出て行く。小アトがドンと扇を鳴らして「何者じゃ」と言ったら、「はあ」と後ずさりして、常座まで戻り、左手をついたまま片膝になり、挨拶時の姿勢で「是は佐渡の……」と言う。その時、扇は右手のみで頭前に捧げる。

挨拶。

挨拶をしたら、胸前に扇を捧げた形で立ち上がり、正先まで出て行って片膝をついて腰を下ろす。次に、扇を右前に置き、両手で御年貢を取り、正面頭上に捧げる。捧げ終わったら、扇に体を向け、扇を取ってたたみ、立ち上がりながら扇を腰に差して、左足をかけて常座に戻り、小アトを向いて正座する。
「はつ」と常座に止まり、正座する。

挨拶。
顔を上げながら言う。

「越後の国の…」


「ええ」

「はあ」


「はっはっはつ」

「寸志」

「やいやい」


「どうぞお納め…」

「お納めなされ…」

「持って行け（三回目）」

「有難う存じまする」


る。さてお奏者へ……」と顔を上げることによって、言葉の気分が変わるでしょう。

だんだんテンションが落ちてますよ。落ちない。

そのままでいい。「えーっ」。

小アト見て〃ああそうか〃と納得する。


「寸志」で顔を上げて小アトを見る。

こういう所は、大きな間なんだから、きちっと正座をしてから言う。焦ることは何もないんです。


長いので正面向く。「此御批判を」で小アト向く。「頼み上げまする」で挨拶する。

挨拶する。顔を上げたら、少し小アトの顔を見る。

それから、片膝の形で斜を向き、左手を胸襟に当て、右手で懐から寸志を出す。扇に寸志を乗せ「はっはっはつ」と笑いながら小アト向いて立ち上がり、小アトまで寸志を持って行く。

扇は、胸前に捧げて、前屈みの姿勢になってすすむ。小アトの側まで行ったら片膝になり、「お納めなされて下され」と扇を袖の下に入れる。

「ははっ」と立って、二・三歩下がる。

左手と片膝ついて、姿勢を低くする。

寸志を袖の下に入れる。

寸志を袖の下に入れる。

小アトが寸志を取るのを見届けたら、扇を閉じて立ち上がって、扇を差しながら常座に戻り、きちんと正座をしてから、ゆっくりと「有難う存じまする」と挨拶する。

「ござりませぬ」

「はあ　犬よりは……」

「はあ」

「有難う存じまする」

「畏まってござる」

「なる程上げて……」

「心得た」

「一腰賭に致いて……」

「畏まってござる」

「これは私ので……」


あっけらかんと言った方がいいんです。

「はあーっ」と伸ばす。

二つ目の「はあ」は、「はっ」と短く区別して。


「一腰賭に」をたっぷりと。


小アトを向いたままで言う。

言ったら、後ろを向いて橋懸りの一の松まで進む。柱の陰で足かけるんですから、真後ろへ下がらない。一の松で、二の松にいるアトに向かって言う。言ったら、アトと入れ替わりに二の松に行って、正面を向く。

「心得た」と言ったら、常座まで出て行き、小アトを向いて正座する。その時、アトと斜めに並ぶ。

「致いて」でお辞儀をする。

「畏まってござる」とお辞儀をしたら、正面向きながら片膝を立てる。そして、左手を刀に添えて右手で刀を抜く。刀は右手が柄側で上向きに握り、左手は鞘の下方を下向きに握って、胸の前で水平に持つ。持ったら、立ち上がって正先まで進み、腰を落として片膝になる。

「これは」で刀を目の前に垂直に立てる。「私ので」で小アトを見て、刀を右前に置く（右手の柄を先に。左手の鞘を手前に置く。置いたら、常座

「居りましょうがの」
「ござりましょうが」
「それ見よ佐渡に……」
「これは私が勝ち…」
「形り容貌は……」

「い、い、いのしし」

一度目は、低く確かめるように。二度目は、大きくはっきりと駄目を押す。

大きくたっぷりと言う。

「佐渡に狐があるは」と「これは私が…」を続けて言う。

常に自力本願で、自分で思い出そうとするの。でも、思い出せないから小アトを頼るの。だから、「物とは」と言われて、「形り…」。でも出てこない。それまで自信たっぷりに「形り容貌は物じゃ」。でも「物とは」と尋ねられて出てこない。「形り容貌は……」と、分からない。で、分からないから小アトを見る。その時、小アトが字を書く。「い」と書いて相手を見る。「い」だよ、「い」だよって。それでシテは、「いのししでもない」となる。

そこなんですけどね。難しいのは分かりますけど、だからこそ事前に、とにかく科白だけはちゃんと覚えろと……。上手く出来なくてもいいから、関係だけはちゃんと理解する。それが基盤にないと駄目なんですよ。嘘が一杯に

に戻って、小アトを向いて正座する。一度目も二度目も、姿勢を低くして小アトを見たまま言う。二度目は、腰を浮かして一歩進み出る。
低い姿勢から元の姿勢に戻る。
中途半端な向き方をするのは、小アトだけ。シテとアトは身体ごと向き合う。

「犬よりは……」

「面はかうじゃ」

「目は、目は……」

なって……。だって、今、シテは「い」と読んでないでしょう。「形り容貌は……」で、小アト向く。「い」・「い」とちゃんと「い」を確認して下さいよ。

ほんとにお願いしますよ。この場面は、ガチャガチャするんでなく、的確に科白を覚えなかったら……。そこの所は、何の科白もありませんよ。「いのししということがあるものか」「犬、犬、犬よりは」「犬よりは少し小さいものじゃ」だけですからね。

「つらはーっ」。分かんない。小アトを見る。その時に小アトがこう（※動作をする）。それを見て、「かうじゃ　かうじゃ」。

シテで大事なのは、自閉症にならないで。自分の中に「目は、目は」って、何か無いかな、何かないかなと入り込まない。これじゃ、演技にならない。「目はー」「くちはー」と外へ出す。でないと、どんどん暗くなって、ちっちゃい狂言になってしまう。

そこ（アンサンブルの作り方）、勘違いしている。一発目の形り容貌はの所は、自力本願で考えているけど、二回目の所は、違ったことを言ったらば、困ったという表情はあるけれど、後はアトの「二つなうて」で、あ、また変なこと言っちゃったと、「目は、目は」とお尻上げて下がってくる。アトは、シテに迫ってくる。このアンサンブルが大変なんですからね。

「ない」

相手を頼るの。自分で思い出そうとしないの。もっと、すぐ頼って下さい。シテは、自信がないことを言ってるんだから。アトに「かうじゃと言う」と言われたら、あ、やばいって気にならないですか。そしたら、アトをそんなじっと見てられないでしょ。「面はー」って、分かんない。分かんないから、小アトを見る。すると、小アトはこう（※動作）してるから、とりあえず「かうじゃかうじゃ」と言ってみる。すると「かうじゃということが」ってんで、小アトを見る。あっけらかんと言うのはいいんですけど、ボリュームがないから、生きないんですよ。さっきの「二つある」にしても、「ない」にしても。もっと自信たっぷりに言うんですよ。

小アトは、私は教えてませんよ、知りませんよって顔なの。だから、何でもいいんですけど、「堅に堅いに」って言って、シテが「堅に切れてある」って言ったら、また知りませんよってなる。そして、またシテが分かんねえなってなるでしょ。「尾は」「ない」っ

「ない」と堂々と言いながら、アトを外してください。そして、動く時もっとお尻上げて下さい。目のあたりから、何か違ったこと言ったなって、お尻上げて下がって下さい。お尻上げないから、下がれないの。で、尾のあたりで、シテは小アトと同じ線上に行きたいんですよ。

「毛色は何とじゃ」

「黒い狐がある……」

てなったら、変なこと言ったなって、これぐらい（※横に倒れる動作）やってもいいの。そして「ふっさりと」と教える。ところが、アトに遮られて教えられない。それで、こう伸び上がるの。ところが、アトが振り向くでしょ。顔が遭ったら。プイとそっぽ向く。また顔が遭ったらプイと向く。そういう三者の連携プレーなんですよ。

それで、シテは「ふっさりと」や「狐色」が聞こえたんですか。聞こえないのに嘘やっちゃったら、この狂言は成り立たないですよ。そういう嘘やっちゃいけないですよ。一発目で聞こえたら、しょうがない。言うしかない。「狐色（小さく）」―聞こえない。二度目の「狐色（やや大きく）」―大分聞こえるけどよく分かんない。三度目の「狐色というて（大きく）」―聞こえた。この位に言わないと、お客さんにも分からない。そういう所は、様式っていうか、役ってことで嘘やっちゃならない。

小アトは、「毛色は何とじゃ」と言われてから、教えなさい。それまでは、ショックで、ガーッとやってりゃいいんですよ。

シテは、小アトをすぐに見ては駄目で

スクリーンの幕が駄目だね。シテは、遮られるから、反対へ行く。遮られなかったらそのままでいいんですよ。

「おゝそれそれ狐……

「なる程薄赤い……」

「なる程白い狐も……」

「さようならば私……」

「はあ」

「なうなう嬉しや」

すよ。さっきやったでしょう。あ、まずいって。それぐらいしてから小アトを見るんですよ。するとアトは遮りますから、それからシテは、もっと落着いて動く。どうも慌ただしいんだよ。ゆったりとして動く。アトが一番速いの。逆にアトがのんびりやると、スクリーンにならない。

その時は、どういう気分ですか。お奏者なんか見ている気分になりますか。正面に決まってますよ。そんなのは……。

もとの常座に戻る。

アトも元の位置に戻る。動きが先行して戻るの。

正先へ出て行って、正面向いて膝ついて、刀を二本取る。それから立ち上がって、左足かけて常座に戻って来て、また小アト向いて正座する。「はあ」と言いながら、両手で刀を頭上に上げながらお辞儀をする。小アトが動きだしたら、アトと呼吸を合わせながら立ち上がって、アトは常座に、シテは脇座に行く。

シテが先行して言う。独り言ですから、正面を向いて言う。

※　今回の稽古は、ここまでした。続きは、次回の稽古になります。

○『佐渡狐』の稽古録Ⅱ　2000.9.12

科　白	解釈・意味・内容・動き・型（形）・様式　等
・小アトの出	・他の後から登場する時は、必ずシテの後から出てきて下さい。３ｍくらい離れて下さい。
「折柄でござる」	「折柄でござる」くらいは、前に出る時に残っていた方がいい。「言葉を掛けう」→「折柄でござる」と。
「ならなう　これこれ」	シテは呼びかけられたら、一度止まって休んでから、アトを見る。そして、左足掛けて戻りながら「此方の…」。で、左足かけたんだから、今度は右足かけて、回ってアトと向き合う。
「身共は」	「身共は」で動かない。「用を前にあて」で型。「あとから」で幕を見る。「先へ行く……」で向き合う。
「佐渡の国……」	一歩出る。
「中々」	一歩引く。
「毎年御嘉例……」	正面向く。
「さあさあおりゃれ」	シテは、自分の言葉でなく、「さあさあ」の動きに反応して下さい。アトは「さて」で道行の歩く方向にいて、動き出すくらい。
・道行き	・シテの方の悪いのは、アトを無視して歩いているんですよ。同じ距離を保って下さい。そうすれば、アトが足をかける頃は、真ん中ぐらい行ってますから、ぶつかるわけないんですよ。
「物事—不自由…」	「物事不自由」位でアトとシテが向き合うくらい。

「何じゃ狐」

「狐は　あ　あ　有る」

「しかと云うが……」

「さてけふは……」

「物も頼みましょう」

「畏まってござる」
・年貢の納め方
「越後の国の……」

「ええ」

「はーっ」


一足引くだけ。相手を見たまま。

今のは、正確な基本の動きなのですが、内容がありますから、身体毎向くんじゃなくて、「あ　あ　有る」と顔が先行していいよ。要するに、応用編の型なので。

アトが一歩出たので、シテも一歩出る。

最初はいい気分で歩いているんだからゆっくりでいいけど、今度は喧嘩をしてお互いに賭けをしているんだから、もっと早く行こうという気になりませんか。言葉をもっとタッタカタッタカ喋るんですよ。

目標とししては、お奏者の前ですよ。それから小アトに叩かれない限りは、進んで行くんですよ。今のだと、予想してだんだんゆっくりになり、止めてくれという感じになっている。それは嘘ですよ。

「畏まってござる」の後の動きは、もっと晴れがましく。セレモニーなんだから、はっきりと。それから、扇は、もっと上ですよ。いつでも捧げ持っているんだから。

お辞儀をする必要はありません。捧げるだけ。

「越後の……」は、正面向いて言う。長い科白ですから。

「賭禄に……」→「さようでござる」→「して佐渡…」→「ええ」と、とんとんと行きたいの。ブチ切れにならないように。「ええ」は、言い方違いますよ。「ええ」と聞き返すの。

「はーっ」ったら、少しアトを見るんですよ。それで、〝こいつ何がほしいのか〟という気分を作るんですよ。「はーっ」の次は、膝立てません。身体を送るだけですよ。そして、正面ではありません。横の方、右ハスですよ。だって、悪いことをするんだから。ハス向きながら、扇へ手が行っていいですよ。襟口への左手は動きが小さくていいけど、右手は賄賂をとり出すんだから大きく。で、小アトの方を向きながら膝を立てて下さい。そして、相手の顔を見た時、やましいでしょう。それで「はっはっはっ」と下向いて笑うの。もっとずうずうしい奴は、最初からアトの方を向きながら、下向いて「はっはっはっ」と笑うの。それじゃ分かりにくいから、一度アトを見てからの方がいいんですけど。

　それから、すぐ立ち上がらないで。悪いことをするんだから、もっと照れてよ。

「お納めなされて…」

「なる程上げて…」

「そなたの事を……」

「畏まってござる」

人知れず物をやりたいんだから。小アトの所まで、こういう気分で（低い姿勢で）行きたいわけです。普通だったら、もっと身体を起して行くんですけどね。照れ臭いってのがあったでしょう。で、もう一つ人がいいから、アトを見てちょっと照れるのよ、「寸志」で。ここは、演りどこですよ。いろいろ工夫して下さいよ。真っ正直に賄賂をあげないで下さい。

だから、一度見て。それから下向いて「はつはっはっ」と。で、すぐ立たないの。笑いが終わるくらいまでは。膝ついていなさいよ。「はっはっはっ」の笑い声、もうちょつと何とかなりませんか。先日のワークショップでも、子どもたちに狂言は明るく元気な笑いと言ったんですがね。あなたのように、喉にかけると、テレビに出て来る悪徳商人みたいでしょ。笑いにね、愛嬌がなくなると困るんですよ。

それで、アトの前まで行ったら、膝ついて賄賂を押し出すんですよ。その押し出す気配で「やいやい。やいそこな……」となる。シテは、パンと叩かれるから「はっはっ」。

もうちょっと出して下さいよ。初めは照れくさくて内緒でいるけど、開き直ってくる。口調は丁寧だけど、押しつけがましく言うんですよ。だから、小アトは追い詰められてくるんですよ。シテは初めから運んでいかない。それから、賄賂の扇は、水平ね。傾けると落っこっちゃうよ。

要するに、狂言の人物って、皆愛すべきなんだけれども、基本的なやり方としては、お奏者は嫌な奴・役人なのよ。よくいるじゃない。状況によって態度がコロコロ変わる奴とか、人によって態度が違うとか、そういうことがあることによって、役人らしさを出すわけですよ。本音は可愛いんですけどね。

張りが違いますよ。「**なる程**」と、上から。違う人と話すんだから、世界が変わってほしいんです。

そっから普通に。

二人とも安心して駄目よ。同じ動作だけれども、シテはなるべく早くやる。アトはなるべくゆっくりやる。シテは、正先まで行ったら、正面向いて、片膝になって、刀を抜いて、小アトに示す。つまりね、きちんきちんとやるんですけれども、

「私でござりまする」

「い　い　いのしし」

「面か」

・「目」の部分で

いろいろなテンポの曲がありますけれども、ゆっくりしているとか早くてしっかりしているとかありますけれども、曲自体の雰囲気からすると、きちんきちんとは絶対やるんです。例えば、『棒縛り』とか『痩松』とかなんかよりも、きちんとはやるんですけれども、テンポは他の狂言より早いんです。そこによって、スカッとした感じがほしいの。だから、これなんかも、刀を抜くのはきちんとやりますよね。きちんとはやるけれども、同時に、捧げるのとはスカッと。ボサボサとやりたくない。だから、ここ（常座）でいくら待っても構わない。だけど、立ったらば、もうスーッと来て「これは私のでござりまする」とやりたい。自分の科白で動かない。「云うたは」に被さっていく。つまりね、賄賂をやる所とか、その後の間違える所とかは、はっきり言って、ある程度いい加減にやっちゃったって受けるんだよ。上手くやる方法もいくらもあるし、いい方法もいくらもあるけれども、ちょっとぐらい下手にやってもそれなりに面白いからいいわけね。問題は、そうじゃない所を如何にきちんとやることによって、飽きさせないで、というより全体がキチンと成り立つかということです。だから、今の所みたいな心理的なやりとりの面白さの所が大事なんです。こういう所がきちんと出来ているといいんですよ。

「い」、「い」と小アトの字を一回でも確かめて。そして「いのしし」となる。急に「いのしし」でないですよ。

そうやっちゃ駄目ですよ。そこだけは、くどく言ったはずですよ。そこは、逆に教える僕のポイントだよ。許せる間違いと、許せない間違いがあるけど……。口で説明したはずですけどね。覚えていませんか。何時でも自力で考えようと思って、でも分かんないからお奏者に頼るって言われませんでしたか。だから、シテから直接お奏者を見るのは、野村万蔵さんだけだって言わなかった？。全然覚えていませんか。だから、言われたら正面見て考える。でも分からないから、初めて小アトを見るんですよ。ここは大事なポイントですよ。われわれのやってる狂言では。

どういう風にしたらいいのかなあ。一番の原因は、本当に言葉を何にもやってないからよ。言葉の稽古をした時に、それがちゃんと、80％でも60％でもいいから、

「是は身共の…」

「啼く声は。物じや」
「啼く声か―中々」
（二回目）
「何と云うて　啼く」
「啼く声は狐色…」
「あいだには白ひ…」

「啼く声を云わねば」

リズム感とか、間を覚えて、それを再現してくれれば問題ないんだよ。それを無視してっから、いくらやったって分かんないし、教えようがないんですよ。理解出来ないんですよ。

シテの方も遅いんだよ。間違ったんだから、すぐ小アトを見るの。

刀を右から左へ1回返す（右手は上向きで柄の部分・左手は下向きで鞘の部分を持つ→右手を左手部分まで下げる→右手で刀を返し左手は柄の部分を上向きに持つ→右手を鞘の下部まで下げる）。

「啼く声は」でハス向いて考える。「物じゃ」でアトを向く。

そこはカットしなかった?。カットしたはずですよ。本には書いてあるけども、稽古では。

シテはこの辺から考えて、ハス向きながら「啼く声は」で、アト向いて「犬よりは……」となる。

同じく考えて、アト向いて「狐色……」となる。

「あいだには」と言いながら、右足掛けて、左足出して後ろに行こうとする。言葉は言い切らない（たっぷりと言う）内にアトに捕まえられるから、止まって、「是は何とする」。

「啼く声を」と言われたら、左足かけてすり足で正中まで進み、「どちへもやらぬぞ」でアトとシテは八の字に広がる（左足引いて八の字の形）。いや、歩いちゃ駄目。八の字で止まるんだよ。『附子』と同じだよ。その時にね、口汚く悪口で言えば、二・三年生ならばしょうがないけどよ。10年以上もやっている者が、そんなことでオタオタするなよ。もっとイメージで捉えられるでしょ。全体の、〝あ、ここはこうなんだな〟って。部分的な事しか聞いてないから、おかしいんだよ。ここで、引っ張られる。引っ張られたら、ここで〝さあどうする〟ってなるから、「なんじゃ」と八の字になるんだよ。これでもしあなたの考えで、先へ進んで行ったら、その後どうするんだよ。その先まで考えて稽古してみろよ。そしたら、そんなこと絶対やりっこねえよ。アトの「やらぬぞ」で綺麗に決まるの。その時八の字。その形で顔と顔が向き合ってるの。こういうきちんとした形なんだよ。それをやるために、シテが逃げようとするのを捕まえたら、引っ張って来

「いやあ。今思い……」 「月星日と啼く」 「己それは鷲じゃ……」 「やいやいまず待て」 「中々」 「やるまいぞ」	て、一度下に下げてから、さあどうするんだってやるの。何の問題もないでしょ。逃げる方は、アトが追いかけるんだから、「あいだには……」とゆっくりやって、捕まえられたらアトに引っ張られるから、すり足で動いていって、アトの「やらんぞ」で形を決めればいいんですよ。 正面向いて言う。「物と」はアトに。 「月星日と」は正面。「啼く」はアトに。 「己」でアトが刀を引ったくるから、シテは飛ばされて脇座まで行く。 アト向いて言う。 両手を上向けて、一歩出て差し出す。 手を下ろしながら、「やるまいぞ　やるまいぞ」とアトの後を追って退場する。

○『佐渡狐』稽古録 Ⅲ　2000.10.31

科　白	解釈・意味・内容・動き・型（形）・様式　等
「折柄でござる」 「身共は」 「後から先へ行く……」 「あ　あ　有る」 「猪猿狼狸」 アト「さてけふは」	アトの「なうなう　これこれ」の言葉が終わってから、一度止まって、右振って左向いてアトを見る。それから、左足掛けて戻って下さい。 一歩出て下さい。 急ぐことは何もないんだよ。「後から先へ」とのんびり顔がいいんですよ。 身体全体で動くのが基本ですが、そこだけは顔を先へ送って、効かせていいです。 思い出すんだから、正面向く。ゆっくり動いて……。 シテが離れ過ぎてますよ。向かい合ってる関係だと常座と脇座ですから距離がありますけれども、一列に並んでいる時は、松と松の間ぐらいの距離が基本ですよ。

小アト「今日のお奏者」

「ものも」

「御前の首尾を」

「畏まってござる」


「はっ」


「ええっ」

「はーっ」

「ええ是は近頃寸志……」


「はっ　はっ」

「持っていけというに」

「とにかく宜しく……」

「佐渡の国のお百姓……」

「是は私ので…」


だってそうでしょう。道行の最初は、アトが正中で足掛けた時、シテはここにいるんでしょう。だから、この距離ですよ。

シテは、立ったら、まず後ろ足を前へ出して揃えて下さい。それから一歩引く。

扇が高過ぎますよ。顎の辺り。

下向く必要ないんです。真っ直ぐにして、前へ。

ちょっと顔上げていいんです。

扇の位置は、普通は胸の前ですけど、少し高めがいいんです。大事なものを捧げ持っているんですから。それで、指先は下に下がるようにして下さい。

この動きは、めでたい祝言性があるんだから、もっとスカーッと。竹を切ったようにやってほしいんです。時間がかかっても、さらっとやっても……。余計なものがないように。そして、終わったら、ただサーッと戻るだけ。儀式ですから。

そこは、「やいやい」と小アトに呼び止められて……したいので、一度止まってから、別に右足をかけて下さい。なんですかってことで、「はっ」と止まることですよ。

そこは、頭を上げながら言った方がいいんです。「さようでござる」で下げておいて……。

「……であるかと云うことじゃ」で、とりあえずお辞儀をする。で、小アトを見た後の扇は、真ん前ですよ。

寸志なんだから、今度は扇を低く構えて、前屈みになりながら出て行く。そこ、どうして「お袖の下で」でガクッと下がるんですか。進むの早過ぎなんですよ。

「お袖の下」ぐらいでやっとそばに行くぐらいに。

二つ、別に言う。恐縮して下がるんですから。

シテは、小アトの扇の陰で、扇をたたんで下さい。

二度お辞儀です。

アトが座るのを待っている必要はないんですよ。座りながら「佐渡の国の……」って言っていいんです。もう、何回目かなんだから、きちんと座って言う必要はないんです。

刀は、自分の目の前において下さい。立てて。いや、逆ですよ。柄を向こうにし

「私でござりまする」

「居りましょうがの」

「それ　見よ」

「これは……」

アト「先ず形り容貌……」

「形り容貌は　い　い」

「二つある」

「口は」


て。

お辞儀をするけど、顔は小アトを見たままで。顔を下げない方がいい。「私で」で確かめ、「ござりまする」で〝知ってるだろう〟と。

小アトの「狐は」の後、間を取って。ポンポンといかない。その後、ポンポンポンといくんですから。

大きく。それに、アトに言うんだから、ちゃんとアトを見て下さい。

「狐があるは—これは」でしょう。何回間違っているんですか。言葉の時から言っているでしょう。本にはそうなってても、違いますって。毎回言って、毎回直って、また違うって、どういうことなんですか。

シテは何で喋ってる人を見ないんですか。何か意味があるんですか。だから、戻って来た時に深く足掛けて、アトの方まで向いてしまうんですよ。

黙って正面向いちゃ駄目ですよ。「形り容貌は……」って考えるんですよ。考えながら正面向いて。一呼吸おいてから、小アトを見て、「い　い」と確かめる。で、考えるからって下向かないの。考える前に必ず上向くの。下なんか向かない方がいいんですよ。考えるというよりも、何か正しい言葉を言おうとするけど、言えない。だから、考えるんじゃないの。言いたいけど言えなくなっちゃったって方が明るいでしょう。それでね、なかなか思い出せない。言われたことをすぐ忘れてしまって、思い出せない。そういう馬鹿だけれども、おっちょこちょいなのよ。みんな、狂言に出て来る人は、鈍い奴はあんまりいないわけ。だから、相手が言い終わって確認してから、「細うとがって」「細う……」ではないの。あなたのは、「細う」——分かんない、「細うとが」——ああそうか、「細う……」となるけど、これじゃないの。

いい加減に返事する。

すぐ小アト向いて駄目だって言ってるでしょう。それから、シテは困ってるんだけど、そういう困り方じゃないの。しどろもどろになるってんじゃなくて、何とかごまかそうとか、何とか言おうという……。さっきは、おっちょこちょいだとか言ったけど。あなたのは、そうじゃなくって、本当に全部困っちゃってるからよ。そうすると、言葉が出てこないから、つまんないですよ。とりあえず何か言

「ない」
「さようならば　これ……」
「さて　私はもう……」

アト「やいやい佐渡…」

おうという、そういうキャラクターなんですよ。悲観的になりすぎなのよ。横向いて、自信たっぷりに言うんですよ。手を広げながら出て行って下さい。

この前も間違ったとこですよ。後でテープを聴けばいいやと思って、その場で覚えようとしないから、何度も同じ間違いをする。さっきの所でも、台本の「佐渡に狐がいるは」「これは私が勝ちで…」に〝繫げて言う〟、〝すぐ言う〟と書けばいいだけなんですよ。それをテープで聴こうとするから、分かんなくなっちゃう。そういう所が随分みられる。その場で覚えようとしなきゃいけないとか、何とかしなきゃいけないというのがないから……。テープに入っていないってことだってあるんですよ。第一、内容かんがえたらどういうことですか。三人の位置関係とか、これからどうするとか。今まで座っていたのに、何で立ったままお辞儀をするってことあるんですか。そんなの教えるまでもないでしょう。型なんかじゃないですよ。何で突っ立ったままで……。目上の人が座っているのに何で突っ立っているんだよ。

それから、その型ですけど、さっき大小前でやったのは、年貢を納める儀式だからキチンとした型が必要だったんだけど、お辞儀をしたりとか目上の人に対する立ったり座ったりとかは、何回かやっていたら、ドラマとして言えば、だんだんそういうのが簡単になっていくという気になりませんか。だから、最初は座ってから戻り、でもこのくらいになったら、座りながら戻り……。そういう風になっていくことによってテンポアップしていくんですよ。

内容考えれば、覚えるまでもないんですけどね。シテはいい気持ちになっているんだから、「悦ばしい事はない」って終わった後、どうするんですか。別に佐渡のお百姓には何の用もないんだからよ。そしたら、この人が喋ってるうちに、声かけたいと思わない。「悦ばしひ事はない」ってから、言葉かけますか。それが一つでしょ。それから、覚えることがないって言ったけど、今、言葉間違ってますよ。もう一つ、前にも間違いがありますけど。「佐渡に狐が……」って言ったけど、「佐渡には」なんですよ。でも、これはいいよね。「佐渡に……」でも。でも、「佐渡には」でもっと強調するよね。で、そういう感覚でいくと、今のあなたの

「何事じゃ」

「あいだに白いも……」
アト「己は憎い奴の」

アト「啼く声を…」

言葉、間違っていますよ。「いや致しようがある」からの言葉、本当は違うんですよ。そんなの、本当に覚える必要ないんですよ。内容理解してやっていけば……。それはよ、理解するってことは、慣れもあるでしょうけど、主に慣れなんだから。そういう稽古をしようとして言ってくれれば、何日かは出来るんですよ。それを放棄しているから……。

で、もう一度やって下さい。（シテ、アト—繰り返す）ね、だからそれは間違ってるっていうんです。今まで越後と佐渡のお百姓が何度かやってきて、今は仲が悪いんだろう。だったら、「やいやい」なんだよ。「のうのう」は丁寧なんですよ。ね、こういうことは覚える必要がありますか。内容を考えていけば、ここは「のうのう」でなくて、「やいやい」なんだなって。成程なってるじゃない。作品に対して、そういう接し方をしてくれませんかね。何でここは「のうのう」じゃないんだろう。さっきまで「のうのう」だったのにって。

もう終わってるんだから、どちらかというとヤバいんでしょう。だったら、そんなにシュッと向かないですよ。そうじゃないですか。まして、悦びに浸ってるんだから。すぐ反応出来ますか。

左足一歩出して、右かけるんです。行こうとするんでしょ。

それも、前回教えた所です。違う言葉で言うならば、そうやったらわざとらしくなるということです。シテは逃げようとする。アトは追いかけようとする。だけど捕まるんですから。ということは、しっかりした動きで、言葉を早めに言っていけば間に合うと言ったんです。いかにも後から捕まえてくれみたいに、のんびりと歩いているなんて嘘でしょ。だから、シテが「あいだには白いもあるわいやい」とテンポよくやけ気味に言ったら、アトは「己憎い…」と捕まえればいいって言ったはずですけどね。シテは言葉が終わんないくらいから、クルッと後ろ向いて歩き出せばいいって言った気がしますけどね。だから、そういう風にゆっくり歩いたら、いかにも捕まえてくれって言ってるんだよ。そんなにゆっくり歩くこと何もないでしょ。

移動しながら、刀を上げながら返していくんです。「どちへも」で交差して、「やらぬぞ」で返す。いや型があるんです。「どちへも」で決めて、「やらぬぞ」で返

「いやあ。今…」
アト「己それは鶯…」

稽古後の石田先生の感想

す。
下向く。
アトが、「それは」で、刀を一度左へ返す。「鶯」でシテを放り出す。

あのね。もう二回ありますね。私の高望みかもしれませんが、もっと出来るはずなんですよ。高望みならあきらめますけども。狂言を10年以上やってるんだったら、いい加減に、もちろん結構ですよ、ご自分の趣味とか好みを貫いても。結構ですけども、こちらの要求にも応えるような喜びがないですか。こういうことをする方がもっと楽しいですよということを、あるいは〝そうかな?〟と思いながらやっているという風に感じられないんですよ。自分の方法でしか楽しんでないというか……。それは、その時々で、内容を考えて下さいということですけど。それが、まだ何年かそこらの人ならですけど。そうじゃないんだったら……。それから、狂言っていうものは、言葉をきちんと作り出すといいますけど、単なる声出して覚えるという役作りだけでないんですよ。勿論それだけでもやる喜びはありますけど、もっと内容を加味して、ちゃんと理解してやるという、要するに、配慮と身体ですね。ただ動いて、ただ喋ればいいんじゃないんですよ。動くにしても、意味があるのですよ。意味は放っておいても、綺麗な動きとか、表現力のある動き、言葉にしても表現力のある言葉。ところが、お二人のは、動きはある程度鍛錬ですから、動きはなかなか難しいにしても、言葉に対して言えば、上手下手は置いておいても、ただ暗記という言葉しかない。意味ということを、かなり下へ置いているでしょ。これは、前から言っていることですけど、そのために暗記もいっぱいしなきゃならないという、暗記しにくい状態になっている。覚えた言葉をパッパパッパ言って動いているのは表現ではないんですよ。動いていても、ちゃんと知的に動くし、言葉だって、覚えた言葉をただ言っている機械じゃなくて、そこにちゃんとした知性があって、自分の理解力があって、何かがあるから、やってて面白いんですよ。そういう風になりませんかね。科白で言えば、教える先生はそう言うけど、俺はそう思わねえ。この科白はこう言った方が面白いとか、ここはこうあるべきだとなったっていいんだよ。だから、もっと知的な、深い喜びなんですよ。

例えば、「今思い出した物と」――「何と」――「物と」……というのは、もっと音楽的な喜びなんですよ。人間の日常にはそういうことはないですけど、もっと音楽的に美しくて、リズムもあり、メロディもちゃんとしている。そういう、なんか沸き立つような喜びもあるんですよ。言葉には、謡じゃなくても、そういうのがあるんですけども、そういうのをもうちょっとやろうという気になりませんかねえ。ま、良く言えば、余りにも生真面目過ぎるというか、類型化し過ぎてますよ。

嫌みで言えば、前回言った所の半分直っていれば、稽古も1時間ちょっとで済むはずですし、7割直ってれば、50分か1時間くらいだと思っていたけど、8割か9割直ってないから、2時間もかかったんですよ。出来れば、あと2回で、教える方のレベルアップさせて下さいよ。

○「アンサンブル感覚の欠如」のこと　2000.11.30

平成12年度の『遊兎の会』が『野村よいや舞台』で賑やかに行われた。真新しい舞台で、狂言衣装を身に着け、しかも多くの観客に囲まれて……と、最上の贅沢の中での発表だったのだから、石田先生や東京の方々に感謝するのみである。とは言え、今回の『佐渡狐』への取り組み・稽古を振り返ると、またまた多くの課題が想起されてくる。石田先生の言葉を借りれば、〝稽古を始めて、2~3年じゃないんだから……〟という言葉に集約されるが、私には、狂言の世界でのテンポやリズム、間、役柄、ドラマとしての構成、生理や感情の起伏を起こす時間の流れ等々がまるで見えずにいるのである。とりわけ、その中でもアンサンブル感覚の欠如していたことが痛切に感じられた。

石田先生からは、稽古の中で事あるごとに、〝この『佐渡狐』は、そう言ったこと（アンサンブル感覚）がきちっと構成された狂言です〞と教えられ続けてきたのだが、私ら不肖の弟子たちは、石田先生の言葉などどこ吹く風と、「自分のペースで、自分のやり良いように、自分の都合に合わせて、そして勝手に」自主練習を進めてきたのだった。だから、何度やっても同じ所で駄目を出されるし、何度やっても毎回やり方が変わるので、石田先生からは、〝危なっかしくてしょうがない〞、〝私は、そうは教えていませんよ〞、〝この前と違うのは、どうしてですか〞と言われ続けたのだった。そして、遂には〝皆さん、ご自分の趣味や好みを貫いても結構ですけど、こちらの要求に応えるような喜びは無いのですか。……動いていても、ちゃんと知性があって、自分の理解力があって、もっと知的な深い喜びを感じる……、そして、もっと音楽的に美しくて、リズムもあり、メロディもちゃんとしていて、なんか沸き立つような喜びがある。そういうのをもうちょっとやろうという気になりませんかねえ〞と、リングにタオルを投げられかかったのだった。

ここまで言われて、ようやく我が身のことと感じたシテ・アト・小アトの3人組は、野蒜小学校の体育館で、初めて3人組んでの自主稽古に取り組んだのだった。時は、11月11日。もう11月分最後の稽古も終わり、『遊兎の会』まで10日しかない時だった。

で、自主稽古をして今更ながら悟ったのは、三人三様に、というか自分の都合の良いように勝手にばらばらに理解していたということだった。相手のことを考えず、自分はこうすれば良い・自分はこうしたいということのみで、役を演じようとしていたのだった。ここに来て、ようやく「石田先生は、こう言っていたのか」が、次々と思い出されてきたのである。自主稽古を終えて三人が一様に言ったことは、〝こいつ（三人での自主稽古）を、もっと早くやっておくんだった……〟の述懐だった。

〈2001年〉

○「分からなくとも、やってみる」のこと

2001.2.11

今回の挑戦演目は、『鈍太郎』というものである。シテの鈍太郎役が文屋さんで、アトの本妻役が私、そして小アトの妾役が中野さんという役割。科白の量は、シテの文屋さんが2／3を受け持ち、残りの1／3を中野さんと私とで二分するくらいなので、何となく気が楽であるが、私にとっては初めての「女性役」である。発声からして大分勝手が違う。前々回の『雷』、前回の『佐渡狐』、そして今回の『鈍太郎』と、私の技量とは無関係に挑戦課題がどんどんグレードアップして行く感じがしてしょうがない。とは言っても、何時だって「やれることしかやれない」のだから、今回も『鈍太郎』の世界を楽しんで行くこ

ととしたい。

尤も、今回の『鈍太郎』の面白さが、いまいち沸き上がってこない。『岩波講座　能・狂言　Ⅶ狂言鑑賞案内』には、「3年ぶりに帰京した鈍太郎は、本妻の所でも、愛人の所でも門前払いされ、世をはかなんで髻を切って出家しようとする。本妻と愛人は人違いだったことに気づき、二人で鈍太郎が仏道に入るのを留めるので、鈍太郎は思い留まり、二人の手車に乗って囃しながら帰る」とあるが、台本では、本妻も愛人も、3年のうちに別の男と暮らしていることになっている。音信不通の鈍太郎もいい加減だが、別の男と同棲する本妻や愛人もいい加減なのでは……と思ってしまう。ただ、本妻も愛人も別の男と同棲中とは言うが、本当かどうか分からない。無沙汰続きの鈍太郎を懲らしめてやろうとして口から出まかせを言ったのかもしれない。また、本妻と愛人が鈍太郎への思い（愛情？）を分け合うのも分からない。今西錦司氏の「棲み分け理論」の体現なのか。

それとも、「女は、男の私物・所有物」というレベルでのことなのか。更には、鈍太郎の身勝手さを丸ごと受け入れる本妻の度量が分からない。極めて大きいのか、はたまた鈍太郎にすがって生きる他ないか弱い存在なのか。

『日本古典芸能四・狂言』（平凡社刊）では、囃し物が、「めでたい」印象から「浮き立つ」ものへと転じて行くものの代表の一つとして、この『鈍太郎』を評価している。曰く「祝言の意はもはや薄れ、他を誘い込んで浮き立たせる抗力が強く前面に押し出されている」と。でも、だから面白いと言えるのか。

ともあれ、よく分からないまま取り組むのが本音である。このことは、学校の授業でもよくあること。学んでいく中で、面白さが実感されてくるなんてことは、当たり前のことである。だから、子どもの中に、どのような形で火をつけるかは、教師の腕次第とも言える。今までもそうだったが、今回は一層「俎の鯉」になる他は無いようである。

〈2002年〉

○「教員の研修」のこと

2002.8.31

私が『名取川』と関わり出してから、もう5年になるだろうか。石田先生から、〝田中さん、『名取川』の舞をやってみませんか?〟と言われたのがきっかけだった。その時は、『名取川』がどんな狂言か全くの白紙状態だったので、「先生のいうことだから、何かあるのだろう……」ぐらいにしか思わず、条件反射的に〝はい、分かりました〟と返事をしたものだった。

ところが、その後『名取川』の稽古をしたのが、謡が3回ほど。舞に至っては出だしの「川はさまざま多けれど　伊勢の國にては　天照大神の住み給ふ」までストップ。石田先生の〝そんな動きじゃ、ちっとも舞になってませんよ!〟の言葉で、沈没してしまったのだった。しかも、その間に『舟ふな』、『雷』、『附子』、『鈍太郎』に取り組んでいたので、完全に私の身体には、『名取川』の痕跡が消え去ってしまっていたのだった。

それが、今年の1月の稽古から再々度復活した。ところが、私の仕事の関係で、2月休んで3月稽古し、4月休んで5・6・7月は1回ずつの稽古というペースでいたら、7月の稽古日に、ついに『名取川』のビデオテープを渡されて、〝8月の合宿までに覚えて来て下さい〟と、引導を渡されてしまった。科白は一応最後まで教えてもらったが、動きはゼロであり、舞は前述した沈没状態からの「自学自習」になってしまったのである。

話は変わるが、私ら学校教員は、「教育公務員」という公務員になっている。つまり、子どもには夏休みや冬休みといった長期の休みがあるが、それは子どもらの話であって、私ら教員は「五日制」の下で、毎日八時間労働を行うことになっている。だから、子どもが夏休みだからと言って、一緒に休んでいたのでは、職務専念義務違反となって、処罰されてしまう。ところが一方では、「教員は、絶えず研究と修養に努め」ということで、長期休業等で授業が無い時は、勤務地（学校）を離れて研修・研鑽に励むことが出来るようになっている。それで、中には、この制度を逆用して、私的な家族旅行に出かけたり、昼間から宴会をしたり、パチンコ店に入り浸ったり、自分の車を洗ったり、家の草取りに励む教師も出たりしている。それで、教師の怠業行為が時折賑わしたりしているのだが……。

ともあれ、私もこの「研究と修養」を大いに生かし、暇を見つけては『名取川』のビデオを繰り返し見たが、どうも分からない。というより、素人の私がビデオをちょちょっと見て分かるような代物では無いことにようやく気がついたのだった。それでやむを得ない。テープ起こしから始めることにした。で、その結果、科白で4時間、舞では20時間もかかってしまったのである。そして、今度は、それを頭と身体に覚え込ませるのに云々。しかも、それはまったく自己流の段階で……。そんなことで、私の夏休みは、『名取川』一色で終わってしまった。でも、これは、私が教員だったから出来た話。これが民間や別の職種の勤め人なら、とっくに破綻をきたしていたに違いない。

○『名取川』テープ起こし

科白	解釈・型・動き
「戒壇踏で……」	「かいたん」と濁らない．謡い後、常座に戻って笠を取る、笠は左手前に構える。
「是は遥遠國の……」	坊さんですので、軽い感じに。あまり張りに力を入れない。
「頓て」	動く感じで。実況中継のように喋る。
「お側へ参って」	1足出る。
「御免なりませう」	お辞儀。
「下されい」	お辞儀。
「きたい坊」	たっぷりと。
「まずもって忝う……」	喜んで。「忝う」をたっぷりと。

「悪う」
「張替の名をも」
「下されい」
「どつと」
「これでも忘れま……」
「大兒のお手で……」
「きたい坊」
「小兒の御手跡で」
「ふせう坊と…」
「まず急いで本國……」
「まことに……」
「いやはや身共が……」
「あれはもの坊」
「き坊」
「さて」
「張替の名は」
「何とやらであったが」
「どうも」
「書附を見ずば……」
「えゝ」
「さりながら」
「きたい坊でござ……」
「ふせう坊で候のと」
「これは何卒」
「ものじゃが」
「いや」
「ひたもの」

たっぷりと。
たっぷりと。
お辞儀。
たっぷりと。
引いた感じで、たっぷりと。
たっぷりと。左足掛けて左半身になり、左袖を見せる。
さらっと。
たっぷりと。
右足掛けて右半身になり、右袖を見せる。
たっぷりと。道行のため、1足引く。笠を被る。
道行―「願成就致いて」で脇座。「一門どもまでも」で常座に向かう位。
「いや」――下から。「はや身共が」――上からたっぷりと。
さらっと。
思い出すように、下からたっぷりと。膝を折り、考える。
さらりと。
だんだん重く、考える。
〃ああ駄目だ〃って感じで。膝を折り、考える。
たつぷりと。
右足掛けて右半身になり、右袖を見る。
高く。
落ち着く。
さらっと。左足掛けて左半身になり、左袖を見る。
「候のと」をたっぷりと。右足掛けて右半身になり、右袖を見る。
上から、引いて言う。
膝を折り、考える。
上へ（身体が伸びる）。笠を被りながら、1足引いて半身になる。
下から。道行―「張替の名は」で脇座、「きたい坊ふせう坊」を交互に言いながら、
常座まで行く。

「いや」

「気ばし違うた」

「などと」

「云ひたいものじゃが」
・謡
「ざつと」

舞節
「さてさておもし…」

踊節
「…事じゃ。いや」

「身共に似合うた……」

「わあ」

「折節」

「いかう」

「誰そ人通り」

「渡り瀬を尋ね……」

「是非に及ばぬ」

「身拵へをして……」

「どこ許を」

「まずここ許を」

「えいゝゝ。えい……」

「これはいかう深い」

「えいゝゝ。えい……」

「あゝ」

「石が滑る」


笠を取る。

たっぷりと。

軽くさらっと。

膝を折り、考える。

たっぷりと。
いや　きたいぼおおと　もおおすは　はあ　ふしょうぼおおの　おんことなり
きたいふしょ　きたいぼおおおお　ふしょおぼおとぞ　もおおしげる
一気に言う。
はあ　きいたいぼおに　ふしょぼおに　きたあい　ぼおおおお　このしゃつき
しゃ　しゃっきしゃ　しゃっきしゃっき　しゃっきしゃ
「さても…事じゃ」まで高く言う。気分を変えて「いや」を下から言う。
笠を被りながら、一足引いて半身になる。そして道行になる。
笠を取って、川を見る。そして「わあ」と一足引く。
右足掛けて左の川上を見る。
たっぷりと。左足掛けて右の川下（下）を見る。
右の遠く（前方）を見る。
右足掛けて左前方を見る。
左足掛けて正面向く。
片膝になり、笠の紐をそろえ、数珠を懐に入れる。
丁寧に。立ち上がって、右足を掛け、正中まで進む。右、左と場所を確かめる。
正面を向き、左半身になる。
水に足を入れる。「えーい」で足を上から入れる。一回目左半身。二回目右半身。
三回目左半身で前のめりになる。
「いかう」をたっぷりと。
一回目右半身。二回目左半身。
小走りで一回転しながら目付へ行き片膝になる。笠は、顔前方に両手でかざす。
片膝のまま跳び上がり、右へ一足ずれる。

「石が……」「耳に……」

「耳に水がはいる」

「悉皆一絞りじゃ」

そのまゝの濡鼠…」

「ならゝゝ」


「先ず笠あり数珠あり」

「いや身共は何……」

「天の命を拾ふた」


「すれば何も……」

「ありやなに坊」

「えい何とやら……」

「最前のやうに」

「拍子にかかって」

「思ひだそう」

「いや」

「書附を見やう」

「わあ」

「こりや某の名を」

「何としたもので……」

「いやまだ遠くへは……」


「これゝゝここで……」
・舞
「なかり」―「しい」

「さてもゝゝゝ夥……」


一語ずつていねいに。笠を前へ置く。

「耳へ」で左耳の所で手拍子二回。「はいる」で右耳の所で手拍子二回。

「悉皆」で左袖を絞る。「一絞りじゃ」で右の袖を絞る。

「そのままの」で左手を広げて見る。「濡鼠じゃ」で右手を広げて見る。

謡のように、様式的に。笠を拾って立ち上がり、左足を掛けて常座へ行く。「既に流れうとした」で右足掛けて正面向く位。

しっかりと、たっぷり。
さらさらと云う。「何やら」――なに・や・ら
左前で笠を確かめる。次に斜向きながら懐から数珠を出して、一足出ながら数珠を見る。

喜んでさらさらと。

「ありや」を上から。「なに坊」を軽く。

重くなる。

さらさらと。

だんだんゆっくり。

積極的に。

「いや」の後、右足で一つ足拍子。

さらっと。右足掛けて、右袖を見る。

右、左の袖を見てたっぷりと。左足掛けて左袖を見て、「わあ」。

「こりや」を早く。「名を」をたっぷりと。正面向きながら。

膝を折り、考える。

いや」を上へ。「まだ」を下から。　道行――「揃うはう」で脇座、「名を流した」で正中位。

下から落ち着いて。


「しい」と正中まで行く。

下からさらさらと。「さてもさても」で笠の中を覗く。「夥しい」で笠を左に引く。

「雑魚じゃ」で前に投げる動作。

「しい。これも雑魚……」

「この方の事でご……」

「ちと物を流して……」


「あゝこれゝゝ」

「いかなゝゝゝ」

「妄語など申す……」

「何じや」

「名取川」

「向うの在所は」

「方々の御苗字は」

「何じや名取の某……」


「ほい」

「さてはき奴がし…」

「何としたもので…」

「申しゝゝ」

「返して下されひ」

「…問えば名取かわ」

「どうぞ返して下……」

「何じや」

「きたい。きたい」

「申しゝゝゝ」

「私の名で」

「張替の名も返し……」

「一つ下さるゝも」

「ひらに返して下……」


「しい」で目附まで掬っていく。中を見て「これも」で笠を右に引いて「雑魚じや」で前に投げる動作。

言いながら目附から常座に移動。

相手に言わない。さらさらと。正面向いて、笠を右に構える。「しい」と目附まで出て行く。

目附から常座へ戻りアトを見る。

たっぷりと。

さらさらと。

「何」をはっきり。「じや」を落とす。

「なとり」をはっきりと。「名取川」で一足引く。

中央を向く。

アトへ。たっぷりと
「何じや」はさらさらと。「名取の」を「何じや」と続ける。「何某じや」をたっぷりと。

「ふほい」のように。跳ねる一足で正面向く。

左足掛けて斜向く。

膝を折り、考える。

相手に尋ねる。

お辞儀。

「問えば」で切って、「名取川」。

お辞儀。

「なに」を上から。「じや」を下で。

二回目の「きたい」で正面向く。

最初の「申し」をたっぷりと上へ。次の「申し」を下へ。アトに向いて言う。

「名で」を強調する。

「張替の名も」をはっきりと。「返して下されひ」でお辞儀。

「一つ下さるるも」をたっぷりと。「二つ」を強くはっきりと。

「ひらに」を大きく。

「何じゃ知らぬ」 「中々」 「とつたぞ」 「いかに名取の何……」 「どちへもやらぬぞ」 「中々」 「おんでもない事」 「ふせう。ふせう」 「(笑)」 「なう」 「張替の名でござる」 「おふそれ候よ……」 「名取殿」 ・舞	「何」を上から軽く。「じゃ」を落として力を抜く。「知らぬ」はふて腐れたように続けて言う。 笠を目附の方に投げる。 たっぷりと。アトの右手を取る。 半円を描くようにアトを正中まで引いてくる。 「やらぬぞ」を強くたっぷりと。「どちへも」で二・三歩引いて、「やらんぞ」でアトを押し出す。 シテの言葉にかかっていく。 謡ってたっぷりと。一足出る。 二回目の「ふせう」はだんだんゆっくりたっぷりと。一回目の「ふせう」で正面見る。二回目の「ふせう」で膝を折り、考える。 照れ笑い。笑いながら笠を拾い、常座に戻る。 上からたっぷりと。 アトを向く。 笠を右手に持ち替える。笠の端を持つ。 一足出ながら笠をアトに向ける。

○ 舞『名取川』ビデオテープより

謡	動き・拍子　等
(自分)	※笠は、被りを上にして、縁を右手に持つ。

流れは果てじ水の面
流れは果てじ水の面
そこなる俺を救おう
(自分)
我はまた
(地謡)
恋をする身にあらねども
浮名を流す腹立ちや　あ
(自分)
川はさまざま多けれど
(地謡―以下全部)
伊勢の國にては
天照大神の
住み給う
御裳濯川もありやな
熊野なる音無川の瀬々には
権現

不動(正中)
かざし(足は差し回し)→戻る。笠は、「そこなる」で脇に持ってきながら、「俺」で前に持ってくる。
不動
足拍子。右(ドン)―左(ドン)―右左(ドッドン)
巻き差し→戻る「する」で笠をだしながら一足出る。「あらねども」で戻る。
道行「う」で左足掛け、歩きだす。「流す」で脇座、「ちゃ」で正中。「あ」で一足出る。
不動
正先まで出る(四足)。笠は広げながら、胸前に持ってきて、両手で押さえる(水平)
笠を前に置きながら、片膝になる。笠は一度頭上まで上げる。
両手揃えてお辞儀　片膝の姿勢のまま両手を広げ、前頭上で手のひらを広げたまま両手中指を合わせ、腰を折って笠まで降ろす。
片膝を捩じって、両手を広げ、いだちながら常座を見る。すぐ姿勢を戻して、笠を取り立ち上がる。
道行　左足かけ、進む。「音無川」で脇座。「瀬々には」で、正中で正面向く。
一足出ながら、笠を胸前で両手で持ち、一度下げてから頭上にかざす。

御蔭を	右足掛け、脇座を向いて膝を折り腰をかがめる。
うつし給へり	そのままの姿勢で左足かけ、目附を向く。「へり」で笠を下げながら反転してかざす（かぶり面は下向き）。
光源氏のいにしえ	逆回りの道行　正先を過ぎて一廻り。
八十瀬の川と詠めゆく	
鈴鹿川を	「川を」で足が右・左。笠はかざしたまま。
うち渡り	右・左と足を抜いて、正面向く。笠は、足を抜く時に脇に持ってくる。
近江路にかかれば	道行→正中　右足を掛け、進む。「かか」で脇座。
幾瀬渡るも野洲の川	「の川」で脇座を向き、左足引く。
洲股あじか	足拍子「すのん」―右、「また」―左（目附へ反転しドン）、「あじ」―右、「か」―左足上げ。「か」で両手広げる（笠はかぶりが下）。
杭瀬川	片膝　両手を広げて片足になった姿勢のままで片膝になる。「わ」で立ち上がる。
そばは淵なる片瀬川	道行→脇座。
思ふ人によそえて	両手であおりながら常座→正面向く。「思ふ人に」で一回目。「よそえて」で大きく二回目を出す。
阿武隈川も	不動
恋しや	左手を胸前にして、ややうつむく。

つらきにつけて悔しきは	小道行　右足引いて斜向いてから進む。戻った常座では、橋懸りを向いたまま。
藍染川なりけり	足拍子「三―二―二」。「あいそ」の三（左―右―左）で正面向く。次の二は等間隔。「りい」で右・左。
墨染の衣川	一足出ながら、左手（袖をつかむ）を前に出し、「衣川」で見る。
衣の袖をひたして	身体を捩じって斜向き、右足を引きながら中腰になって左袖の下に笠を入れる。「て」で姿勢を直して正面向く。
岸陰の柳の	右足掛けて脇座を見る。
真こもの下を	両手で笠を右脇に持ってくる。左足捩じって右足引き、左半身になる。
押しまわし	笠を下に下げてから中央まで掬っていく。一度中央で両足揃えて立つ。脇座を向いたままで、笠は胸前。
押しまわして	笠を左脇に上げながら左足をかけて、同様の姿で目附まで行って、正面向く。
見れば雑魚ばかり	「見れば」で一度笠の中を見て（笠上げる）、姿勢を戻しながら右足かけて道行。
我が名はさらになかりけり	「我が名は」で脇座。「なかりけり」で常座に来て、正面向く。
我が名はさらに	左右
なかり	笠を右脇に構える。
けり	「しい」と中央に出て行く。

〈2003年〉

○「狂言を楽しむための素人弟子の課題」のこと

2003.8.22

今年も、8月17日〜18日と白石の能楽堂・碧水園で仙台『遊兎の会』の合宿稽古が行われた。今回は、東京や秋田からも6人ほどの参加があり、しかも、英国・ロンドンへ留学中の淡朗君への「突撃陣中見舞い」を行ったりして、夜の宴会は、相応に盛り上がったのだった。

で、宴会での一部始終はさておくとして、皆さんの稽古を見ながら、そして私の稽古での指導を振り返りながら、石田先生に何度も言われたことは、〃もっと楽しんで下さいよ。その時その時で、何か思いがあるでしょう。それを出さないで、覚えた科白をただ繰り返したり、動きを間違わないようにとばかり気を使ったって、ちっとも面白くないでしょう〃ということだった。

これは、言われてみればその通りであり、会員の誰もが、演じる面白さを体感したくて稽古に励んでいるのだが、これが出来ない。というより、その以前に石田先生から口移しで教えられた科白や、手取り足取りして教えられた動きがスムーズに出来ずにいるのだからしょうがない。どうしても稽古中の頭の中は、「次、何だっけな。その次、何だっけな」となってしまう。だから、石田先生に頭の中の回路外のことを言われると、頭の中は高速度で回路の修正や回路の組み直しをせねばならず、ついには負荷量オーバーで回路が火花を吹いて混乱し、頭の中が真っ白の状態に陥ってしまう。私は、そんなことを飽きもせず、そして性懲りもなく16年も続けてきたのだった。

そんな中でも、今回取り組んでいる『磁石』では、〝『名取川』より、柔らかいんですよ〟の指示が強く心に残った。それは、私とNさんとのやり取りを聞いていて、何度も〝違うんだよなあ。アトとシテの言い方が逆なんだよ……〟と言われたのだが、私もNさんも科白の言いようを変えられずにいた中で言われたのだった。私らの変化の無さに業を煮やしたのか、石田先生が、突然〝田中さん、『名取川』と『磁石』でどう違うのですか？〟と尋ねてきた。意表を突かれた質問にドギマギしていると、〝じゃ、質問を変えます。『名取川』の坊さんと『磁石』の人売りでは、どちらが強く言うのですか？〟と畳みかけてきた。私にとって「役柄を比較して、演じ分ける」ことなど思ってもみなかったことだが、何となく〝『磁石』の方です〟と応じたことへの、先生からのきっぱりとした返事が前述の言葉だった。

5年前に演じた『雷』の稽古時に、石田先生から〝下手な心理劇を見ているよう……〟と酷評されたのがトラウマのようになって、「大きく」「はっきり」を愚直に守ろうとしたのだが、それが相手との対応を無くし、劇のドラマを無くし、何よりも役柄を楽しむことを消してしまっていたのだった。「大きく」「はっきり」それでて相手を信用させる「柔らかさ」をどう演じればいいのか。今、9月6日の発表を目指した「朝練」の課題になっている。

〈2004年〉

○『蝸牛』の稽古録 Ⅰ　2004.2.3

科白	指導・注文・解釈 等
「御意なさるる通り」	今のでいいんですけど、さっきと同じで、非常に抑揚が曖昧なんです。でも、太郎冠者の役だからぎりぎり成り立っているんですけど、抑揚をきちんとやるとどうなりますか。
「畏まってはござれども」	ちょっと喋り過ぎなんですよ。独り言ならまだそれでもいいんですけど、やっぱり主人に対して言ってる言葉としては、つまり、「ござる」の落ち方がたりないんですよ。それから、「蝸牛と」の「と」まで上がってる。これは、簡単な張りですからね。
「どのような物やら」	「物」まで高いんです。「どのような」も張る。
「あるものやらも存じません」	「あるものやらも」まで張りましたね。次の「存じません」をぐっと落としたら、どうなりますか。そして、力を抜く。今のは、「存じません」と力が入って明確になってきているでしょう。この場合は、力を抜いて落とした方がいい。主人に対して言っているとかで、だんだんいろんな変化が出てきますから。出来たら、そこまで言って下さい。で、ここでは、その後の「知らないから、教えて下さ

「はあ藪にござりまするか」
「さてもさても」
「びやうびやうと打開いた大きな藪じや」
「さて彼の蝸牛は」
「どこ許にあることじや」
「いやあれに頭の黒い物が…」
「ちょつとおきてたもれ」
「近頃卒爾ながら」
「お前の頭が」
「すれば私は」
「仰せられましたが」
「寔に」
「中々」
「いかないかな申すことではござらい」をはっきり言いたいから、わりとぐっと落とした方がいい。逆もあるんでがね。

それも、もっと明らかにやったらどうなりますか。それで、ボケの役なんですから、「藪に」をあんまり張らないようにするってのが、太郎冠者の役になります。

最初の「さても」が一番の張り。だから「も」が高いんです。

それなんかも、工夫してほしいんです。さっき言ったことを応用出来るはずなんです。「大きな藪じや」ってことで、一つ終わるでしょう。ということは、たっぷり言いたいんだから、「びやうびやう」の「びやう」をもっと低い所から出れば、「大きな」はいくらでも張れるはずなんです。

はい、気持ち変えて。ただし、張りは「彼の」が張りなんです。

今度は、頭からの張り。

そこは独り言ですから。そして頭から張った後は、次の音はぐっと落として低い方がいいですよ。そしてまた、別の問題になりますが、しっかり言ったらば楽になる。要するに、変化が必要なんです。今の言い方だと、「なうなう」は、そんなに声を出しちゃいけないんです。あるいは逆に、「起こして尋ねう」なんてどうでもいいなら、「頭の黒い物が寝ている」(大きくはっきり)―「まず起こして尋ねう」(小さく曖昧に)―「なうなう」(大きくはっきり)でもいいんです。どっちでもいいんだけど、変化をつけた方が良いということです。

二度目は強く。そうすると、山伏が起きるんです。

「さようでござる」と「近頃卒爾ながら」で、どっちを遠慮がちに言いますか。「近頃卒爾ながら」でしょう。でも、「近頃卒爾ながら」の方を強く言ってしまった。そういうキャラクターを作ってもいいんですけどね。物怖じしない、ずうずうしい太郎冠者って。「頭」をもっと落として下さい。

「すれば」をもっと高く。

「仰せられました」は低いんですよ。

もっと喜んで。

あっけらかんと。

これからの話ですけど、太郎冠者の反応としては、山伏の心情に乗り過ぎないよ

ぬ」 「まことに角が出ました」 「どうぞお出でなされて下され」 「それは気の毒でござる」 「どうぞ私の方へお出でなされて下され」 「何とでござる」 「雨も風も吹かぬに」	うに。というか、山伏よりももっと大きな反応なんですけどね。さっきの「心得ました」なんかも、極端に〝はい、分かりました〟って。ですから、ここも、〝とんでもありません。人になんか言いませんよ〟って。 そういう時のテクニックとして、「まことに」の「に」から「角が」まで盛り上げていっちゃうと、もっと楽に出来るんですよ。難しい言い方をしますと、我々は気持ちよりも、気持ちで表現するよりも、技術で表現しろって言い方するんですよ。技術で心情を表すんであって、心情でものを表すってしたがらないんです。そこは、もたつかない方がいいですよ。そこでオーケーしてこないわけですから。ということは、裏切るわけです。ですから、当然来ると思って、そこはサラリと言った方がいい。 張り方が違う。「それは」は下から。「気の毒」で張る。「それは」を頭から張るなら、もっと押さえて下さい。下から上げると、困った感じがでるでしょ。 そこは、丁寧にお願いする。 そこから大事なテーマに入るんだから、もっと誘うか感じがほしい。 違います。「風も」が張り。

○『蝸牛』の稽古録　Ⅱ（動き）

2004.8.17

科　白	動き・位置関係　等
・出	主人の後から出て、太鼓座に正座する。

「はあ」

「お前に」

「祖父御様で」

「畏まっては」

「蝸牛と申す」

「あるものやら」

「御赦されませ」

主「頭の…角を…」

「はあ」


「まず急ひで」

「まことに」


「いや」

「まず中へ」

「えいえい」


「やっとな」

「さてもさても」

「びょうびょう」

「大きな藪じや」

「さて彼の」

「まず頭の黒い」

「腰に貝をつけ」

「折々は角を」


「あれに頭の…」


主「太郎冠者あるか」で立ち上がり、常座に出て、主人と向き合う。

お辞儀をする。

お辞儀をする。

主人から外して、正面を向く。

主人を向く。

お辞儀をする。

主人に合わせて正面を向き、また合わせて戻る。

お辞儀をする。その後、右・左と一足出る。左足を掛け、右周りをして二足出る(右・左・右・左)。また右足を掛けて、左周りで一足出る。

左足捩じって右―左と一足引く。

道行―「目出たい」で脇座、「猶々」で常座後ろ角。右足掛けて、二足出て常座(「申す」)。

左・右と一足引く。

右足を掛け、正先へ進む。

手の甲を合わせるように両手を前に持ってきて、「えいえい」で中腰になりながら、藪背を広げていく。

左足―右足と、一足跳び入る。手は、かき分けるように両手を後ろにもっていく。

右足を掛けて左前方を見て「さてもさても」。

左足を掛けて、右前方を見て「びょうびょうと…」。

右足を掛けて、正面を見ながら「大きな藪じや」。

正面を向いて、「さて彼の」。「知らぬ」で右足を掛け、左前方を見る。

「まず頭の…」と言いながら、三足ほど山伏に近づく。

左足を大きく掛けて、右回りで更に山伏に一足ほど近づく。

右足を掛けて、後ずさりしながら後ろ足で山伏につまずく。つまずいて体を後ろに反らしたら、右足を掛けて左・右と一足動き、山伏を見る。更に、右・左と一足出て、今度は山伏の頭を見る。左足を掛けて姿勢を直し、常座に戻る。

右斜め前方を見て、「あれに…」。

「まずおこして」

「なうなう…」


「なうなう」


「さようでご……」

「蝸牛殿では」

「蝸牛と」

「頭の黒い……」

「見ますれば……」

「申す事で……」

「さ様でござる」

「心得ました」

山「やいやい」

「ござる。が」

「貝がござるか」

「心得ました」

山「……そりや」

「寔に」

「又折々は……」

「心得ました」

「やいやい」

「心得ました」


「すれば疑い……」


「頼うだ者が…」

「それゆえ」


右足を掛けて、山伏の方に歩き出す。

「なうなう」と言いながら、立膝に腰を下ろし、「ちょっと」と言いながら、両手で山伏を一押しに揺する。二度目の「ちょっとおきてたもれ」と云ったら、すぐ立ち上がって、繰り返す。

左足を掛け、常座に戻り、山伏を見る。

お辞儀をする。

左・右と一足出る。

左・右と一足引く。

外して正面向く。

山伏を見て、山伏と向き合う。

お辞儀をする。

お辞儀をする。

山伏に合わせて外し、正面を向く。

山伏に合わせて、山伏と向き合う。

左・右と一足引く。

左・右と一足出る。

山伏に合わせて外し、正面を向く。

右足を掛け、左・右と半身の形で一足出て、貝を見る。

右足出して山伏と向き合い、「寔に」。

山伏の動きに合わせて、右足、左足で向きを微調整する。

山伏に合わせて外し、正面を向く。

山伏に合わせて、向き合う。

山伏の動きに合わせて、正面を向く。そして、目付柱の近くまで出て行き、右足を掛けて山伏を見る。

「まことに角がでました」と言ったら、左足を大きく掛けて回り、常座に戻りながら言う。常座に戻ったら、右足を大きく掛けて左回りに回って山伏と向き合う。

外して正面を向いて、「頼うだ……」。

右足を掛けて、山伏を見る。

山「負われて……」
「……の過多へ出」
山「身共が」
山「と云えば」
「何とでござる」
「お出でなさ……」
「歩いて」
山「さあささあ」
「何とこうで……」
山・謡「でんで…」
「打割ろう」
謡「雨も風も……」
山・謡「でんで……」
謡「雨も風も……」
山・謡「でんで……」
謡「雨も風も……」
山・謡「でんで……」
謡「雨も風も……」
山・謡「でんで……」

左・右と一足出る。

山伏が「負われて」と言いながら一足出て来るので、それに合わせて腰を低めながら左・右と一足分引きながら「いや私は……」と言う。

左・右と一足出る。

お辞儀をする。

山伏が外し易いように、たっぷりと云う。また、山伏に合わせて正面を向く。

山伏が太郎冠者を向くので、それに合わせて向き合う。

山伏が正面を向くのに合わせて、正面を向く。「浮きにういて」で、また向き合う。

「さあささあ」で正面向く。

「心得ました」と言いながら、左足を掛けて正面を向く。またその時、扇に手をやり、右手で抜いて、左の手のひらの上に添える。

謡の最後の「打割ろう」で、右足を掛けて、山伏を向く。

山伏が外したら、正面を向く（以後同じ）。「でんでんむしむし」と五回謡うので、五回目の「むーしむしー」で向き合い、腰を落とす。腰を落としながら、右手扇を胸の高さまで上げる（以後同じ）。

謡ながら右手扇で拍子を打っていくが、拍子に合わせて、左足・右足と交互に足を跳ね上げる。「雨も」「風も」「吹か」の三拍子分は、山伏と視線を外さない。

謡いながら、その場で右回りに回る。

「でんでんむしむし」を三回謡う。三回目に向き合う。※謡は、伸びる。

ややテンポを上げて謡う。

「でんでんむしむし」と四回謡う。四回目は、山伏を向く。※謡は、どんとしゃがむので、短い。→「はあ」。

「はあ」を入れてから、「雨も」。テンポを軽快にして謡う。扇で拍子を取りながら、右回りに回る。

「でんでんむしむし」を三回謡う。※謡は、伸びる。

軽快なテンポで謡う。

「でんで……」の謡に合わせて、片足跳びで山伏と入れ替わり、脇座に行く。「で

謡「雨も風も……」
山・謡「でんで……」
謡「雨も風も……」
山・謡「でんで……」

謡「雨も風も……」
主「やいやい太郎…」
山「やいやい……」
「心得ました」
主「やい太郎冠者」
山「やいやい……」
山「むっしむっし……」
主「やい太郎冠者」
「心得ました」
「あれあれ角……」
山「でんでん」
山「むしーむー……」
山「でんでんむ……」
二・謡「雨も風……」
山謡「雨も風……」
二・謡「雨も風……」

んでんむしむし」の謡は、二回繰り返す。※謡は、伸びる。

脇座で、逆の左回りに「雨も風も…」と謡い舞う。

「でんでんむしむし」を五回舞う。※謡は、短い。

「はあ」を入れて、脇座で謡い舞う。

「でんで…」の謡に合わせて、片足跳びで山伏と入れ替わり、常座に戻る。「でんでんむしむし」の謡は、二回繰り返す。※謡は、伸びる。

常座で「雨も風も…」と謡い舞う。

「やいやい太郎冠者」と呼ばれて、左足を掛け、主人を見る。

「やいやい」で山伏に袖を引かれる。それで、右足を掛け、山伏を見る。

「心得ました」と言って、すぐ「雨も風も……」と謡いだす。

「やい」で袖を引かれるので、左足を掛け、主人を見る。

「やいやい」と言われて、右足を掛け、山伏を見る。

「むしむし」のリズムに乗り、「雨も風も……」と謡い舞う。

「やい」で袖を引かれるので、左足を掛け、主人を見る。

「心得ました」と言いながら、正中へ移動する。

「角を出しまする」と云ったら、前に出て来る。

「でんでん」と言って、山伏が両拳を突き出すので、それに応じる。

山伏の「むしむし」のリズムに乗る。

山伏の「でんでん…」のリズムに乗って、片足跳びで山伏について行く。

山伏の後を追って、太郎冠者・主人の順で退場する。

山伏は「でんでんむしむし」を二回謡いながら舞う。※謡は、伸びる。

謡ながら、鏡の間に入る。

○「受験教育に毒された脳」のこと　2004.8.29

ずっと以前に、「中学・高校・大学とバドミントンを10年もやり続けた結果、フットワークという形で、私の身体は完全に洋化してしまった（例えば、右に行くのに右足を出してしまう）」と何かに書いたことがあった。また、生来の左利きが「狂言での所作の一つ一つに、逆の動きを起こしてしまう（例えば、刀を右手に持ったり、棒を逆手に握ってしまう）」とも書いたことがあった。私自身の真逆な姿は、狂言が「ナンバ」の動きや「右利き文化」を体現していることを身を持って知ることでもあった。それは、今にして思うと、狂言での稽古の数々は、私自身の「脳を含めた身体行動の変革」でもあったのだった。それだけに、今回の秋田合宿でも、石田先生に、〝皆さんは、どうして私を信用しないのですか！〟と言われたことで、改めて「受験教育に毒された脳」を思わずにはいられなかった。

「受験教育に毒された脳」とは、どういうことか。それは、私自身が稽古7年目の『千切木』の時には全く身に染みておらず、稽古10年を過ぎた『雷』になってようやくその気になってきた『科白の暗唱法』のことである。つまり、石田先生が稽古の度毎に言い続けている〝私の真似をして下さい〟や、〝リズムや抑揚、強弱・高低を、科白と一緒に覚えて下さい〟を、不肖の弟子たちは〝はい、分かりました〟と返事はしていたものの、決してその通りにはしなかったのだった。どの人も自分流の覚え方で、というよりもっと端的に言えば、受験勉強での丸暗記宜しく、字面の科白を、ひたすらにそして闇雲に頭に叩き込んでいくのである。受験勉強時に誰もが行った公式や定義の丸暗記、年号や人名の丸暗記、化学記号や豆単の丸暗記等々のやり方とすっかり同じ手法である。こうすることで、受験勉強に必要なことを、短期に集中して覚え、受験が終われば、砂浜での砂遊びの山が波と共に消え去るのと全く同じように、きれいさっぱりと忘れていく覚え方である。

恥ずかしながら、私がリズムや抑揚、強弱や高低を意識して、石田先生の語り口調を繰り返し真似すること（※残念ながらテープでの繰り返しなのだが）で、「なるほどよく覚えられる」と身に染みて知ったのは、稽古を始めてようやく10年も過ぎてからのことであった。それだけ、私の脳は頑固に硬直してしまっていたということであるし、「受験教育に毒された脳」は、石田先生が示す狂言の立ち居振る舞いや語り口調をも、容易に受け入れないほど強固なものになっていたのである。

子どもの教育を生業・職業とする私には、「既に硬直しかかっている子どもの脳を、どう解して、弾力性のある柔軟な脳に改造していくか」が、常日頃の大課題なっている。それだけに、今回の合宿に参加した皆さんの解れていく姿と、石田先生の解す手法・作戦が、極めて貴重な「教師修業」になっている。

○「テンポ・リズム・対応」のこと　2004.11.28

17回目の『遊兎の会』の発表会が、11月23日に東京・青山の銕仙会能楽研究所の能舞台を会場にして行われた。17回も回を重ねると、やはり、それだけの時代が思い起こされる。

入門3ヶ月で、石田先生に言われるまま、故野村万蔵さん宅の稽古舞台で、石巻の貸衣装屋から借りたチンドン屋みたいな着物姿で初舞台を踏んだことなど、「懐かしい思い出」と言うほかない笑止のことだった。

ともあれ、次々と新しい方が意欲的に狂言に挑戦している姿を見ると、唯々我が身の不足を思い知らされる。特に小学生2名が演じる姿には、新鮮な驚きだった。『風姿花伝』での「心のままにさせすべし」とは、こういうことかと具体的に分かり、学校での子どもたちのイメージが、また一つ私の中に出来上がった。

で、今回は、文屋さんの「退職記念発表」と銘打って、『蝸牛』に取り組むことにした。何故演目が『蝸牛』なのかと言うと、私らが石田先生に〃科白が少なくて……〃、〃舞が無くて……〃、〃面白くて受けるもの……〃等と勝手な注文を出していたら、〃ごちゃごちゃと贅沢ばかり言って、勝手な奴だ。『蝸牛』にしなさい！〃と即決された次第である。

ともあれ、「退職記念発表」になるよう、今回は今まで以上に気合いを入れて、5月から朝練（※早朝、無人の体育館で自主練習）に取り掛かった。毎日、30分程度の自主練習であるが、広い体育館で、一人で大声を出し、一人で動き回るのは気分が良い。尤も、石田先生との稽古は、2回ほど科白の稽古をしただけで、〃後は、ビデオテープで自主稽古をして下さい！〃となったので、少しずつ動きを確かめながらの自主稽古である。ビデオを見ては動きをノートに書きとり、そして体育館で確かめてみるということが2ヶ月ほど続いた。

　で、自分の科白や動きをするのに、相手の科白や動きがないと出来ないことに気がついた。それで、山伏や主人の科白は私が言って、私（太郎冠者）の分は空白にして録音した。そのテープを相手に自主稽古を始めたら、体育館で行うとタイミングが合わないのだった。それで、またまたテープを作り直して……と何度も繰り返すうちに、山伏や主人のテンポ・リズムや間が分かってきた。そうすると、こちらのテンポ・リズムも工夫することが出来て……となって、何度もテープを作り直しながらテンポやリズム、間を相手との対応の中で感じるトレーニングになったのだった。

　とは言え、秋田の合宿では、〝そんなことは、誰も教えていません！〟を石田先生に何度言われたことか。朝練を重ねるほどに、我流が身体に居ついてしまい、それを直すためにまた朝練を繰り返すという悪循環の毎日になってしまった。


〈２００６年〉

○「狂言は会話劇」のこと　**2006.11.27**

　久しぶりに『鬼瓦』の稽古を行ってきた。二年近く休止した後での『鬼瓦』への取り組みであるが、今回で都合4回の稽古になる。とは言え、12月24日の発表会まで、稽古日はあと1回しかない。そんなことが予想されたので、早くに科白を覚え、8月から体育館での早朝練習に励んできた。しかしながら、この自己流での自主練習は、やればやるほど悪い結果を引き起こすことが、改めて再認識させられた。尤も、自主練習が悪いわけではない。その自主練習を自己流にやるから悪いのであるが……。つまり、自分で理解したことを身に着けようとして自主練習に励むのだが、この「自分で理解したこと」が半分かりであったり、生分かりであったりするとどうなるのか。石田先生から習った形や様式がどんどん崩れていくだけでなく、自分流の癖や歪みが身体行動に現れ出て、我が身に居ついてしまう。しかも、自分流だから、我が身の癖や歪みに気がつかず、正調の動きと誤解してしまうのである。

今回の稽古で石田先生から言われた〝リアルにしようとするなら、そうではありませんよ〟、〝謡うのですから、ぶつぶつ切らない〟、〝相手の言い終わるのを待っていない〟、〝型が違いますよ〟、〝意味を違えて捉えてんじゃありませんか〟、〝大名は、太郎冠者に対して、いつでもシテなんです〟、〝どんな「さあ笑え」なんですか〟等々の言葉は、全て「我流理解」を否定するものであった。でも、指摘され、否定されて、初めて我が理解が「我流理解」だと気づかされるのである。「身体の論理」と「脳の論理」が合一したところに型や様式があるのだろうが、それがまだまだバラバラで、お互い勝手にその時の都合都合で主役が入れ替わっているのが、我が身の現状なのである。

もっと具体的に言うと、大名が太郎冠者に対して「常に格が上」ということや「常にシテの役」を表すのに、太郎冠者を無視したり、太郎冠者を引き込もうとしてむやみに科白やテンポ・リズムを先取りしていくことがある。ところが、一人練習だとその呼吸というか、タイミングが分からない。つまり、自分の論理と身体の流れで練習してしまうのである。それが、いつの間にか、「我流理解」を我が身に居つかせてしまうのだった。

今回の稽古では、改めて「狂言は会話劇である」ことを思い知らされた。会話の創り出すテンポやリズムが主で、動作や行動・動きは、それを補うものであり、時には、強調するだけのものであるということなのだった。動きに気を取られ、会話の創り出すテンポ・リズムを崩しては駄目なのであった。

2006.12.7

○「戦後民主主義の体質」のこと

現在、12月24日の『遊兎の会』の発表会に向けて、狂言『鬼瓦』に取り組んでいる。取り組んでいると言っても、今までに4回しか指導の稽古を受けていないので、大半が自主稽古で賄ってきた。しかしながら、この自主稽古が曲者で、やればやるほど基本から外れ、自分流の勝手な世界に落ち込んでいく。手前勝手な自己流を排して伝統芸術・身体口伝の世界に浸るには、「師に学び、師を習う」以外にない。だから、月一度の稽古でも欠かしてはならなかったのだった。

その『鬼瓦』の稽古で、様々の注文・課題を出されてきたが、今思い起こしてみると、どれも大名と太郎冠者の「格の違い」に繋がることばかりであった。つまり、私の口調も、動きも、解釈も、全てが「格の違い」を表すものではなかったのである。例えば、「それならば、国許の大工に言いつくるためじゃ。堂の様子をとくと見覚えておこう。汝もよう覚えておけ」という科白があるが、〝その中のどれを強調しますか〟と石田先生に尋ねられた時、「汝もよう覚えておけ」と答えたら、〝田中さんは、科白をそう言っていますね。でも、違うんです、格が違うんですから、太郎冠者なんて、どうでもいい。「堂の様子を見覚えておこう」の方がよっぽど大事なんです〟と言われてしまった。また、道行の動きでも同様のことを言われた。「さあさあ、こいこい」と太郎冠者を誘って、道行を始めるのだが、脇座から中央の正中まで出て行って足を掛けて向きを変え、そして二足ほど動いてから「まことに」と喋り出すと、太郎冠者の「はあ」の返事に間が空いてしまうのだった。その動きを見て、石田先生は、〝「さあさあ……」と言ってから動き出すから、遅れるんです。太郎冠者はついて来ることになっているんですから、太郎冠者を気にせずにもっと積極的に言いながら動いていいんです。格が上なんですから……〟と言うのだった。

思うに、別書に「戦後民主主義教育は、いい加減なものだった」と述懐したことがあったが、それは、私の内部の「怨み・辛み」のみが増幅したものであって、やはり戦前とは明らかに違う「戦後民主主義」を享受していたのだった。それは、狂言での稽古が示すように、私の体質の中には、「格の違い」「身分の違い」「生い立ちの違い」等が完全に消え去っていたのである。だから、「格の違い」と言われても、具体的な行動・姿・態度では表せなかったのである。ものの本には、「帝王学」なる言葉が出てくるが、まさに「帝王学」は、机上の学ではなく、実践の学であり、「戦後民主主義」がいの一番に否定したものだった。当然、戦後生まれの私には、縁の無い世界だったのである。

〈2007年〉

○「シテとアト」のこと

2007.1.7

今回取り組んだ『鬼瓦』の稽古中に、石田先生から言われたことの一つに、〝大名は、太郎冠者に対して常にシテなんですよ〟という言葉があった。私が、太郎冠者役の中野さんの言葉を待って、それに反応するかのように科白を言ったり動きを起こしていたので、たまりかねて石田先生が発した言葉だった。私にすれば、久しぶりの中野さんとの稽古だったし、朝錬で自分の科白は言えるようにしていたものの、「自分の科白は言える」程度の覚え方だったので、相手の科白を聞いたり動きを見てから反応していたのだが、『鬼瓦』のシテは大名」ということを全く理解せずに稽古に取り組んできたのだから、必然の結果だった。というより、今まで20年近く狂言に関わってきたが、一度も「シテ」の意味することを考えないできた結果だった。もっぱら、「シテ＝主役」くらいにしか思ってこず（※この「主役」だって、科白が一番多いからとか、一番目立つからくらいにしか思いが至らずにいた）、出演料が〝何でシテは15万円で、アトは12万円なんだろう？〟程度の関心しかなかったのだった。それで、この機会に改めて国語辞典を引いてみると、

して「仕手・為手」①行う人。（巧みに）する人。やりて。②（普通シテと書く）能または狂言の主役。中入りするときは、前場の方のを前ジテ、後場の方のを後ジテという。→わき・つれ・あど。③（取引用語）投機の目的で比較的多量の売買をする人。→仕手株・仕手戦。

あど（迎合）①相手の話に調子を合わせて応答すること。あいづちを打つこと。②（通例アドと書く）狂言でシテを助ける。→仕手。

［広辞苑―岩波書店］

と書かれてあるが、私の理解程度のことしか書かれていない。もともと辞典・辞書は、不特定多数の読者に通じるような「共通理解」とか「一般的な意味」としてしか書かれていないのだから、不足を求めてもしょうがないことである。

では、『鬼瓦』の稽古で気づかされた「シテ」とはどういうことか。それは、「仕掛ける役割」ということであり、「状況を作り出す役割」ということになろうか。つまり、『鬼瓦』で言えば、常に大名が、新しい状況を作り出したり展開していく役割を担うというこ

とである。稲葉堂の薬師如来を見に行くことも然り、堂建築での巧みの技を誉めること然り、鬼瓦を見て故郷の愛妻を思うこと然り、そして照れ隠しに大笑いすること然りである。個々の状況を積極的に作り出していく役が「シテ」であり、それが「大名の役作り」であり、「大名が主役」ということであったのだった。漫才の世界には、「ボケ」と「突っ込み」という役割分担があるらしいが、狂言での「シテ」とは、状況を作り出す「仕掛け人」という役割だった。

○「失念する」のこと　2007.1.7

『鬼瓦』の発表が終わった。終わったとは言うものの、惨憺たるものだった。8月から学校の体育館で朝練を繰り返し、科白を完全に覚えていたはずなのに、事もあろうに、最初の名告り・口上の所で失念してしまった。「……近日本国へ罷り下る」と一段落するところを、2度目に同じことを言う「近日本国へ罷り下るが」と、「が」を入れてしまったのだ。途端に喋りのリズムが狂い、かろうじて「このような喜ばしいことはござらぬ。まずのさ者を呼び出し……」と言ったものの、頭の中からは口調のリズムがすっかり消えてしまったのだった。そして、頭の中では、「どんなリズムだったっけな」と必死で思い出そうとしていたのだが、口や身体は、勝手に次の科白に進んでいった。こうして、頭の中と身体行動がバラバラになり出し、ついに「近日本国へ罷り下るが」のところで、頭の中は思考停止になり、身体が動かなくなってしまったのだった。中野さんが小声で科白をかけてくれたが、フリーズ状態になった頭の中には、リズムが湧いてこない。当然、身体も硬直して動かない。こうして数十秒が流れた気がした。客観的な時間は、20秒も経たなかったかもしれない。しかしながら、私の固まった姿を見て、観客が不安げに「どうしたのかしら……」と思っている雰囲気がひしひしと伝わってきて、時間を巻き戻したい思いだけが頭の中を駆け巡るのだった。

この状態から抜け出したのは、中野さんが「内々かようの儀を……」と次の科白を言ってくれたことでだった。本当は、「めでたいことはあるまいな」とアトと向き合うのだが、私が固まったまま動かずにいたので、中野さんが機転を利かせて、次の科白に進んでくれたのだった。この中野さんの科白で、私の中にシテである大名の状況が復活し、以後は、口調と身体行動のリズムが統一されて、無事最後まで進んだのだった。

しかしながら、この最初の躓きは、ずっと最後まで尾を引いたようである。観客の反応・雰囲気が、狂言を楽しむというよりも、「この人、大丈夫かしら?」という不安と心配の入り混じった雰囲気なのである。私は素人だし、演技力・表現力もまるで未熟なのだが、たとえ未熟であっても、それはそれとして観客が安心して見てくれる演技は出来るはずである。でも、舞台で演ずる私には、最後までそれが伝わってこないのだった。

今までも、科白を飛ばしたり、間違ったことは何度もあったが、観客が示す心配・不安の雰囲気が伝わってくることはなかった。以前は、自己中心的であり、鈍感で形だけの演技だったということかもしれないが、あるいはまた、自分だけの思い過ごしなのかもしれないが、今回の失念は、大いに自分の姿が見えた失念だった。

○「次郎冠者の役割」のこと

2007.5.6

『樋の酒』の稽古に入って、実質3回目になる。尤も、稽古は5回目を数えているので、既に2回ほど休んでしまった。本舞台は12月23日を予定しているので、まだ間があると言えばあるのだが、石田先生からは〝舞や謡がありますから、早めに科白を覚えていきましょう〟とのことで、例年より早いペースで稽古が進んでいる。もしかすると、『遊兎の会』二十回目の節目の発表会になり、発表会も国立能楽堂を貸し切ることになるので、自ずと力が入っているのかもしれない。弟子の舞台に「きっちり・かっきり」を求めるのも当然のことであろう。

ところで、今回も石田先生から「次郎冠者の役割」という課題を求められた。つまり、前に「太郎冠者―シテ・次郎冠者―アト」での演じ方の違い、特に太郎冠者（シテ）の演じ方を求められたが、今回は次郎冠者（アト）の演じ方を課題に出されたのだった。

以前にも書いた通り、国語辞典には、「アド―迎合」と漢字で書かれている。この意味は、太郎冠者を助け、時には同調し、時には後押しし、時には太郎冠者が出やすいように塵払いをして花道を作ってやるのが、アトである次郎冠者の役割になる。この演技を、『樋の酒』での次郎冠者である私に求めてきたのだった。

その一番目に、まず「ぴん。ぎい。ぐわら。ぐわらぐわらぐわら。やっとな」の擬音語と動作の所で注文が出た。石田先生が言うには、〝個性を出さないで下さい。太郎冠者に合わせて、同じように繰り返して下さい。同じ繰り返しにならないと駄目なんです。ですから、太郎冠者をよく見て、声の調子を同じくして下さい。小さい時は小さく、強く言ったら強くして下さい〟とのことである。この場面は、太郎冠者が米蔵に入り、次郎冠者が酒蔵に入る場面であるが、それぞれ別の蔵に入るのに、次郎冠者に太郎冠者への同調を求めてきたのだった。

もしここが新劇・現代演劇ならば、様々の演出構成が起こるのかもしれない。太郎冠者・次郎冠者の役作りが前後の関係や劇の構成・主張のバリエーションによって、いろいろな工夫が生じると思えるからである。でも、伝統芸術であり古典芸能である狂言では、太郎冠者と次郎冠者の口調を決め、太郎冠者と次郎冠者の動きを決めて、的確・確実に表現するのだった。これが「六百年の篩」に掛けられて昇華してきた、狂言における「様式」なのだろう。一つの「型」の中で、普遍・不易を求めていく。それが体感出来るかが、私の次郎冠者への役作りになる。

○「一緒に稽古しないでしょう」のこと　2007.12.10

『樋の酒』の稽古も、今回で最後になる。後は、前日の申し合わせの時と本番のみ。で、昨日の稽古では、石田先生から〝一緒に稽古しないでしょう〟という駄目だしが出た。先生の都合やら、私らの都合で稽古日が少なくなり、その分ビデオを渡されて、自主稽古をしておくようにと申し渡されていたのだが、何せ、素人弟子の私らのこと。たまにちょこっと観ては、フンフンと分かったつもりになっていただけのことだった。だから、石田先生からは〝何も学んでいない。何も稽古していない！〟と叱責されるのだった。

ともあれ、昨日の稽古では、〝一緒に稽古しないでしょう〟の叱責が一番強烈だった。と言うのも、この5〜6年、役柄（「役」による役割分担）が分かってくるに従い、その「役」を表すには、相手との交流・交感が不可欠になってきたからだった。

10年前には、〝相手がいようといまいと、様式が決まっているんですから、それがきちっと出来なきゃ駄目ですよ〟と言われていた。これは、私たちに「型」がまるで身に着いていず、毎回あっちにフラフラこっちにフラフラのこんにゃく状態で、ふにゃふにゃしていたからのことであろう。だから、私は朝練をして手順・型を身に着けようとしたのだった。尤も、この朝練は、気分の上では「早朝練習」になったが、我流での手前勝手な「居つき」になってしまい、結果的には、ほとんど効果のない朝練になっていたのだったが……。

それが、『雷』で石田先生と一緒に舞台を踏む幸運があり、「プロの方と一緒に演じると、こんなにもやり易い（そう成らざるを得ないように、次々と仕掛けてくる）」ことが実感出来たのだが、「プロとは、相手の技量を見抜き、その技量を更に倍加させる能力（指導・実行力であり、交感・対応力であり、創造・創作力）の持ち主」であることまでには、思いが及ばなかった。でも、『名取川』『舟ふな』『磁石』『蝸牛』『鬼瓦』『樋の酒』と演目を重ねるうちに、改めて主人の役割、太郎冠者の役割、次郎冠者の役割等のそれぞれの違いが意識されてきた。そしてまた、稽古の中でお互いの呼吸や、お互いの押し引き、お互いの乗り合いが、微妙に役割の違いを浮き立たせてくることを知ったのだった。私らは、素人ゆえにほとんどその間合いや駆け引き、あるいは呼吸や緩急・弛緩がほとんど分からない。しかしながら、石田先生が投げかける駄目や叱責・否定から、自分の演じる役割を読み取り、相手との一緒の稽古の中で、それを具体的に表現してみる工夫や努力が必要になってきたということであろう。

〈２００８年〉

○「狂言の稽古＝教師修業」のこと

2008.1.3

今回の『樋の酒』でもって、私の狂言の稽古は終わった。尤も、「狂言の稽古」とは言っても、20年間の稽古を通して、身に着いたことはほとんどない。何時だって、情けないことに、一つの演目に取り組むのが終われば、一切が雲散霧消してしまう。だから、石田先生には、〝こんなことが、まだ出来ないのですか。1年・2年の人じゃないでしょう！〟と20年間言われ続けた。プロの目から見れば、「稽古とは、一つ一つのことを確実に身に着けていくこと」であり、「確実に身に着ける」とは、自転車乗りや水泳の如く、「一度出来るようになったら、身体が覚えていて、決して忘れない」ということを意味しているが、私は全くそうならなかった。一つの取り組みが終わる度に、元の木阿弥になり、次の演目への取り組みはいつもゼロ状態からの出発だった。懇切丁寧に教えてきた石田先生にすれば、「マイナスからの出発」と思っていたに違いない。〝あそこまで出来るようになったのに、何で出来なくなるんですかねえ〟との呆れた述懐が、何度も聞かれたからである。

しかしながら、私は、この狂言の稽古を「私の教師修業」と捉えて、必死の思いで食らいつき、しがみついてきたのだった。それは、28年前に、宮教大・附属小学校を出た時に、「表現活動〈身体表現活動〉を、教師としての生涯の勉強課題にしよう」と決めたからであり、20年前に、一緒に勉強した埼玉や千葉の教師たちと決別したことによる。だから、私自身の本音は「人前に出ての表現活動は嫌い」だったけれども、「表現活動が苦手な子や嫌いだと思っている子に、表現活動を好きにするには、自分でその面白さを体感する以外にない」と考えて、狂言の稽古を「私の教師修業」と位置付けたのだった。

今、私の教師人生を振り返った時、石田先生を師とした狂言の稽古は、全く正解だった。狂言の稽古を続ける中で、確実に「表現すること」の面白さを体感出来たし、「子どもたちが表現する」ための具体的な指導の手立てが見えてきた。しかも、余禄的に、「日本語は、母音が中心の言語」とか、「話し言葉と書き言葉の違い」とか、高低アクセントと強弱アクセントの区別が身をもって知ることが出来たのだった。そして何よりも、狂言の稽古を通して、日本の伝統芸術である「能楽の世界」に触れることで、【日本人の身体行動】という一層明確で高次の課題が見えてきたのだった。別言すれば、「ナンバ」であり、「右利き文化の身体所作」ということであり、西洋流スポーツを超える身体技能ということになる。更に見えてきたことを付言すれば、私の左利きが「利き手・利き目等が、脳の認識や身体反応に大きく絡んでいる」ことを実感したことである。

ともあれ、20年に渡る狂言の稽古は、最高の「教師修業」になった。石田先生に唯々感謝するのみである。

《追　記》
私は、教員の定年退職期と同時に、仙台『遊兎の会』を退会しました。その時、石田先生に、私の狂言・稽古記録とも言うべき『「表現」追求のための狂言稽古ノート』を渡しました。すると、後日石田先生に会った時、開口一番〝幾つか、違ってますけど……〟と言われてしまいました。

でも、それは当然のこと。右も左もどころか、上も下も分からないままで「狂言の世界」に飛び込んだのですから。しかも「狂言稽古ノート」などとカッコよく書いても、中身は、私の勝手で独善的、且つ誤解や曲解を平然と綴り続けたものですから。唯一言えることは、その時々の正直な私の言葉・私の姿だということでした。ですから、この記録の文言・文章は、一切私の責任になります。

ただ、石田先生の二言目に、〝面白かったです。皆さんに読んでもらうといいですね〟の言葉を掛けてもらいました。「少しは、他の人にも役立つのかなあ」と思い、安堵しました。

「趣味に生きる教師」　その二

——私のピアノ日記——

ここでの文は、教員を定年退職した後、市内の「ピアノ教室」に通って、その時々に思ったことを書き記したものです。

〈2009年〉

○〝ようやく機会が巡ってきました〟のこと

2009.7.28

ピアノが弾けるようになることは、二十代後半（つまり、梶山正人さんと出会った時）からの密かな「願い」だった。しかしながら、現職中は何時でも、「今やらねばならないこと」があり、楽しみながらも本気で取り組むことが出来ずに退職まで来てしまった。多分、現職中にピアノが弾けるようになっていたら、今とは大分違う道を歩んでいただろう。当然、校長にはなれなかったろうし、「学校ボランティア」は出来ても、『学校づくりボランティア』を立ち上げることはなかっただろう。

狂言を習い始めた時もそうだったが、「三年は、何としても続けよう」の合言葉は、今回のピアノを習うことでも私の中に生きている。現在の私は、脳の思考回路や身体機能が二十代に比して格段に衰え、硬直・老化しているが、我が親父のことを思えば、まだまだ若造である。何しろ、県庁職員を定年退職後、住宅供給公社に嘱託で勤めた後、68歳になって瀬戸の窯業訓練所に入所し、一年間寮生活をしながら、焼き物の手ほどきを身に付けてきたのである。後日談ながら、瀬戸の窯業訓練所は、親父が卒業すると、翌年から入所条件に「四十五歳」という年齢制限を設けたとか。よっぽど親父は、所員の先生方や訓練生の皆さんに迷惑をかけたに違いない。その迷惑は、多分に覚えが悪く、習得が遅く、皆の足手纏になったのだろうが、焼き物の手ほどきを身に付けたい一心の我が親父には、取るに足らない瑣末事だったのだろう。一年後には、凱旋将軍宜しく、意気揚々と帰って来たのだから。戻って来た我が親父は、一年間修業してきた分、確実に違っていた。意欲・自信・行動等々がみずみずしく新鮮になっていたのだった。

ピアノを一年間習い続け、弾き続けると、私の感覚や身体行動、そして思考活動はどうなるのだろうか。ましてや、それを三年間続けたなら……。今の私には、幼児期特有の無垢な感受性は、もう無い。また、青春期故の溢れ出るエネルギーや、飽くなき追求心・探究心も既に無い。あるのは、「ピアノが弾けるようになりたい」ということだけである。それを、具体的に、実際的に、そして日常的に楽しむ形で、取り組んでみたいと思っている。定年退職という区切りで学校現場を離れ、天下ることなく年金生活に入り、新しく立ち上げた『学校づくりボランティア』が思うように進まない今、ピアノを習う機会がようやく巡ってきたのだった。

ピアノの世界は、狂言の世界と同じく、「人間の叡智や、研ぎ澄まされ純化された感覚が結晶した世界」である。この結晶をどれだけ体感・体得出来るのか。【天国への道普請】

のための有効・有意義な道具にしたいものである。

○〝今、何が課題なのだろう〟のこと　2009.8.10

私のピアノ教室通いも、ようやく5回目が終わり、一ヶ月が過ぎた。一応、平均して日に30分強はピアノに向かっている。それで、ピアノの先生に花丸をもらったり、〝よく出来ました〟と褒められたりしているのだが、この一ヶ月で、肘や手首、指の関節が痛くなっている。また、それぞれの小さな筋肉や筋・腱が凝ったように苦しくなっている。今までほとんど使わずにいた部位が、急にこき使われ出してぶつくさ言っているに違いないし、また逆に、使い過ぎによる休養を望んでいた部位が、悲鳴を上げている気がしてならない。若い時の私ならば、根性論で惰性の練習を更に繰り返したか、気分を変えての筋力トレーニングに励んだろうが、今はもう身体を苛めて壊すことは止めにした。「痛かったら、止める」「苦しかったら、癒す」の軟弱姿勢を取ることにした。だから、ここでも「身の程を知る」（※つまり、我が身の限界や能力の範囲を見定める）ことを肝要にしたい。尤も、痛めた部位は二度と復活しないが、程よい痛みは、微妙な繊細さと瞬時のパワーを我が身に引き起こすはずである。丁寧且つゆっくりと、我が身の変化を感じていこうと思う。

ところで、1回目の時、ピアノの先生から、〝『川の流れのように』と『アメージング・

グレイス』とで、どちらを弾きますか？〟と尋ねられた。私はバイエルのような教則本から入るのかと思っていたので、ポカンとしていたら、〝皆さんは、たいてい『川の流れのように』を希望しますが……〟と言う。どうやら、ピアノ教室に来る大人の生徒には、弾きたい曲を目標にして練習計画を組んでいくらしい。やはり、大人の生徒には、演歌・歌謡曲か、ロック・ジャズ、あるいはクラシックと言った嗜好を生かしながら教えるのが常道のようである。「私は、ピアノを通して、自分の身体感覚を呼び覚ましたいんですけど……」と言いそうになったが、ピアノの先生を混乱させるだけだと思い直し、如何にもクラシック好みのような振りをして、〝『アメージング・グレイス』がいいです（※この時まで『アメージング・グレイス』という曲を全く知らなかった）〟と言ったのだった。

この『アメージング・グレイス』について何の知識もなかったが、先日、テレビをつけながら台所で茶わんを洗っていたら、水羊羹のコマーシャルで、バックミュージックにこの曲が使われているのを知った。それで、前回の練習の時にピアノの先生にこのことを言ったら、〝有名な曲で、歌詞もあるんですよ〟とのこと。私は、『ぶんぶんぶん』か、『ちょうちょ』の類の曲かと思っていたら、もっと豊かで、情感あふれる奥の深い曲に挑戦していたのだった。

○〝歌うように弾いて下さい〟のこと

2009.8.22

ようやく、花丸三つ目をもらうことが出来た。「ファ・ミ」「ファ・ミ」「ファ・ミ」と八分音符で繋がったのが、一小節内で三回繰り返す（つまり3／4拍子）のが、「ファ・ミ・ファ」「ファ・ミ・ファ」と三連符二つで繋がったもの（つまり2／4拍子）へと、弾き変えるのが課題だった。言葉で課題を表せばその通りなのだが、それを指の運びで表すのに2週間以上もかかったのだった。

その課題をクリアするのに、我がピアノの先生は、前回・前々回と〝歌いながら弾いて下さい〟と言い続けた。〝「ファミファ・ファミファ」でしょう〟とか、〝ミとソで、どちらがいっぱい出したくなりますか?〟。そう、ソの高い音の方が出したくなりますね。それを意識しながら、歌ってみて下さい〟と言った具合である。それを、右手と左手をそれぞれ別々に練習するというのだった。

出来ないから練習をし、練習を繰り返すことで出来るようになるのだから、出発ゼロの私には、全てが新鮮である。狂言の時と同様、「愚直に」に徹するのみである。それで、二週間以上かかってようやく合格になったのだが、この間の練習で、身体にリズムやうねりを作り出すこと、予測と集中を持続すること、手（指であり関節であり筋肉等）と脳の繋がり等々が具体的に実感出来たのだった。ただ、狂言の稽古の時もそうだったのだが、これらの諸要素が合一して動き出すと課題を上手くクリアするが、絶えずどれかの要素が隊列からはずれてしまう。すると、もうメチャクチャ状態。またやり直し、またやり直しを重ねるのだった。しかも私の場合、間違う箇所や間違う要素が一定していない。さっき出来たのに今度は出来なかったり、そこはもう大丈夫という所でミスったり、不出来の箇所・要素が一定していない。多分、私なりの必然があってミスるのだろうが、その必然が私自身に見えないのである。脳の思考回路・思考形成に起因すると思えるのだが、これは今後の追求課題である。

ともあれ、運指の練習と併せて『アメージング・グレイス』の曲を練習していたが、この曲でも、〝歌いながら弾いて下さい〟と先生に言われたので、私が〝英語の歌詞で歌うのですか？〟と尋ねてみた。すると、〝そうじゃなくて、タタターでも、アアアーでもいいんです。曲の感じを声にしてみるんです。お風呂なんかでよくやるでしょう。歌詞なんかいい加減でも、いい気分になって鼻歌を歌うって……。それをやると、指先にも表れるんです。ピアノは正直ですから、指先の表現が音にして表してくれるんです。エレクトーンなんかだとそうじゃないんですけどね〟と言ってきた。それが20年以上ピアノに取り組んできた先生の実感だという。合意と納得である。

○〝拍が正しく刻めない〟のこと 2009.8.29

〝そこは、3拍なのに4拍伸ばしてますよ〟、〝ここは、2拍分なのに、次の出が遅れて

2・5拍になってしまいますよ〟とは、私の『アメージング・グレイス』の演奏。前回からの課題である「歌うように」して、いい気分になったつもりで弾いているのだが、先生に言わせれば、3拍子での拍の刻み方がまるでいい加減なのである。

その昔、『風と川と子どもの歌』のレコードに対して、中田喜直氏は、「大部分がでたらめの、ひどいものである」と言い、その悪さを「どこが悪いのか、これを悪いと思わない人のどこが悪いのか、という事を一口に言うと、これは、日本人の音楽に対する一番の欠点、つまり単音のメロディーだけはききわけられるが、コーラスの他の声部が間違っていてもわからない。ピアノ伴奏などはいい加減でただ適当に音が鳴っていればいい、という考え方である」と断言していた。そして、「選ばれたクラブ員の演奏がすばらしければ、一般クラスの音楽的水準も同時に高くなるし、その反対は、やはりその反対である」(読売新聞)と論を進めている。ここで、中田喜直氏の論を云々する気は毛頭ないが、「拍が正しく刻めない」我がピアノを思った時、期せずして中田喜直氏の新聞批評を思い出したのだった。

「指揮は、拍を刻むことではないんですよ」とは、現職時代に何度も聞いた言葉であるし、私も、若い教師たちに言ったりもしてきた。そして、梶山正人さんが残した言葉の【生命のリズム】を体感・体現しようと模索し始めたところである。しかしながら、「拍が正しく刻めない」ままでは、中田喜直氏の格好のターゲットになるだけである。もっとも、

「拍を刻む」を「時間の機械的等分」と同値にしたのでは、多分に味も素っ気もなくなるのであろうし、梶山さんの【生命のリズム】への道は閉ざされてしまうにちがいない。とは言え、「拍を正しく刻めない」我が身に直面して、齋藤秀雄氏の『指揮法教程』に出てくる「たたき」や「しゃくり」は、基礎の基礎、基本の基本なのだと、改めて痛感した次第である。

で、私は、〃どうやると、「正しい拍」が身に着くのですか?〃と聞いてみた。すると、ピアノの先生が言うには、〃メトロノームを使いなさい。メトロノームの音に合わせて弾けるようにするんですよ〃と言ってきた。この言葉で、またまた附属小学校時代での「歩く」指導を思い出してしまったが、今度は、同じ轍を踏んではならない。

「正しい拍を刻めるようになる」ことが、【生命のリズム】を体感・体現することになるよう、ピアノ練習での具体的追求課題にしていきたいものである。

2009.9.14

○「脳内の重みづけ」のこと

私の生涯学習課題は、【日本人の身体行動】である。「日本人の」と付けると、政治家によってさんざん手垢にまみれた「美しい日本」などと同値に見られ、国粋主義者か右翼と間違われそうだが、本心は「人間の身体行動」に興味・関心がある。しかしながら、英語(英語圏文化)を捨てた私としては、そして、生活・習俗・文化等と無関係に「人間」は存在しないのだから、敢えて「日本人の身体行動」としたまでである。だから、比較文化論という学問用語に倣えば、「比較身体行動論」ということになるのかもしれないが、そんなことはどうでもいい。「日本人の身体行動」と言うと、〝何となく、カッコいい〟程度のことである。

で、今回、運指の宿題だった二連音符の繰り返し「ファーミ、ファーミ、ファーミ、ドーミ……」と右手で弾いていたら、先生に〝時々、裏が強くなりますね〟と言われた。「裏」と理解不能のことを言われたので、私が思わず〝「裏」って何ですか？〟と尋ねてみた。すると先生は〝音符には、表と裏があって、強く弾くのを「表」、弱く弾くのを「裏」と言って、この二連音符では、**ファ**ーミ、**ファ**ーミ、**ファ**ーミ……とファの方を強く弾いて、それに続くミの方は弱く弾くのです。〟と言うのだった。つまり、運指練習の楽譜が三拍子で書かれているから、全体が「強―弱―弱」のリズムで動いていくが、そのユニットの二連音符にも強弱があって、最初を強く後を弱く弾かなければならないのに、私の弾き方には、時々「強―弱」が反転して「弱―強」になるというのである。

先生に、運指での「強弱」逆転を言われて、私は、狂言での発声を思い出していた。狂言の稽古会に入門したての頃、石田先生に何度も注意されたことは、〝「初めを強く」ではなく、「初めは弱く」して「だんだん強く」するんです。田中さんのは、その逆になっていて、こうなってる。そうではなく、こうなんです〟と、手振りで身体や声を広げるよう教えられた。私は、「出だしをはっきり」とばかり気にして、出をガンと出すと、後は楽勝……と無意識に思っていたのだが、「最初は慎重・丁寧に、後はエンジン全開に」という狂言の世界での身体行動が取れずにいたことを指摘されたのだった。でも、これが身に着いてくると、私の身体的欠陥とも言うべき、喋り出すと呼吸不足になり、声が浮わずってリズミカルに喋れなくなることがなくなったのだった。

今にして思うと、【ナンバの身体行動】が身に着いてきたということなのだろうが、「ピアノの世界（西洋の身体行動）」に入ることは、また、ずっと昔に夢中になったバドミントン等でのスポーツの身体行動・身体リズムを再生することになるのだろう。それを左右の五本の指でどれだけ体現出来るのか。私の脳内切り替えが試される。

○「ピアニッシモ（PP）」と「フォルテッシモ（ff）」の弾き方のこと　2009.9.26

「ファーミーファーミーファーミ」の音階で運指のトレーニングをしているが、前々回から「f—強く」と「P—弱く」の弾き方を家庭練習の宿題にされていた。「f—強く」の方は、一音ずつ力強く弾き、その時に他の4本の指を出来るだけ上に上げる練習だった。尤も、筋肉や関節が既に固着してしまった私の身体には、こんな単純な行動でも難しい。力強く弾くことばかりに意識がいき、他の4本の指を出来るだけ上げるのが出来ないのだ。人差し指や小指がただ硬直しただけだったり、逆に親指がだらけていたりと、我が指ながらそれぞれが勝手にバラバラな動きをする。ようやく、「1本対4本」が統一行動を取る様になっても、4本の指がピンと硬直状態なのだった。弾いている時の先生の指を見ると、4本がそれぞれに湾曲しながら持ち上がっているのだから、我が指の身勝手さと言うことの聞かなさに、ただただ呆れるばかりである。ま、3年後を目指して、根気よく指と脳ミソを解していく外はない。今回、家庭練習に出された「ff―より強く」は、その倍加した姿の様である。身体機能の可能性を信じて、めげずにとり組んでいきたい。

ところが、それと対にして出された「P―弱く」の方は、なかなか弱くならない。弱くしようとすると、指が無気力状にだらけたり、動かなかったり、リズムが狂ったりと、これまた大変なのだ。しかも、力を抜くと5本の指が鍵盤上に伸びきってしまい、指の腹で弾いてしまう。すかさず先生から、〝指を立てて下さい！〟の駄目だしが出る。そして、先生から、〝鍵盤に指を乗せてから弾いて下さい〟と言われるのだった。

それが、今回の「PP―より弱く」の段階で、先生が私の指の動きを見ながら、〝傷口を触るように弾いて下さい〟と言ったのだった。「傷口を触る」とは、何と言い得て妙な言い方ではないか。「P―弱く」とは、力を抜いてパワーを少なくすればよいということではなかったのだ。指先に細やかな注意を払って、大事にそっと触れることだったのである。私にそれを気付かせるのに、「鍵盤に乗せてから弾く」と言ってみたが、私の混乱とぎこちなさには変化がなかった。私にすれば、「乗せてから弾く」のだから、「乗せる」と「弾く」の二段階に捉え、「どういうことだ?」、「どうすることだ?」と混乱していたのだった。今回の「傷口を触る」の一言で、指先に神経が通い、大事に且つ丁寧に、そっと指を運ぶことで一気に「PP」の音が出せるようになった。今にして思うと、まさに鍵盤に指を乗せるようにして弾いているのだが、「乗せてから弾く」で通じなかった私でも、「傷口を触る」で響応・納得出来たのだった。

○「スタッカート」と「テヌート」の奏法のこと　2009.10.7

本当は、まだ「奏法」などというレベルの話なのではないのだが、何とか三ヶ月を過ぎたところなので、一応カッコウをつけて……。

で、「スタッカート」とは、外来語辞典(三省堂版)によると「分割奏法。一つ一つの音を、勢いよく、短く切って演奏すること」とある。つまり、ポン・ポン・ポン……と勢いよく弾んだ音を出すことなのだが、それを先生は、〝指や手を、太鼓の撥のように上に撥ね上げることだと思っているけど、そうじゃないんですよ〟と言って、丸めた指で、掻き出すようにする指操作を教えてくれた。この指使いの方が、弱くも強くも、勢いよくも軽くも弾けるようになるとのこと。それで、早速、指の第二関節を突き出すべく我が手を鋭状にして、一音ずつ掻き出す練習を始めた。でも、我が手・我が指の姿を見ると、犬が小便をした後に土を掻ける後ろ足の動作にしか見えない。ピアノ教室で見た先生の指は、軽やかで実に楽しげだったのだが……。ま、我が生い立ちの違いと、60年来の生産労働の結果での手指なので、癒しとストレッチを心がけながら、機能訓練を楽しんでいきたい。

また、「スタッカート」と同時に、「テヌート」の弾き方も教わった。「テヌート」も、同辞典によれば「音を音符の長さいっぱいに、よく保持して演奏する」と書かれてある。何故ここで「テヌート」の弾き方を教えられたかと言うと、理由はよく分からないのだが、思うに「ピアノ練習を始めた時から『アメージング・グレイス』が私の課題曲になっていたのだが、その中に、左手の伴奏で「ド・ミード・ミ」と一拍分と二拍分を続けて弾く所があった。そこは曲の山場になるので、右手で高揚したメロディを弾き、それを左手の伴奏が下支えをしていくことになっていた。しかし、私の右手と左手は、対抗心むき出しでお互い勝手に頑張り合い、「響応」など何処吹く風……だったのである。それで、そろそろ「一ランク上の課題意識を持たせよう」と考えたに違いない。もしかすると、〝お客に飽きられて、逃げられたら困る〟という営業用の配慮が働いたのかもしれないが、我が先生の本音は分からない。

ともあれ、〝こうするといいですよ〟と次のように教えられた。それは、左手の人指し指と親指で「ド・ミ」を一緒に弾き、一拍分・二拍分と続ける所の最初の一拍分を、前述の「スタッカート」とは逆に指を運ぶのである。つまり、親指と人指し指を、鍵盤上で掻くのではなく、逆の動きをして先に送り出すのである。そうすると、拍を刻むように弾いていたのが、音が柔らかく伸びて、次の二拍分も落ち着いて弾けるのだった。指の運び方一つでこんなにも音が変わるのかと、また気付かされた。

○ **ダルビッシュ有の疲労骨折のこと** **2009.11.12**

ダルビッシュ有とは、プロ野球・日本ハムのダルビッシュ有投手のことである。彼は、今春の『ワールドベースボールクラシック』(野球の世界大会)で日本中から期待されたナンバーワン投手である。彼の活躍で、日本チームが世界一に輝いたことは、誰もが記憶しているところである。その彼が、楽天とのクライマックス・シリーズ対戦では、腰痛で戦力外にいたし、日本シリーズでの巨人戦でも、体調不良・調整不良の中で登板し、勝利投手になったことは、これまた記憶に新しい。ところが、先日の新聞報道では、その時既に、右手中指の疲労骨折を起こしていたと言う。彼は、右投げの投手だから、右手は利き手である。その利き手の中指を骨折していたとは、尋常ではない。しかも、その骨折の仕方が、疲労によるものとは恐ろしい。右手を、そして中指を酷使し、その結果慢性疲労を起こし、骨折にまで至ったと言うのである。

日本のスポーツ界には、依然として、身体を苛め抜き、限界まで酷使していけば、身体が堅固・強壮になると言う「鍛錬主義」や「根性主義」が蔓延っている。多分、ダルビッシュ有投手も、そのトラウマに落ち込んだに違いない。スポーツ医学に基づく最新のトレーナーと組んで、我が身にあった身体開発法や調整法を見つけて、来シーズンからの更なる復活を起こしていってほしいものである。

翻って、我が身の腕・手・指が悲鳴を上げている。原因は、7月にピアノ教室に通い始めてから、連日2時間近く（※と言っても、トータルしてのことである。一回30分も続けられない）ピアノの前に座っているのだが、ずっと肘や指の関節、そして指や腕の筋肉が痛いのである。しかもその痛さは、力仕事をした後の痛さとは違って、瞬間ピキーッと痛みが走るのである。多分、60年間ほとんど使わずにきて、「もういいでしょう」とばかりに上がりかけていた筋肉や筋が、突然稼動させられたことによるレジスタンスなのではないだろうか。このまま同様の練習を続けることで、使わなかった筋肉や筋が解れ、柔軟さや柔らかさを取り戻し、反応・反射の運動だけでなく意図した運動が軽やか且つしなやかに行えるようになるのであれば、これほどありがたく嬉しいことはない。しかしながら、年上者や先人の例を出すまでもなく、肉体の衰えや老化は、日常の行動・生活から身に染みている。

そんな時の「ダルビッシュ有投手の疲労骨折」報道である。酷使と根性にまみれた鍛錬主義者の私としては、他人事ではない一事であった。でも、どうすれば、無理や無駄なく「身体の癒しと解し」が起こるのだろうか。疲労骨折を起こさない程度の負荷とは、どの程度・どの形・どの仕方かが、我が身なのにまだ分からないでいる。

○「生命のリズム」求道のこと　2009.11.17

『アメージング・グレイス』に続いて、『赤とんぼ』が二曲目の課題曲である。10月9日に楽譜を渡されてから、もう一ヶ月以上過ぎたが、最初から最後まで通して弾けるのは10回に1回くらいしかない。後の9回は、必ずどこかでつまずくのである。しかも、その場所が一定していない。音を間違えたり、指運びがもつれたり遅れたり、リズムが違ってしまったり、等々。あまりにも、つまずく原因が多種多様である。楽しむつもりで始めたピアノ教室だが、ままならない我が身を鞭打つ自分が情けない。「この指が駄目」、「この手が駄目」、「この脳ミソが駄目」と次々排除していったら、我が身の存在そのものが無くなってしまう。そんな馬鹿な世界に入る気はさらさらないので、我が身・我が脳・我が指を上手くだましだまし活用していく他は無い。

で、10回に1回通して弾ける時はどんな時かと言うと、指のリズム（指がスムーズに動ける）と、耳のリズム（音や曲の流れが聴き取れる）と脳ミソのリズム（乗り越えるべき箇所が意識出来る）が一体となって、身体内に統合されたネットワーク・流れ・うねり・リズムが起こった時である。この「統合された」が体内に実感されない時が、指がもたもたした時であり、耳が音や曲を聴き取っていない時であり、脳ミソからの指令やチェックが無かったり、遅れたり、もたついたり、そして偏ったりした時である。というより、この「統合されたリズム」が、身体内に起こらないために、指のリズムが狂ったり、耳のリズムが鈍くなったり、脳ミソのリズムが勝手に暴走するのかもしれない。我が身体内での因果や統合を、ピアノの練習を通して、何とか体感・納得していきたいものである。多分、それが「生命のリズム」解明へと繋がっているのではないだろうか。

ずっと昔、オペレッタに夢中で取り組んでいた頃、「呼吸のリズム」と、「語りのリズム」と、「動きのリズム」を統合・統一するのに、「曲のリズム」が鍵を握っていると気づかされたことがあった。呼吸は呼吸、語りは語り、動きは動きと、それぞれ個別に洗練濃縮していくことが内容を豊かに作り出すと捉えて、個別化・細分化する形での取り組みに走ったりしたが、それらを総合したオペレッタでは、違った視点、違った取り組みが必要不可欠だったのである。それは、丸ごと子どもを変えてしまう、あるいは丸ごと子どもを育ててしまうと言ったらいいのか。「生命のリズム」のヒントが、我がピアノの不出来に内在していた気がするのである。

○「力みを抜く（緊張を解す）」ということ　2009.11.25

運指の練習が、片手から両手同時の練習になり、一ヶ月近くになる。右手では「レ・ミ・レ・ミ・レ・ミ・ソ・ミ・……」と弾き、左手では「ファ・ミ・ファ・ミ・ファ・ミ・ド・ミ・……」と同時に弾いていく。つまり、指使いでは両手一緒に「2・3・2・3・2・3・5・3・……」と運んでいくのだが、頭が混乱してなかなか出来ない。ようやく出来るようになると、それにアクセントを付けて、二拍子風に、次は三拍子風にと、課題がグレードアップしていく。で、今回は、1回目は「f」で弾き、続けての2回目は「p」で弾くように言われた。指使いをスムーズにし、5本の指を対等且つ自由に動かせるようになることが、ピアノ上達には必須のことなので当然の練習なのだが、《分かるけど出来ない》我が身がもどかしい。ともあれ、私らの世代には、早く指を動かすよりも、強弱を意識させた方が、機能回復訓練になるらしい。だから、〝もっと強く！〟や、〝もっと弱く。そっと触るように……〟の声が絶えずかかる。でも、その場ではほとんど出来ないので、〝やり方は、分かりましたね。じゃ後は、家で練習してみて下さい〟となるのだった。

それが、家で練習していて気がついたのは、「f」の時は強く弾くので指に力が入るのだが、それが、腕や肩にまで力が入り、緊張して強張ってしまうのだった。だから、2回目の時には、その緊張・強張りを引きずって、出だしを強くしてしまうのだった。それで、腕や肩をリラックスさせて、指先だけをパワーとスピードで、そして柔らかくソフトにと心がけると、楽に弾き分けられるのだった。思えば、野口体操でも甲野流の古武術でも、「必要な筋肉だけを稼動させ、他の筋肉は出来るだけ休ませておく」が身体操作の原理・原則だった。だから、ピアノでの運指練習でも、《脱力が基本》になって当然だった。

次の練習の時に、この「力みや緊張」の解消法をどうやっているのか、ずうずうしく先生に聞いてみた。〝専門を目指した方々は、どうやってこの問題を解決・克服したのか？〟

に興味があったからである。すると、先生曰く、〝それは、歌うことですよ〟と言う。たとえ「ファ・ミ・……」のように単調で一見機械的な練習のものでも、〝リズムを創って緩急やうねりを意識すると、身体の余分な力みが取れますし、イメージを創って弾くと、更にいいですね〟と言うのだった。「力み」と「リズム・イメージ」は、相対することだったのである。スタニスラフスキイ・システムでの【ピアノを持ち上げての数計算】を出すまでもなく、「リズム」と「イメージ」が核になるのだった。

○「先生の効用」のこと　2009.11.27

全く厚かましいというのか、ずうずうしいというべきなのか。梶山正人さんが子どもの表現用にと編曲構成した『熊はなぜ冬眠る』を、ピアノの先生に弾かせ、それをカセットテープに録音したのだ。

私の申し出に、先生は〝来週まで待って。練習してくるから……〟と渋っていたが、私が事の経緯を説明し、〝来週には、検討会をもつのです〟と切羽詰まったことを話し、更には〝先生には、大変失礼な言い方になってしまうのですが、間違っても構わないんです。私は、楽譜を見ても、どんな曲なのかまるで分からないのですから。曲をなぞってもらうだけでもありがたいのです。このテープは、他人には決して聴かせません。曲を知るためだけの私専用にしますので……〟と、私流「営業活動」をしたのだった。やはり、先生には、「先生」としての「弾き違えたり、解釈の無いような演奏は聴かせられない！」というプライドがあるのだろう。でも、「生徒の窮状を、放ってもおけないし……」との義侠心も起こってきて葛藤していたようだが、私の度重なる懇願に、意を決してくれた。〝じゃあ、急いで今日の分をやってしまってから、ちょっと練習します。それから録音して下さい〟となったのだった。

何故こんなことになったのかは、3日前の、N小学校長のSさんからの電話による。Sさんからは、昨年度から、〝来年度は、表現活動で、田中さんに入ってもらいますから。〟と何度も言われていた。しかし、四月、五月、六月と3度もN小学校を訪問し、先生方に「表現活動」の講話をし、研究主任さん・教務主任さん・教頭さんとも別個に作戦会議を開いたにもかかわらず、10月に開催した「自主公開」では、私が関わるはずだった「表現活動」は行われなかった。Sさんが言うには、〝何度働きかけても、誰も手を挙げませんでした〟とのことだったので、〝先生方には、先生方の思いややり方があるんですから、それが揺れ動き出さない限り、無理なんだろうね。ま、先はまだあるのだから、焦らずやれるところからやりましょう。そのための応援はいつでもしますから……〟と話したのだった。それが、3日前の電話で、〝一年生の若い女の先生が、『熊はなぜ冬眠る』をやると言ってきました。それで、予定通り11月30日に第1回目の研修会を持ってもらって、一月と二月に何度か手入れに入ってもらいたいのです〟と予約の申し込みがあったのだった。

それで私は、前回までのことがあったので、〝全体研修は、やっても無駄だから止めましょう。11月27日には、東京・T小学校の公開を見にいくのですから、そこで、何人かの人が「私も、やってみたい」となったら、その人たちも入れて、一年生の先生と一緒に検討会をしましょう〟と言ったのだった。だから、そのための行動第一弾が、先生のピアノ録音だった。

○「曲（メロディ）のリズム」と「歌詞（ことば）のリズム」のこと　2009.12.5

『あかとんぼ』に挑戦してから二ヶ月近くになるが、まだ指の運びがスムーズにいかない。小指で弾くところが人差し指で弾いたり、親指を送るところを忘れて中指で弾いてしまい、指が足りなくなってストップしてしまったり……。脳の理解回路と、神経の指示・伝達回路と、指先の運動回路が一体化せず、それぞれが勝手に動いたり、ズレて動いて、全く組織化且つ機能化されていない。狂言の時と同様に、「三年は、やり続けよう」と決めたのだから、六ヶ月そこらで泣き言を言っても始まらない。

ところで、この『あかとんぼ』で、右手で「ラ・ド・ド・レ・ミ」と弾き、左手では「ファ・ラ－ド・ソ」と和音を弾く所がある。歌詞で言えば「（ゆうやけこやけの）あーかーとーんーぼ」の所である。先生の前で弾いていたら、この箇所で、「駄目」が出た。先生が言うには、右手で旋律を弾くのに〝最初の「ラ」を、次の「ド」よりも強く弾いて下さい。今のだと、喧嘩か、演歌調になってしまう〟と言うのだった。この箇所は、私自身、練習をして気になっていた所だった。小指で「ラ」を弾いて、すぐ親指で「ド」「ド」と弾くのだが、小指の「ラ」がもたもたするため、親指の「ド」は慌てて弾いたり、勢い込んで弾いてしまうため、小指の「ラ」よりも親指の「ド」の音が強くなってしまうのだった。歌での歌詞で言えば、「あかとん……」とならず、「あかとん……」となってしまうのだった。でも、自己流の解釈・歌い方からすると、〈「あかとんぼ」は、「赤い＋とんぼ」なのだから、「とんぼ」を形容詞の「赤い」で飾っていると考えて、主は「とんぼ」で「あか」は副、つまり「とんぼ」を強調するための「あか」であって、軽く歌ったらいいのではないか〉と考え、〝そういう歌い方や弾き方があっては駄目なのか〟と訊いてみた。すると、先生は、〝声楽の方では、そういう歌い方を敢えてする人もいますね。「あかとんぼ」と。でも、そうすると、その所の最初の「ラ・ド」が浮いてしまいますね。これは、四分の三拍子の曲ですから、二拍目・三拍目が主になると、メロディのリズムがおかしくなりますね〟と言うのだった。

これは、大変な問題になったと思える。曲（メロディ）が音楽の主流なのか、歌が音楽の主流なのかということであり、「音楽劇」は、メロディのリズムを強調するのか、歌詞（ことば）のリズムを強調するのかということに繋がるからだ。私は、音楽劇や音楽構成詩の指導に関わって、〝「話しことば」に旋律がついただけだと思って、ことばの意味・内容がしっかり届くように、明瞭・明確に歌って下さい〟とついつい言ってきたが、改めて、「曲（メロディ）のリズム」を意識することがピアノ演奏では、不可欠のことだと知ったのだった。

○ 閑話休題・『赤とんぼ』のこと　2009.12.10

ずっと昔、私が教育実習で坪沼小学校に通っていた時か。あるいは、『冬の学習会』でお茶飲み話で聞いた時のことか。年代は、もう忘却の彼方に行ってしまったが、芳賀直義さんが力説していたことだけは、はっきりしている。で、何を力説していたのかと言うと、〝『赤とんぼ（三木露風作詞・山田耕筰作曲）』のメロディが、変だ！〟と言うのだった。ところが、私の記憶には、何処が変かは「夕焼け小焼けの　赤とんぼ」の、「あかとんぼ」の「あーか」の旋律がおかしい……という所までは定かなのだが、何故変かは記憶に残っていないのだった。それが、今回ピアノを習い始め、そして『赤とんぼ』を練習曲として弾くことになって、しかも「あーか」の部分が私の身体リズムに不協和音を起こし出して、ずっと以前に芳賀直義さんが力説していたことが蘇ってきたのだった。多分、芳賀直義さんのことだから、根拠もなく力説するはずはないし、類推するに、何かの本を読んでいて得心することがあったに違いない。それで、急遽、芳賀家に電話した次第であった。

直義さんはもう私との応対が儘ならなくなっていても、息子のMさんか、息子嫁のHさんに聞けば、もしかすると知っているかもと思ったのだが、電話に出たのは直義さんの相方のM子さんだった。でも、〝Mさんか、Hさんに代わってほしい……〟とも言えず、〝実は……〟と『赤とんぼ』の疑義について話してみた。すると、M子さん曰く、〝もう、直義さんはあぺとぺになったけど、私の方は、記憶がしっかりしているから……。それで、『赤とんぼ』の「あーか」は、アクセントが違うって言うの。私らは、「**あか**とんぼ」とか、「**あかと**んぼ」って、「あか（あかと）」の方を高く発音するのに、メロディでは「あ」から「か」がどんと下がる（※ラドドレミとなる）から、いずい（※「しっくりしない」の意）って言ったの。そしたら、東京の人たちからは、「**あ**かとんぼ」って言いますわよって言われたけど……〟と言うのだった。また、直義さんが出典にしたであろう本については、〝何かの本で見つけたのだと思うけど、直義さん、言わなかったから分かんない〟とのことであった。

それで、早速三省堂の『日本語アクセント辞典』を入手して調べてみたら、「**あか**とんぼ。古は**あ**かとんぼ」と書かれていたのだった。つまり、江戸ことば（今で言う山の手ことば）では、「**あ**かとんぼ」と発音していたらしい。明治期に入り、統一語が必要になって、江戸弁の山の手ことばを標準語にしたのだから、当然、山田耕筰も自覚していたに違いない。もっとも、当時の標準語の「**あ**か」をメロディに採用したかは、別問題であるのだろうが。

〈2010年〉

○「強く（フォルテで）弾く」ということ　2010.3.7

『アメージング・グレイス』、『赤とんぼ』と来て、今は3曲目の『エーデルワイス』に取り組んでいるが、それと平行して運指の練習を行っている。「レーミ」「レーミ」「レーミ」……と両手で三拍子風に弾いていたのが、「レーミーレ」「ミーレーミ」……と二拍子風に弾いたり、フォルテとピアノで交互に弾いたりしていたが、「タンタタ」「タンタタ」…のリズムで弾いたり、「タタンタ」「タタンタ」……のリズムで弾く練習にも入っている。しかも、一週間の練習で何とか出来るようになっていくと、今度は「タタタン」「タタタン」…や、「タンタ」「タンタ」……のリズムでと、同じ「レーミーレーミ……」の音の連続なのに、強弱を変え、リズムを変えて、様々のバリエーションにして課題を出してくる。でも、バリエーションが変わると、全く違う曲に聴こえてくるから不思議である。同じ指使いのはずなのに、リズムが変わったり、強弱・アクセントが変わるとまるで異質の対応感覚が生まれるのだから面白い。尤も、自在に指が動くようになるのは何時のことか全く知れないが、今は身体感覚・身体機能の変化を楽しんでいる。

ところで、両手での「レーミーレーミ……」が一応合格したら、今度は両手での「ファーミ」「ファーミ」「ファーミ」……になったが、先生は、まずフォルテとピアノだけで良いと言う。「レーミーレーミ……」の時は、強弱だけでなくリズムの変化も次々と練習課題になったので、「すぐ出来るようになるだろうから、早めに予習でもしておこうか……」などと調子に乗ったことを考えていたら、弾いてみると、身の程知らずの浅はかな考えだったことが思い知らされた。

「私は、左利きで、両刀使い……」と思っていたのが、ことピアノに関しては、全くの右利きだったのである。「ドーミ」「ドーミ」「ドーミ」「レード」「レード」……と弾く時に、左手の小指とくすり指が、思い通りに動かないのだった。だから、この指の箇所になるとつっかかるのである。同じ小指と薬指でも、右手の時には、多少いずさが残ったが、何度か練習するうちにそれなりに出来るようになっていった。だから、左手の小指・くすり指でも同程度だろうと思っていたら、意外や意外、情けないことに左手の方が対応・適応が鈍かった。だから、「右利き文化」のピアノの世界は、両手の運指練習に、「レーミーレーミ……」を「ファーミーファーミ……」の先にやるように配列されていたのである。

「易から難」への教授原則は、ここでも鉄則だった。で、「難」を練習で克服する時、我が先生は、〝まず、強く弾きなさい〟と言うのだった。大げさに言えば、全身全霊を傾けて全力で弾くと、指が運べて出来るようになるから……と言うのである。そして、微細・微妙な変化は、ずっと先のことだと言うのである。でもこれって、梶山正人さんの歌唱指導の原則でなかったかしら。そんなことを思いながらのピアノ練習である。

○「前に問題がある」のこと　2010.3.10

『エーデルワイス』は、四小節ごとに【A―B―A―C―D―E―A―B】となっている。この順に自主練習をしているのだが、最初のAと3番目のAの違いが良く分からないで練習を繰り返していた。楽譜を見ると、最初のAには「メゾピアノ（mp）」と書いてあるが、3番目のAには何も書かれていない。だから、最初のAはやや弱めに弾き、3番目のAは普通に弾くということになるのだろうが、その違いが良く分からない。弾く強さ（指のタッチ具合）の違いかと思い、意識して強さを変えてみるが、何かすっきりしない。それで、稽古日にその違いを聞いてみた。すると、先生は、言っても通じないだろうと思ったのか、〝私だったら、こう弾きます〟と、最初のAと3番目のAの違いを、弾いてみせたのだった。先生の弾いたのを聴いて、ハッとし、改めて思い至ったことは、2番目のBの部分の弾き方だった。特にBの左手で弾く最後の部分、「ソ―ラ―シ」の弾き方だった。「ソ―ラ―シ」と上がっていくのに、デクレッシェンドにして、だんだん弱めて萎んでいくように弾いたのだった。弱まり萎まったのだから、当然それに引き続く3番目のAの最初の部分、右手の「ミ―ソ―ド」と上がっていく所と左手の「ド―シ」の部分は、必然的に集中し丁寧に入らざるを得ないのだった。つまり、3番目のAの弾き方は、2番目のBの弾き方によって、必然的に定まってくるということだった。同じように考えると、Dの部分の「メゾフォルテ（mf）」の弾き方も、その前のCの弾き方に拠ってくる。Cの

「ミーソーソーラーシードード」と全体にスラーがかかっている所は、「ソーラーシードード」と上がっていくのだから、高揚し広げていくように弾いて、Dのメゾフォルテに入るのである。同様に、左手の「ミーソーミード」も、単にリズムを表すだけでなく、Ｄに繋がるように、高揚と強調を作り出す弾き方が必要になってくる。

このことは、別言すれば、「曲には、波があり、うねりがある」ということでもある。楽譜での一音ずつは、独立しているように書かれているけれども、その一音ずつの繋がりに「波」を見出し、大きな「うねり」を見い出すことが、曲に必然の流れを作り出すことになる。私に、その「波」や「うねり」を体感させようと、先生は、私の楽譜に「やさしく」「そっと」「つなげる」「にがす」「やわらかく」「つよめに」等の言葉を記入している。

更に飛躍して言えば、狂言の稽古でも、石田先生から何度も言われたことは、〝張った後は、緩むんですよ。また、張る前には、溜めて押さえるんですよ〟だった。そして、斎藤喜博さんは、オペレッタの指導であれ、体操の指導であれ、そして詩・文章の解釈であれ、いつも課題部分の前に戻って、考え直すのだった。

2010.6.5

○　曲と呼吸のこと

４月の終わりに、『中高年のためのピアノ入門・指の体操３』という練習本を渡された。『指の体操３』と言うのだから、『指の体操１』や『指の体操２』もあるのだが、今の私には「もう、不要」ということらしい。私にとっては、嬉しいことなのか。あるいは、諦められたということなのか。・前だけ向いて、進むのみである。

で、次回までの練習課題になった【八分音符のトレーニング】の箇所が、右手の練習「ドドドドー　レレレレー　ミミミミー　……」となっていた。これを先生は、〝ただ、ド・ドド・ドーと並べて弾くのではなく、ド　ドド　ドーレ　レレ　レー……と、強弱をつけて弾いて下さい〟と注文をつけてきた。それで、家に帰って練習を始めると、何処かで聴いたリズムであることに気がついた。「何処でだろう？」と思っているうち、何のことはない、教授学の会や、斎藤喜博さんの歌唱指導で発声練習に使っていた「パンパパ　パンパパパー　パーパー　パー」のリズムだった。

当時（三十年以上前）、斎藤喜博さんは、学生や先生方を相手に、身体の使い方と呼吸を結びつける（※つまり「身体のリズム」と「呼吸のリズム」を合一させる体の動き）指導をしていたのだった。でも、私も含め9割以上の学生や先生方は、意味することが分からなかった。我が師の梶山正人さんも、自分の体はそうなっているのに、上手く説明出来なかったようである。その後、10年以上してから、梶山さんの書いた論文に見い出したのだから。

尤も、私にいたっては、このこと（※「身体のリズム」と「呼吸のリズム」の合一）に気づいたのは、更に20年以上経ってからのことである。狂言に関わり、甲野さんを知り、そしてナンバの動きや「日本人の身体行動」が明確な勉強課題になってからのことである。5年ほど前に、私の仕事の総決算だからと、梶山さんに無理を押して渡波小学校に来てもらったことがある。その時、車の中で「身体の使い方」の話になった。私が〝パンパパ…」の発声練習で、「攻めて――引いて」のリズムを使うんですけど、最後の「パー」の体の使い方がとっても重要ですよね。それを間違うとナンバになっちゃって、元も子もなくしちゃう……〟と言うと、梶山さんはしみじみと〝そうなんですよ。体はそうなっているのに、自覚しないから、すぐ忘れてしまう〟と言ったのだった。

そんなことが頭の中にあったので、そのリズムに乗せて指を運び、小節の切れ目で呼吸を入れていくと、単純な音符の並びに、「曲のうねり」のようなものが感じられるのだった。そんな発見を先生に話したら、〝とってもいいことに気がつきました。ピアノで曲を弾いていく時、何処で息を吸うかは、大変な問題なんです。〟と言ってきた。そして、現在挑戦している練習曲『虹の彼方に』に、何のためらいもなく息継ぎ箇所を記入したのだった。

○〝五分以上連続で練習しないこと！〟のこと　2010.8.25

我が脳みそながら、「何と馬鹿なのか」と思う他ない。ピアノ教本『中高年のためのピアノ入門・指の体操3』の中に、『さよなら（ドイツ民謡）』というのが練習曲に入っている。何の練習かと言うと、右手でメロディを弾き、左手で「ドミソ・ドミソ」と三拍子の伴奏を弾くのだが、これが出来ない。右手の指の動きと連動して、左手の指も勝手に同じように動いてしまうのだ。で、左手の指を意識して、固定しようとすると、今度は右手の指が固着して動かなくなる。出だしの右手が「ミミレ・ドー」と弾くのだが、同じ音の「ミミ」を三の指（中指）で弾くと、力を入れないと繰り返しの音にならないのである。だから、ついつい一音ずつに力が入ってしまう。すると、左手も連動して「ド・ミ・ソ」とバラバラの音になり、三拍子のリズムが吹っ飛んでしまう。左手で「ドミソ」と三拍子を意識して柔らかく弾こうとすると、右手の音がもつれて消えてしまう。要は、「脳の理解」と、「脳の指令」と「左右の指の動き」が、独立且つ連動しないのだ。それを、何とか一週間かけて練習をし、四小節の三段分が弾けるようになった。でも、先生の前で弾いてみると、三拍子のリズムが、「ド・ミソ」と切れていると言う。私自身、「ドミソ」と一音目を強調して弾くと、左右の指が連動して弾けたので、何となく違和感を感じながらも、「ま、いいか……」としてきたのだった。先生が更に言うには、〝これでは、「さよなら」の挨拶が、元気が余って、もっと遊びてーって言ってるようでしょう。〟と言う。その言葉に、学校での「帰りの会」後の子どもたちの姿を思い出し、思わず声を出して笑ってしまった。先生は、私の「ガッツと根性」の性格を思ったのだろう。

そうして、教本に、次回までの練習の仕方を、次のようにメモ書きした。①右手―切る

②左手―つなげる　③五分以上連続でしない　と。で、そのメモ書きを見て、私は、生意気にも先生に質問をした。〝右手の「ミ」は、切っていいんですか？〟と。すると、先生が言うには、〝本当は、切らない方がいいんですけど、今は、右手の指と左手の指を別々に動かす練習ですから……〟とのことである。それで、納得して家に帰り、次回までの練習を開始した。

「五分以上連続して練習しない」とのことなので、ガッツと根性にならないよう、気楽にちょっと弾いては止め……にしていたが、3日経ち、4日経ちするうちに、「これでいいのだろうか」と思うようになってきた。と言うのも、4～5分弾いて止めると、その後弾くのを忘れてしまって、夜中に慌てて4～5分弾くのだった。「これでは、練習にならないのではないか？」と思ったのが、レッスン日の前日だった。結局、次のレッスン日には、大して練習もせずに行ったのだった。私の質問、〝5分以上練習しなくて、出来るようになるのですか？〟に、先生は澄まして〝気分を変えるってことですよ。5分しか練習しなくて、上手くなりますか！〟と言うのだった。

○「左手のピアニスト・舘野泉さん」から思ったこと　2010.11.16

ＮＨＫ・連続朝ドラ『てっぱん』の視聴は、我が日課の一つである。岐阜では、毎朝、文屋さんと一緒に観てから、八幡保育園に出かけて行った。もっとも、文屋さんは、〝次の『朝イチ』の方が面白いぞ！〟と言う。それで、たまたま『朝イチ』を続けて観たら、〝今日のゲストは、左手のピアニスト・舘野泉さんです。〟というアナウンサーの声が入ってきた。私は、「左」と「ピアニスト」という言葉に思わず反応し、見続けてしまった。

で、70歳を過ぎた舘野泉さんのピアノ演奏を聴いて、たまげてしまった。左手一本でピアノを弾いているのに、ピアニストのソロ演奏と全く変わらないのだった。ずっと昔、娘がピアノを習っていた頃、参考にと『ピアノ名曲五十選』というLPレコード集を買ったが、1〜2回聴いただけで終わってしまった。そのLPレコードを、30年後の私が、時折聴いているのだが、その演奏と同じ世界が、私の脳内に現れ出たのだった。

テレビでは、舘野泉さんの両親が共に音楽家で、5才からピアノを習ったこと。また、小学生の時ピアノコンクールで一位になり、そして東京芸大に入り、さらに外国にピアノ留学し等々と、輝かしい経歴を語っていた。つまり、脳梗塞になる50代半ばまで、ノルウェーを拠点にして、大学教授や演奏旅行で活躍していたのだった。

それが、脳梗塞がもとで記憶を失い、半身麻痺になり、言葉も出なくなってしまったのだった。ノルウェーの病院では、10名近くの医者が舘野泉さんのリハビリチームを組み、それぞれの分野から病後のリハビリを開始したと言う。そのチーム・リハビリの甲斐あって、1年半後には、通常の生活に支障がないからと退院を告げられるまでになったそうである。でも、逆に舘野さんは、リハビリによる機能回復が面白いからと、半年の退院延長を申し出たとか。ともあれ、右半身の麻痺は残り、右手でピアノを弾くことは出来なかったが、息子さんからもらった左手用の楽譜で、左手のピアニストが復活・誕生したのだった。

そんな話を、我がピアノの先生に話したら、〝ノルウェーに住んでいる、舘野泉さんでしょう〟と、こともなげに言い返してきた。聞けば、ピアノの世界では、「有名以上」の方のよう。全く、「知らぬが仏」だった。でも、私の〝左手だけと言うけど、あれはピアノのソロ演奏ですよね〟と言うと、即座に〝そう。そうなのよ！〟と反応してくれたのは嬉しかった。それで、私の練習などそっちのけで、「左手用の楽譜」から、「左手の練習」のこと、（ピアノでの、右手と左手の役割分担の違い）等をおしゃべりしてしまった。おしゃべりしながら、私の脳裏では、『天は御神の栄光を語り』での梶山正人さんの言葉、〝どのパートも、大事なんですよ。この曲は、きっちり構築されてますから……〟が、駆け巡っていた。

○　我がピアノの先生の交代から　2010.12.13

ピアノ教室の先生が交代したのは、10月からである。前任の先生は、11月の出産を控え、9月いっぱいで産休に入った。それで、10月～12月の3ヶ月間、他のピアノ教室から若い女の先生が応援に来てくれた。学校でもそうだが、担当（担任）の先生が替わるというのは、良い事のようだ。何よりも、出来ない・分からないという「負い目」が流されて、新鮮になれることがいい。

で、臨時的ながらも別の先生にピアノを習ったことで、新たな学び・気付きが起こった。本来は、どんな「師」に出会うか（※私にとっての斎藤喜博さんや石田幸雄さんのように）でその後の学びはまるで違ってくるのだから、師を探し、師を選ぶことは必要十分条件になるのだが、「三無主義（無理をしない・無用をしない・無駄をしない）」の今の私には不要なことである。私の志と技量からすれば、「ピアノ教室」の先生からでも、大いに学べるのである。

「ピアノは、呼吸と関係なく弾けるけど、歌うように弾くには呼吸が大事なのです」

今回の若い女の先生は、感性が素晴らしく、聴き手をいい気持ちにさせるような柔らかい弾き方をする。でも、それを言葉で説明するのが苦手で、〝私の言いたいことが分かりますか？〟を連発するのだった。指使いの練習の時でも、〝ただ左手の指で和音を弾いていくのでなく、「ミーファーミーレードーレーミ」と音が動いていきますから、その動きをよく聴いて弾いて下さい。その時、歌いながら弾いて下さい。歌うことで、曲の流れが感じるでしょう〟と言うのだった。私は、「曲の流れ」ということが出てきたので、〝曲の流れ」ってことですと、「呼吸」が関係するんですか？〃と尋ねてみた。すると、すかさず〃そう、「呼吸」が大事なのよ。ピアノって、「呼吸」と関係なく弾けるけど、他の楽器は、皆「呼吸」と一緒でしょう。バイオリンも、トランペットもマリンバも……。だから、ピアノを弾く時、歌うことが必要なの〃と言ってきた。呼吸が身体の動き（リズム）を作り出し、呼吸が曲の流れ（リズム）を作り出し、そして指先の動き（リズム）と呼吸が連動・協調した時に、ピアノでの「演奏の世界」に入れるということらしいが、言葉での説明は、要領を得ないのだった。

「日本の音楽は「一」から出るけど、西洋の音楽は、その前から動き出しているんです」課題曲では、モーツアルトの『ピアノ・ソナタ第十一番』を弾いている。と言っても、四小節の四段しかない簡単な曲なのだが、挑戦し甲斐のある三拍子の曲である。この曲を弾いていく中で、先生から教えられたことは「アウフ・タクト」のことであり、前述の言葉であった。この話を聞きながら私の頭の中では、「ナンバ」のことと、梶山正人さんの『ふるさとの歌』での「みずのうえ」の「み」の指導が、ぐるぐると交錯するのだった。

〈２０１１年〉

○〝「後ろに問題がない」から、いいです〟のこと　2011.2.9

以前の先生が、産休明けから復帰し、前と同じ雰囲気での練習が始まった。『中高年のためのピアノ入門――指の体操3』では、『はと（ポッ・ポッ・ポ）』が宿題として残っていたので、まずその審査を受けた。右手でメロディを弾き、左手で伴奏を弾いての練習曲なのだが、相変わらず二度・三度と失敗してしまう。先生から、〝落ち着いて下さい！〟、〝肩の力を抜いて！〟の声がかかるが、ますます焦って、失敗を繰り返してしまう。10回くらい繰り返して、ようやく完奏した。先生は、私の緊張具合を解そうと、〝よく出来ていますよ。特に、最初の「ド・レ・ミーソミ・ド・レ」の部分がいいですね。歌になっている〟と言ってきた。多分、若い人や子どもたちには、この『はと』という曲は、馴染みないのだろう。だから、指使いの練習（音の連続した練習）でしかないのかもしれない。でも、「戦後民主主義」世代の私としては、「ぽっ・ぽっ・ぽ」の歌やリズムが身に染みついてしまっている。だから、ひとりでに歌うように弾いてしまったのだった。

で、先生に褒められたので、気を良くして、〝左手での伴奏の「ソミーソミーソファ」の所が、押し付けているように聞こえるんですけど……〟と質問してみた。すると、先生は〝後ろがちゃんと弾けていますから、問題ないですよ〟と、さらりと言ってきたのだった。もしかすると、「貴方は、まだそんなレベルでないですよ」と言いたかったのかもしれない。あるいは、本当にこれで良かったのかもしれない。あまりにさらっと言われたので、これ以上の質問は止めにした。

ただ、この一言から、私は石田先生から狂言を習っていた時のことを思い出していた。石田先生の後を追って謡の稽古をしていた時、〝その大きさ・高さで謡うんでしたら、その後は、こうならなければならないんです〟と、石田先生自ら大きく・高い声を出して、謡って見せたことである。それは、辛く、体力ぎりぎりの声だった。そして、石田先生は、〝辛いからって、手を抜いて楽に流れないで下さい。出した以上は、それに合わせて次を出さないと謡にならないんです〟と言うのだった。

ずっと昔、斎藤喜博さんにオペレッタの手入れを受けた時、斎藤喜博さんは、問題の箇所を見つけると、その箇所をどうこうするのでなく、ストップして、その前の流れ・表現の有り様を確めるのだった。つまり、「問題があるのは、その前の部分に問題を引き起こす原因がある」ということなのである。だから、その前を確め、その前の表現の有り様に手を入れ、次に続く必然を作り出すことだったのである。でも、「問題の解決策は、前だけでなく、後ろにもある」ということが、今回気付かされたのだった。

○『鶴瓶の家族に乾杯』――NHKテレビ』から　2011.2.9

毎週月曜日の夜、午後8時からNHK総合テレビで、『鶴瓶の家族に乾杯』という番組が放映されている。落語家の笑福亭鶴瓶が、ゲストと一緒に日本各地を回って、土地の人たちと交流を持ちながら、「ぶっつけ本番の旅」をするというものである。もう、10年以上も続いている人気の番組である。

その『鶴瓶の家族に乾杯』が、今回は、1月31日と2月7日の2回連続で、ゲストに佐渡裕さんを招いて、宮崎県宮崎市を旅するものだった。宮崎県・宮崎市は、ゲスト佐渡裕さんにとって高校・修学旅行時の「思い出の地」ということだったらしいが、実際は佐渡さんの勘違いで、「実は、何の関係・縁もない土地だった」と後で知ることになった。でもまあ、それも番組の愛嬌として収録・放映されていた。

それで、何故『ピアノ日記』の番外編として取り上げたのかということであるが、後半の2月7日放映分に、佐渡裕さんが、宮崎市の私立高校で、音楽科の生徒が演奏するオーケストラを指揮する様子が写っていたからである。佐渡裕さんは、日本人で初めてベルリンフィルの常任指揮者になった方である。ベルリンフィルと言えば、フルトベングラーやカラヤンが指揮棒を握り、ウイーンフィルやロンドンフィルと並び、「世界三大フィル」と並び称される世界的なオーケストラである。小澤征爾も何度か指揮棒を振ったが、常任指揮者にはなれずじまいだったとか。ともあれ、ベルリンフィルの常任指揮者になったと言うことは、指揮者としての実力が世界最高峰のオーケストラに認められたということである。しかも、佐渡裕さんはニューヨークフィルやボストンフィルで活躍した指揮者、バーンスタインの最後の弟子とか。とにかく、「とんでもなくすごい指揮者」としか、私には言いようがない。

その佐渡裕さんが、バーンスタインの作曲したミュージカル曲を、音楽科の高校生を相手に指導・指揮したのである。指導・指揮した映像の時間は、番組収録の一部分であったために、5分もあっただろうか。それでも、圧巻の5分間だった。

指導の中でも、私にもよく分かったのは、「力の入れと引き」の話だった。佐渡さんが高校生に話したのは、〝皆さんは、力がガンガン出ていていい。でも、ボクシングでもそうですが、打った瞬間、腕を引くからパンチが効くんです。腕を伸ばしたままでは、相手に効き目はないでしょう。それと同じで、力を入れたらぱっと引くのが大事なんです〟ということだった。押しっぱなしでは、リズムが生まれず、単調・平板な「馬鹿力」にしかならないということらしい。そして、それを乗り越える方策として、〝私は、最速・最短の指揮をしますから〟と、テンポの速い、エネルギッシュな指揮をしたのだった。こうして、高校生は、見事に佐渡さんの世界に引き込まれていった。

○「正しいテンポ」が肝心だということ　2011.6.18

スタニスラフスキイ著の『俳優修業』の中に、「正しいテンポ・リズムは、正しい情緒的記憶を引き起こす」と書かれている。怒りや悲しみ、喜びや可笑しさ等の心の動き、つまり情緒は、正しいテンポ・リズムで語られ行動された時、俳優の中に自ずから蘇ってくるというものである。尤も、この「正しい」が曲者で、何をもって「正しい」と言えるのか。というより、自分の内実を豊かに且つ濃密にするべく、たゆまぬ訓練と工夫・努力の集積結果として「正しさ」が身に着くということであろう。簡単に言えば〈「行動＝実践」を重ねてのみ、「正しさ」がわかってくる〉ということ。ま、「どうやって、怒りを表現したらいいのか」と、観念の世界に落ち込んで悩むより、「正しいテンポ・リズムは？」と考えた方が、具体的で分かり易い。

3月11日に起こった『東日本大震災』で、私のピアノレッスンが途切れてしまった。ヤマハピアノ教室を3月で止めることにして、4月から担当の先生の自宅レッスンに切り替えることにしていた。3月11日に、ヨハン・シュトラウスの『南国のバラ』が花丸をもらって終了し、次回からはバッハのカンタータ百四十番・コラール『目を覚ませと呼ぶ声の聞こえ』を練習することになっていた。それが、午後に起こった大地震である。その瞬間から、私の頭からピアノが飛んでいった。1週間経ち、2週間経ちして、ようやく我が家のライフライン（電気・水道・ガス）が復旧したが、その日を暮らすことで精一杯だった。そうしてようやく、二ヶ月近くが経ち、5月の連休が過ぎた頃、私の頭の中にピアノのことが、方丈記の一節の如く「浮かんでは消え、浮かんでは消え」し出したのだった。結果、6月から再度挑戦することにして先生に申し込んだものの、いざ自宅練習を始めたら、完全に私の身体・指から、ピアノの音や運指、曲の流れやリズム等が消えてしまっていた。一音ずつ辿るのがやっとだったのである。驚くよりも、呆れるほか無い。元の我が身にもどっていたのだった。

2週間ほど、我が身と我が脳みそに鞭打ち、6月3日の再挑戦1回目を迎えたが、5分ほど弾いて、その日はおしゃべりで終わってしまった。レッスンの終わりに、先生は、〝焦らず、楽しんでいきましょう〟と言ってくれたが、30分のうち25分もおしゃべりしたことが、私の評価を物語っていた。その後、八幡保育園訪問のため1回休みになり、6月17日の2回目を迎えた。2回目も相変わらす頭は混乱し、指ももつれて散々だったが、はっと気付いたのは、先生がメトロノームの如くテンポを刻んでくれると、わたしの頭と指がスムーズに連動し、もたつくことなく最後まで弾けたことだった。まだ、上のメロディを右手で、下のメロディを左手でと、片手ずつの練習段階なのだが、「正しいテンポ」が、頭と指を連動させると知ったのだった。

〈2012年〉

○「テンポ・ルバート」のこと　2012.2.16

〝そういうの、「ルバート」って言うのよ〟とは、ピアノの先生の言葉である。

今、私はショパンの『別れの曲』に取り組んでいる。昨年の11月から始まって、もう3ヶ月になる。回数にすれば、11回になろうか。簡易練習楽譜の最後の部分が、右手の旋律部分では「ミミレド」と弾いて、左手の伴奏部分が「シソファソ↓ドソミソ・ド」となって終わるのだが、ここをだんだんテンポを落として弾いたら、前述のように言われたのだった。私は、最後の納めなので、同じテンポのままチャンチャンと終わるのではなく、余韻を残すように終わったらと思っただけだったのだが……。

先生が言うには、「ルバート」の奏法は、十八世紀のロマン派になって常用されるようになったとか。全く教養のない私としては、〝はあ、はあ……〟と、砂地の脳みそに水を撒かれたようになっていただけだった。ともあれ、バロック音楽のバッハの頃は、正しいテンポ・正しいリズムで弾くことが要求されたが、ロマン派になって、特にショパンの曲は、演奏するピアニストの情感で、部分的にテンポを遅くしたり、追い込むリズムを強調したりが、当たり前になったと言う。そして、それを「ルバート」(イタリア語らしい)というのだと言うのだった。そして、すかさず先生が本棚から持って来た『音楽用語辞典』を開くと、ちゃんと「テンポ・ルバート」という項に載っていたのだった。ま、先生としては、「音楽を本格的に勉強すると、こんなことも知るのよ……」と、教養の一端を示してくれたのだった。

ともあれ、歌の場合、終始同じテンポで進行するのではなく、歌詞が作り出すイメージを拡大・増幅させ、情感たっぷりと歌ったり、あるいは意志を明確化するように歌うのは、梶山正人さんの指揮・指導の中で日常茶飯事だった。『みんなで行こう』の「地球がまわる　音がきこえる」や、『熊はなぜ冬眠る』での「それからくまは……」がそうだし、また逆にテンポを早める「きつねのしっぽ　ふんだ」の所も、「ルバート」と言えるのだろう。そう言えば、八幡保育園でこの一月に関わった『清水のかんのんさま』や『雪』での、一番と二番のテンポを変えて歌うことも、この範疇に入るのかも。梶山さんがいたら即訊きたいことなのだが、何とも残念で口惜しい。

で、そんなことを一切知らない我がピアノの先生は、課題曲のショパン『別れの曲』で、〝ここと、ここと、ここを「ルバート」にしてみて下さい〟と、えらく気軽に来週までの宿題にしたのだった。

私の【ピアノ稽古】は、「教養」をつけながら、こんな形で日々進んでいる。

○「曲（メロディ）」の繰り返しと「言葉（科白）」の繰り返し　2012.4.30

沖縄・あおぞら保育園に、連休明けの5月7日から2泊3日で訪問することにしていたが、訪問スケジュールがＦＡＸで送られてきた。それによると、7日の夜から9日の午前中まで、びっしりと活動が予定されていた。相方の文屋さんと二人で、〝何考えているのや。自費で行くのに、観光もさせないで……〟とぼやいたが、「ボランティア活動」を表明した手前、文句は言えない。あおぞら保育園が、少しでも前に進むことを願うだけである。

で、その時の研修に、梶山正人さんが作曲した『ふくろう』と、収集曲の『がたがたばしゃ』を持って行くことにした。でも、まだピアノが弾けない。しょうがないので、ピアノの先生に「時間外労働」をしてもらい、テープに録音することにした。ところが、録音まではよかったが、『ふくろう』は伴奏と曲は別になっており、曲の旋律は、伴奏に合わせて歌い、自分で覚えるしかなかったのだった。しかも、6／8拍子で、「たっぷりと」・「とびとびに」歌うように構成されている。歌詞だけみて、「楽勝！」と思ったのが浅はかだった。リズムがまるで取れないのだった。行くまでの1週間で自学自習、我が身を特訓する外はない。

また、『がたがたばしゃ』は、旋律と歌詞が書かれてあるだけで、伴奏譜がない。それで、どんな伴奏をつけるのかと思って、これまた先生に、簡易伴奏でいいからつけて弾いてくれるようお願いした。すると、「ドミソ」「シファソ」「ドファラ」の三つの和音だけで弾いてくれた。そして、〝これは、すぐ出来るから、やってみて！〟と、すかさず私に和音でリズムを取らせたのだった。私だけでなく、先生も、ただでは転ばないのだった。

ただ、歌詞の「どこ、どこ」の所を、「**ドソ**ードソ」と、最初を強く後を弱く弾いている。それで、先生に訊いてみた。私が、〝狂言を習っている時、「同じ言葉（科白）が繰り返される時は、後の言葉（科白）を強調しなさい」と教えられたのですが、先生は、ピアノで「最初を強く後を弱く」弾いたのは、どうしてですか？〟と言うと、先生は〝音楽では、やまびこ・エコーのイメージで曲を弾くのです〟と言って、即興でモーツァルトの『トルコ行進曲』の繰り返し部分を弾いてくれた。そして、〝狂言の科白なんかは、自分で繰り返すので、後を強調したりするんでしょうけど、音楽での繰り返しは、「前が主で、後が従」と捉えて、エコーのようにするんです〟と言うのだった。そしてまた、〝強調があれば、楽に緩める所がないと、強調―強調でうるさくなってしまうでしょう〟と言ってきた。私は、その話を聞いていて、梶山さんの指導する『みんなで行こう』を思い出していた。「**ほーい**　ほーい　**ほーい**　ラララ」を、【攻めてー引いて　攻めてー引いて】と全身でリズムを作り出していたのだ。曲の中の「リズム」と「うねり」。そして、「イメージ」と「対象」。少しずつだが、具体的に分かってきたのだった。

○「生き様」とテンポ・リズム　2012.6.30

もう30歳も過ぎた我が娘が、〝お父さんのピアノ、結構上手い……〟と言ってくれたことがある。これを聞いて、『どんぐりころころ』や『春の小川』ですら、指使いを間違えて引っ掛かりしながら弾いているのに、お世辞にも程があると思ったものである。

でも、自分では全く気付かずにいたのだが、娘の言いたかったことは、運指の巧拙や技巧的なピアノの弾き方のことではなく、一音一音の音や音と音との繋がりに、私の思いや私の生き様が感じられるというのだった。だから、〝小さな子どもの弾くピアノは、上手いんだけど、ただ音が繋がっていくだけなのよねえ……〟というのである。我が娘は、小学時にはピアノを習い、中学・高校とブラスバンド部に所属し、現在もマリンバ教室に通って、マリンバを楽しんでいる。それだけに、全く出鱈目でお追従の言葉とも思えなかった。

思えば、私がピアノ教室で取り組んでいる曲は、過去に歌ったり聴いたりして、馴染んだ曲である。だから、歌詞が口をついて出てきたり、「アーアーアーッ」とメロディが音になって出てくるのだった。というより、私の今までの「生き様」が音や歌詞になって、出てしまうのであろう。それを我が娘は、「結構上手い」という表現で表したのだった。だから逆に、子どもたちは、無垢のままメロディを音の繋がりとして弾いていくのだろう。言わば、私はアナログで、子どもはデジタルとも言えるのか……。

また、このことの関連で言うと、曲のテンポを変えると、私の「気分の高揚感」が違って感じられるのだった。例えば、今練習している『浜千鳥』や『モルダウ』にしても、テンポを速めると、気分がハイになってきて前へ前へと進みたくなるし、逆にテンポを落とすと、しっとりとした気分になり、丁寧にゆったりと柔らかな気分になるのだった。まさに、スタニスラフスキイ・システムでの「正しいテンポ・リズムは、正しい情緒を作り出す」を体感するのである。ただ、私には、60数年の過去・人生があり、その生き方・生き様が内在している。当然、生命活動が10年前後の子どもたちと、人生・生き様は違っている。また、20年・30年の若者や中年層とも、確実に違っているはず。テンポ・リズムを違えることが、同じような情緒を引き起こすとはなかなか思えない。

でも、保育園児や小学生の子どもたちを見ていると、テンポ・リズムを違えることが、確実に子どもたちの内面（情緒）の変化を引き起こしている。だとすると、私と同じように、子どもたちに「悲しい」「嬉しい」「楽しい」「苦しい」「さびしい」等々の感情（情緒）の変化を引き起こすには、「ことば」のみならず、五感（視覚や聴覚、触覚等の体感）に働きかけて、鮮明で豊かなイメージを作り出すことが不可欠のようだ。これは、今後の大きな課題でもある。

○「下手」ということ　2012.10.11

我が娘が、マリンバの演奏発表をするというので聴きに行くことになった。で、行くと、この発表会のタイトルが『おとなのコース　オータムコンサート』となっており、7日（日曜）・8日（祝日）の2日間で、五部構成になった大掛かりなものだった。出演者総勢が90名で、指導にあたった先生が58名というものであった。それで、ようやく分かったのが、河合系列の各音楽教室による合同発表会だったのである。狂言で言えば、石田門下生が一年に一度、銕仙会の能舞台で『遊兎の会』を開催するようなものである。

入場時には、そんなことを知らずに聴いていたので、最初に50歳過ぎで頭の禿げた小柄な男性が、ピアノで『Ｒｅｃａｄｏ　ジジャルマ・Ferreira』の演奏を始めた時、「えっ」と思い、「これはなんだ……」と一瞬驚かされた。調子よくリズムに乗って演奏を始めたのだが、曲の変わり目に、フェイントをかけたように一瞬立ち止まって、それからおもむろに続きを演奏しだしたのである。「なんと、意表をつく演奏だろう……」と思いながら聴いていると、今度は、曲の途中で、突然また立ち止まったのである。演奏者を見ると、真っ赤な顔をして、しきりに譜面を見ている。そうして、何度も譜面を見ながら、演奏を突っかけては立ち止まり、また動き出しては、突っかかるのだった。ここでようやく私に得心がいった。この演奏者は、まだ始めたばかりの初心者で、下手くそなため、間違えてばかりいたのだったと。

そう知ると、出演者の腕前によって、楽しみ方が分かってきた。つまり、「下手」は「下手」なりに、楽しんで聴けばいいのだった。出てくる時の気取った姿や、自信たっぷりの表情、譜面を見ながらのプロの演奏者然とした様子に惑わされるのではなく、曲の演奏だけを楽しめばよかったのである。でも、聴きながら、考えたのは、「一体、下手ってどういうことだろう?」だった。運指の技術は、繰り返してのトレーニングを重ねなければ上手くならない。でも、それは、身体操作の技術の話。実際、高度な技術を要する曲を弾いているのに、えらく冷たく、事務的で余裕を持て余しているような演奏者もいたのである。

そうして、ようやく気が付いたのは、「曲のうねりやリズムを、全身で体感しながら演奏する」ということだった。しかも、自分だけの納得・了解だけではなく、聴衆と共有出来るうねりやリズムを演奏出来るということである。当然、初心者用の簡単な曲でも、聴衆を同調させるうねりやリズムを表現出来れば、十分「上手」なのである。嘗て観た、万作先生や石田先生が演じる『しびり』は、簡単でも面白いのと同じことなのだった。

〈2013年〉

○〝楽譜が読める（解釈する）〟ということ　2013.4.29

私のピアノの稽古は、『おとなのためのピアノ曲集〈クラシック編――1〉』からの課題曲を弾くことと、『中高年のためのピアノ入門――指の体操4』で段階的に運指のトレーニングをしていくことである。だから、クラシック曲の方は、先生が私の実力に応じて、勝手に指定してくる。ベートーベンの『田園交響曲（第五楽章）』とか、チャイコフスキィの『スラブ行進曲』、メンデルスゾーンの『ヴァイオリン協奏曲』、スメタナの『モルダウ』等と並べるとカッコいいが、何のことはないさわり部分をやれる範囲で弾くだけである。また、運指のトレーニングには、『草競馬（フォスター曲）』とか『浜千鳥（弘田竜太郎曲）』、『若者たち（伊藤勝曲）』とかの馴染みの曲が飛び飛びに出てきて、運指のグレードが上がるようになっているのだった。

この運指のトレーニングに、今回は『おもちゃのチャチャチャ（越部信義曲）』の曲になった。曲は四分の四拍子なのだが、八分音符や八分休符がやたらと出てくる。しかも、左手の音から右手の音が半拍遅れて入ったり、一拍休んで次の小節に入ったり、半拍休んでから入るなどが次々出てきて、言葉では「タン」や「タ」と口で言っても、手の指と連動しない。勝手に指が動いたり、頭の中でリズムを取るのに夢中になって、どの指がどのように動いているのか無意識・無関係になってしまうのだった。

それで、右手でメロディを弾く練習と、左手で伴奏を弾く練習を「上手く連動させる方法はないだろうか？」と考えて思い付いたのが、右手の音符と左手の音符を連動させるのに歌詞を対応させてみたらどうかということだった。案の定、「おもちゃのチャチャチャ」とか、「そらにきらきらおほしさま」、「みんなすやすやねむるころ」等を歌いながら右手のメロディ、左手の伴奏を弾いていくと、だんだん左右のリズムが合うようになってきた。「だから、歌詞は大事なんだな……」と、変に納得しながら弾いていくと、曲の流れは左右の手で弾いていけるのだが、リズムがだんだん間延びしたり、縮めて弾いてしまうのだった。そうして、ようやく気が付いたのが、「音符が示す拍数・リズムを正確に弾くことが、大事なこと」だった。つまり、メトロノームを使って、正しい泊数、正しいテンポ、正しいリズムで弾けるようになることが課題だったのである。でも、そう思って再度納得したと思ったら、またまた新たな疑問が湧いてきた。これでは、機械の演奏・コンピューターのデジタル演奏ではないだろうかと。そうして、やっと我が身の無知を知ったのである。楽譜（音符の羅列）から、曲想を読み取る力が必要なのだと。

○ 〝「力が入っているから」ですよ〟のこと　2013.9.13

一見、簡単なような運指練習であるが、これが私にはなかなか出来ない。左手は「ド・

ソ」を二拍ずつで弾き、右手は「一拍休み・ミ・レ・ミ」と言った形で、四拍のリズムを繰り返していく。左手は、「ド・ソ」になったり「シ・ソ」になったりするが、要は「二拍・二拍」のリズムである。片手だけの練習だと、どの音かを忘れなければ、何も難しくない。だのに、両手一緒に弾くと、右手のリズムに左手が引き込まれたり、左手のリズムを意識すると右手の音を忘れたりして、両手一緒に弾くことがなかなか出来なかった。少しずつ、そしてゆっくりと弾くことを繰り返して、ようやく弾けるようになるのに2週間かかってしまった。それで、昨日の稽古日にようやく花丸をもらったのだった。

ところが、昨日の朝、トイレに入ったついでに、このピアノのリズムを「両手での膝打ち」の形でやってみたら、全く出来ない。トイレで用を足すのも忘れて、両手での膝打ちを15分くらい続けたが、リズムが狂ったり、右手に左手が引きずられたりして、身体に統一されたリズムと動きがついに起こらなかった。「ピアノでなら出来るのに、両手の膝打ちになると出来なくなるのは、何でだろう?」との疑問を残したまま、トイレを出たが、花丸をもらったついでに、先生に訊いてみた。すると、先生は、「それは、当然よ」と言わんばかりに、あっさりと〝体に力が入っているからよ!〟と言ったのである。つまり、先生曰く、〝ピアノは指先の運動なので、意識すれば、力まずに動かせるが、「両手でのリズム打ち」は全身運動になるので、必ずどこかに力が入って、それが、手の運動を邪魔するのよ〟とのこと。言われれば、まさにその通り。左手を動かすには、左手の筋肉だけでなく、全身で何か所の筋肉が連動しているのか。また、右手の動きにしても然りだった。

つまり、左手を動かすのに必要最小限の筋肉だけを動かす（不要な筋肉は、休ませておく）という訓練が出来ていなかったために、右手の運動が、不必要な筋肉を緊張・収縮させ、それが、左手や全身のリズムに誤作動を起こしていたのだった。だから、我が老化し、硬直化した身体には、た易いリズム運動ではなかったのである。

その話を聞きながら、脳裏をよぎったのは、先週訪れたF小学校・4年生の『はだかの王様』と『虔十公園林』の歌声だった。あの時は、元気だけが取り柄の、乱暴な歌声にショックを起こし、何を言えばよいのかが分からなくなるほど脳内が混乱してしまったが、「力を抜いて」「やわらかい歌声で」が、核心だったのである。

2013.11.21

○「絶対音感」が揺らぐ原因

運指の練習に、『指の体操4』という教本を使っている。副題が「中高年のピアノ入門」と書かれているから、ピアノ教室としては、ポピュラーなのだろう。その教本で、今回は『勝利の歌（ヘンデル曲）』に取り組んでいるのだが、家で階名を歌いながら練習していた時のことである。

「ソーミィファァソードー」と歌うべきところを、意識しないで口ずさんだら、「ソーファミソードー」と歌ってしまった。声の音程は、「ミ」と下がって「ファ」と半音上がっているのだが、音声の方は「ミ」を「ファ」と言い、「ファ」を「ミ」と歌ったのだった。つまり、音程と音声が一致せずに歌ったのだった。

この現象は、今回だけのことではない。はるか昔の子どものころから、メロディと階名唱が一致しないまま、すまして歌うことが度々あったのである。だから、周りの連中から〝オメ、おかしいべ！〟と言われたり、〝ノリオチャン、音痴でないの……〟と言われてきた。それで、「60歳を過ぎても、相変わらず子どものころと同じ頭か……」と思い、この現象の原因を先生に訊いてみたのだった。

すると、ピアノの先生曰く、〝それは、「絶対音感」の問題よ〟と、事も無げに言ってきた。つまり、先生が言うには、「絶対音感」の人は、「ミ」の音を聞いて「ミ」の音程で歌うし、「ミ」の音を歌う時は「ミ」の音程（〇〇ヘルツの音程）でしか声を出せなくなると言うのである。別の言い方をすれば、音の高低を「〇〇ヘルツ」で捉えるか、音の高低を歌詞的・言葉的に捉えるかの違いだと言う。「〇〇ヘルツ」で捉える人は、ヘルツと階名が一対一に対応し、「絶対音感」の持ち主になっていく。でも、音の高さを歌詞や言葉で捉える人は、その時の状況や相手によって音の高さが違ってくるから、音の高低が相対的になり、階名と音程が違っても気にならない感覚になっていくと言うのである。

そう言えば、狂言の謡の稽古がそうだった。石田先生の声は、ほとんど決まった音の高さだったが、弟子の私らは、勝手に且つ気軽に声を出していた。石田先生に注意され、直されたのは、音の長さや音の上がり下がりだった。声の高さを「〇〇ヘルツ」で出しなさいとは一度も言われなかったし、「ミ」ではなく「ソ」の音で……みたいなことも、一度も言われなかった。言葉や一音一音の流れや繋がり、また言葉や一音一音の強弱や高低を教えられても、それらは相対的であり、その時々の状況・場面で、微妙に変わっていたのである。

今にして思うと、私の感覚や思考、認識や論理構成、そして体質や身体行動が、相対を平常としがちな「日本人」だったようである。

○「譜が読める」ということ ——斎藤喜博さんの場合——　2013.11.29

F小学校で行われた「自主公開」での休憩時間の時のこと。「斎藤」と言ったか、「喜博」と言ったか、「あの人」と言ったか忘れたが、斎藤草子さんが照屋さんご夫妻に向かって、父親の斎藤喜博さんを評して、〝何故だか分からないけど、譜が読めるのよねえ〟と語っていた。私はそばでお互いの会話を聞いていただけだったが、その話を聞きながら、斎藤喜博さんがずっと昔、宮教大の授業分析センターでの『第四土曜の会』で、〝楽譜があると、もっと具体的に判るんですがねえ……〟と言っていたのを思い出した。

私の勝手な類推でしかないのだが、斎藤喜博さんは、研究者の如く楽典・楽曲を徹底して追究や研究をしたことはなかったのだろう。また、声楽に関しても、梶山正人さんのように「本格・本物」に拘って身体の表現技術を追求し体現し続けたのではなかったのだろう。更には、ピアノ等の楽器演奏でプロ同様の修業を重ねたわけでもなかったのだろう。斎藤喜博さんは師範学校を出ているので、楽曲・楽典、声楽、ピアノ・オルガン演奏等をそれなりに習得する機会はあったのだろうが……。だのに、何故、譜面を見て解釈出来るのか。

私のピアノの先生は、5歳からピアノを弾いていたそうだ。高校は常盤木学園の音楽科（ピアノ専攻）に入り、大学は宮城学院のピアノ科を出ている。だから、各時代々々の、且つ国内国外の、そして有名無名の、様々の曲をピアノで弾いている。しかも、楽典の理論も一通り以上に学んでいる。だから、譜面を見た時、即座にメロディが浮かんでくるし、「こう弾きたい！」という解釈も合わせて出来上がってくる。私は、ピアノを習い始めて5年になるが、ようやく楽譜（メロディライン）を見て、上向と下向の違いや、メロディの繰り返しでの違い、音符の長短によるリズムの違い等が感じられるようになってきた。だから、我がレッスンの遥か延長線上にいるピアノの先生は、譜面に関わる様々の知識と体感・体験知から、「譜面での解釈」がそれなりに且つ即座に出来るのだろう。

でも、斎藤喜博さんの「譜面での解釈」の源泉は、それらとは全く違っていたと思える。斎藤喜博さんの源泉は「子どもの姿」そのものなのである。つまり、子どもがその時々に行動や表現で示す、解放のない低迷状態や生命が輝きだす高揚感、あるいは同調が引き起こす一体感や融合しない不和感、更にはリズムに乗った躍動感や身体固着に因をなす形式だけのリズム感等々が、譜面を見ると、音符や休符、そして様々の指示記号で記譜されているのを知ったのである。だから、「子どもの姿」こそ「譜面での解釈」の源泉となったのだろう。

これは、保育園の子どもたちと関わり、ピアノのレッスンを始めて、ようやく知ったことである。

〈2014年〉

○「利き手」と脳からの指令

2014.1.19

今取り組んでいる曲は『ドナウ河のさざ波』(イヴァノヴィッチ作曲)である。三拍子のワルツの曲で、娘から貰ったIPadのユーチューブでプロの演奏を聴いていると、ウキウキしてきて身体が活性化してくる。

11月の半ばから、右手・左手と片手ずつ習ってきて、12月の暮れには、両手で弾く段階に入った。曲の一番最初に、「P」の記号が書いてあったので、「弱く」弾けばいいのだなと、指使いを軽くして弾く練習を繰り返していった。もっとも、途中に「fp(フォルテ・ピアノ)」と書かれてあった個所をすっかり忘れて、「弱く」だけを意識して練習していった。

1月の練習日は、10日の金曜日からである。ところが、前日・9日の夜に酒を飲み過ぎて、10日の練習日には記憶したメロディ（階名の繋がり）が、頭の中に浮かんでこないのだった。つまり、飲み過ぎて二日酔いになり、思考停止状態になってしまったのである。それで、やむを得ず〝風邪をひいてしまい、子どもさんにうつすと申し訳ないので、今日は休ませて下さい……〟と、『釣りバカ日記』のハマちゃんよろしく、嘘をついた。すると、純真なピアノの先生は、〝それは大変ですね。家のおじいさんなんか、3ヶ月もひいてましたから。ほんと、お大事にして下さいね〟と優しい返事を返してきた。

ともあれ、都合3週間の練習期間があったので、17日の練習日には「今回のレッスンは、楽勝！、楽勝！……」と思って出かけて行った。

先生は、私に右手・左手と片手ずつ弾かせた後、宿題にしていた16小節分を両手で弾かせた。私は、3週間の成果とばかり、「P」になるように意識して軽く弾いていった。指使いも間違うことなく軽く弾けたので、まあまあと思っていたら、先生から〝ここの所は「fp」だから、そこだけ強く弾いて下さい〟と注文がついた。譜面を見れば、ちゃんと「fp」と書いてあるし、この曲に取り組む一番最初の11月に「fp」の説明をしてもらったのだが、自宅での練習に取り組むうちに、私の頭の中からすっぽりと欠落していったのだった。先生に「fp」を指摘されて、私の頭の中は混乱状態に陥った。「fp」とは、高だかその箇所の一音を強調するだけのことなのだが、私には新しい課題が出されたようで、「未知との遭遇」状態になったのである。

で、その結果どうなったのか。いつもの調子で初めの部分から弾いて行ったのだが、その箇所に来て脳から「強く！」と右手に指令を出したら、何と右手は勝手に「軽く」弾き、左手もこれまた勝手に「強く」弾いたのだった。不測の身体行動にびっくりして、思わず手を止めたら、先生が〝よくあることよ！〟と笑い出したのだった。

○「テンポのコントロール」のこと　2014.3.7

『中高年のためのピアノ入門・指の体操4』が2年ほどかかって最後の頁まで行ったと思ったら、二月から運指の練習用にと1枚だけコピーの楽譜を渡されている。前回は、バーディと言う人が作曲した『いなかの踊り』の曲を3回ほど練習して、合格の花丸を貰った。そうしたら、早速次の『くつやさん』の曲を渡された。この曲は、アメリカ人の作曲家が、１９６０年代に作曲した曲とか。先生が曲を示範してくれたが、なんか音楽劇『くつ屋と小人』の世界の感じである。一応、楽譜には「クレッシェンド」と「ディミヌエンド」と書かれているから、だんだん大きく弾いたり、だんだん小さく弾く練習が課題のようである。

それで、1週間かけて、「p↓f」をクレッシェンドで、「f↓p」をディミヌエンドで弾く練習をした。テンポは、コピーを貰った時に、〝急がなくていいですから……〟と言われていたので、「四分音符＝70」くらいのテンポで丁寧に弾く練習をしたのだった。

先生に、〝静かで、丁寧な感じがとてもいいです！〟と褒められたので、つい質問をしてしまった。〝楽譜に「けいかいに」と書いてありますけど、「静かに」と「ていねいに」は分かったのですが、「けいかいに」の意味が分かりません。テンポを速めて弾くと、なんか乱暴になっていくんですけど……〟と。すると先生は、〝じゃ、テンポを上げてやってみますから……〟と、四小節が四段になっているのを、全部弾かずに、最初の四小節だけで、テンポを上げていく練習を始めた。そうして、テンポを上げても「p→f」を弾けるようになると、次のように言ったのだった。〝これは、テンポをコントロールする練習です〟と。

これを聞いて、私ははっとした。もう一つの課題曲『ドナウ河のさざなみ』は、何度練習をしても、必ずどこかミスをしてしまい、なかなか弾き通せずにいた。その原因は、弾いていると焦ってきてしまい、鍵盤が見えなくなることによる。だから、ゆっくり・丁寧に弾き続けようとするのだが、どうしても、「高揚＝焦り」になってしまい、テンポが速くなって、ミスるのだった。だから、先生の言葉を聞いてはっとしたのだった。何のことはない、『ドナウ河のさざなみ』では、「テンポのコントロール」が出来ないでいたのだった。

西洋音楽では、「同じテンポで曲が進行していく」ことが大前提になる。「同じテンポ」だから、複数多様な楽器の演奏が可能になるのである。尤も、この「同じテンポ」とは、コンピューターがはじき出す機械的な等速運動ではない。生きた人間同士が共有・同調し合う同等のテンポを意味する。だから、「同じテンポ」が必須不可欠なのだ。

2014.5.10

○ 梶山正人さんの意図

町のピアノ教室で、ピアノを習い始めてからもう6年になる。尤も、中途で東日本大震災があったりしたので、実際は、「元の木阿弥」の繰り返し状態ではあるが……。で、何故ピアノを習うことにしたのかと言うと、〃梶山正人さんが作曲した曲を、ピアノで弾いたら、もっとよく梶山さんが分かるだろう〃ということによる。現職教師の時代、何度か「音楽劇」に取り組み、しかも梶山正人さんの作曲した「音楽劇」に取り組んだが、梶山さんの意図を十分理解出来ずにいるうちに、亡くなってしまった。だから、〃梶山さんの作曲した曲を、ピアノで弾けたら……〃と、思った次第。

それで、今回ようやく『かにさん』に挑戦してみた。この『かにさん』という幼児向けの曲は、岐阜・八幡保育園に関わって、初めて知った曲である。しかも、八幡保育園から入手した譜面には、作詞者も作曲者も記載されていない。だから、表立っては、作詞者・作曲者不詳ということになるのだろうが、歌ってみて、そしてピアノで弾いてみて、梶山さんの作品に間違いないと思っている。

梶山正人さんは、生涯「教師」であり続け、また「教師の仕事」を追究し続けた人である。世の中には、作曲者を肩書にしている人は、星の数ほどいる。その中でも、子ども（幼児）を対象にし、子ども（幼児）にふさわしいと思って歌曲を作っている人も、数えきれないほどいる。でも、子ども（幼児）の成長を思い、確実な成長に役立てようと意図・意識して作曲に取り組んでいる人は、数少ない。しかも、自分の仕事・自分の学び・自分の生き方の全てをかけて、総力戦で子ども（幼児）に対峙し、変革を求め続けた人は、梶山正人さんくらいではないのか。別の言い方をすれば、梶山さんの作曲した曲には、必ず、「抵抗部分」・「越える山」・「追求課題」が潜んでいるのだ。ピアノで『かにさん』に挑戦して、改めて知ったのはこのことだった。

まず、「かにさん　かにさん　どこへいく」と対象に呼びかける、すると「わたしはさんぽに　でかけます」と応える側になって、呼びかけに応じる。そうしておいて、「のっそり　のっそり　のっそりな」とオノマトペ風に動きの様子を表すのである。わずかの言葉のうちに、三態変化を起こすのだから、子どもたち（幼児）に面白くないわけがない。旋律も同じフレーズの繰り返しだから親しみやすい。ところが、「のっそり　のっそり」でリズムの変化が仕組まれている。そして「のっそりな」で音の移動と身体の動きを一体化するように作ってあるのだった。これは、ピアノを弾いてみて、初めて気づいたことだった。保育園の保育士さんは、気軽に弾いていたのだが……。

◯ とうとう起こった「腱鞘炎」 2014.6.12

3月の後半頃から、右手首内側で手のひらの下部（親指の付け根付近）が、ジンジンと痺れ、熱を持つようになってきた。時には、ピキッと電気が走るような瞬間的痛みがあった。60も半ばを過ぎた私の成育歴からすれば、過去にも、他の部位で同じような症状が起こったような気がする。それで、右手の無理な使い方をしないように……と気をつけながら、様子を見ていた。尤も、この「無理な使い方」が、分かったようで分からない。それで、特に右手に負担をかける力仕事はしなかったものの、布団の上げ下げや、雑巾がけ、買い物での持ち運び等、生活行動は、今までとほとんど変わらなかった。ただ、ピアノの練習で、右手の指が、今までのようにはいかなくなっている気がした。どうも、右手指の動きが、右手の痛みを回避すべく、脳からの指令に逆らっているような気がするのだった。それで、「勝手に動かれてたまるか！」とばかり、今まで以上に、課題曲の運指を繰り返した。1日の練習トータルが、30分～1時間半だったろうか。でも、「強制労働」の結果、指の運びは出来るようになっても、親指付け根部の痛みは、一向に治まらなかった。治まらなかっただけでなく、中指の拳付近にもピキッと痛みが走るようになった。また、注意すると、左手も同様の症状を呈し始めたのである。

そんな状態でピアノを続けていたのだが、6月5日に民生委員の例会があった。その時、75歳になる民生委員のKさんが、右手拳に、大きな湿布用の絆創膏を貼っていたのが見えた。それで、〝その手、どうしたんですか?〟と訊くと、〝腱鞘炎になったのっしゃ。時々、針を刺されたようにキーッと痛くなんの……〟と言う。その言葉で、私の右手と左手の、痛みの事情が氷解した。私の右手も、腱鞘炎を起こしていたのである。

我が家にある『家庭の医学』(小学館)を見ると、「腱鞘炎」の項で、

「多く親指の使い過ぎでおこる。骨と筋肉をつないでいる腱は、トンネル状のさや(腱鞘)を通っていますが、腱と腱鞘との間にまさつがおきて、そこに炎症がおこった場合です。親指を動かす腱と腱鞘はとくに狭いので、炎症がおこりやすいものです。治療――まず指の曲げ伸ばしをできるだけしないようにし、冷湿布をして消炎剤を用い、場合によっては腱鞘内に副腎皮質ホルモンの注射をします。数回注射しても治らないものは簡単な手術をします。入院の必要はありません。10日から2週間ぐらいで治ります。」

とあった。多分、外科の病院に行けば、「腱鞘炎」の病名をつけられ、注射か手術になるだろう。でも、私は病院には行かず、痛みとお付き合いをすることにした。生育疲労の「五十肩」と同じく、「六十指」だと思うからである。

○〝指揮をイメージして下さい〟のこと　2014.9.19

3月の半ば頃から起こった「腱鞘炎」は、今でも続いている。「続いている」と言うより、慢性化したと言ったらいいのか。両掌がそうなのだが、右手の方が酷い。雑巾がけをすると、手のひらを広げて拭くことが出来ず、握った拳で、雑巾がけをしている。

そんな状態なので、テンポの速いクラシック曲はお預けにして、幼児向けの童謡を弾き始めた。『チューリップ』、『かっこう』、『春の小川』、『ちょうちょう』ときて、現在は『こいぬのマーチ』である。また、『おとなのためのバイエル教本』も始めて、現在はバイエル48番に取り組み出したところである。

で、今日は、その教本の中の『朝の歌（イギリス民謡）』に、ようやく花丸をもらった。『朝の歌』の曲に取り組み始めたのは8月27日で、沖縄に1週間行ったのを挟んで、3週間かかったことになる。まぁ、沖縄に1週間も行っていたので、「元の木阿弥」になったのかと思ったが、結構身体が覚えていて、何とか出来たのだった。

『朝の歌』の曲を弾くことなら、沖縄から帰って来て、2日目には何とか弾けるようになったが、10回は何処かここかで突っかかって、不意に11回目に出来たりするのだった。でも、出来たからと12回目に挑戦すると、またまた指使いが誤作動を起こすのである。こんな調子で、出来た・出来ないを繰り返して今日を迎えたが、最初の数回は、間違ってばかりいた。それで、作戦を変えて、ゆっくり弾くことにした。でも、ゆっくり弾いても、相変わらず、どこかここかで誤作動が起こるのである。

そんな私の姿を見た先生が、〝すぐ弾かないで、三拍子の指揮をイメージしてから、弾いてみて下さい〟と、注文をかけてきた。つまり、「イィチ・ニィイ・サァン」と指揮をするリズムを体で感じてから、弾くように……と言うのである。

それで、自己暗示をかけるように、「イィチ・ニィイ・サァン」とリズムを取って弾き始めたら、一発で最後まで出来てしまった。心配そうに見ていた先生は、大喜び。〝ほら、出来たじゃない！〟と、自分のアドバイスに大満足のよう。でも、私も、これには「目から鱗が落ちる」の体感だった。弾く前に、テンポとリズムを体現しておくと、その流れで、身体・指が動き出していくのである。ところが、今までは、メトロノームを使った時も、最初の一拍目（メトロノームの「チン」）ばかり意識して、リズムを体感・体現することを疎かにしていたのだった。やはり、問題個所の前の部分に「問題」があったのである。

○ ピアノを弾くのも「呼吸」が大事　2014.10.27

『こどもの童謡ピアノ曲集』も、順不同だが8曲目までできた。何故順不同かと言うと、先生が私の課題に合わせて選曲するからだ。何が「私の課題」なのか、自分でも分からないのだが、まぁ、先生に「おまかせ」である。

で、10月9日から3回連続で『むすんで　ひらいて』に取り組んできた。この曲は、

J・ルソーが作曲したらしいと言うことで、有名な曲だ。保育園や幼稚園では、動作と歌をセットにして定番になっている。しかしながら、「日本人の身体行動＝ナンバ」を意識し出してから、何となくしっくりこないでいた。口では、〝「スタニスラフスキイ・システム」によると、『むすんで　ひらいて』の曲を、【リズムが違うと、歌いながら手でリズムを取るのに、気分・情緒が違ってくる】というのです。例えば、『むすんで　ひらいて』の曲を、歌いながら手でリズムを取るのに、手打ちを「下げる」方と「上げる」方の二つに、違えてみて下さい……〟と話したりしてきたが、自分自身が、何となく分かったような、分からないような感じでいた。「もしかすると、歌詞が日本語だからなのかも……」と思ったりもしてみたが、『むすんで　ひらいて』の原語版は、知らずじまいだった。

今回、『むすんで　ひらいて』の曲を指定された時、「何か、新しい発見があるかもしれない」と期待して弾き始めた。一応、左手で伴奏を弾き、右手でメロディを弾けるようになったら、先生から〝最後の「うえに（ララソ）」の所をリタルダント（※だんだんゆっくりと）にして下さい。〟と、注文がかかった。私がその部分をゆっくり弾くと、〝もっと、ゆっくり！〟と、駄目を出してくる。〝子どもたちに、「その手をうえに」と手を上げさせる時、ゆっくりやった方がいいでしょう〟、〝手を上げたら、手を戻して「むすんで」と歌うのだから、間を取って下さい〟と言われた。

何度か繰り返して弾くうちに、タイミングが分かってきたので、先生に質問してみた。

〝こういう時、私は子どもたちに息をすわせるのですが、それでいいのですか？〟と。途端に先生は、〝そう、そうなのよ。息を吸ってから、改めて弾くのよ！〟と、感激気味に話すのだった。

それで、終いの「うえに」をゆっくり・たっぷりと弾いていき、そのリズムを受けて息を吸い、改めて「むすんで」と弾いていったら、軽やかに弾んだ「むすんで」になったのだった。その要領が分かった途端、「うえに」→「むすんで」のリズムが納得出来たのだった。でも、最初に弾く「むすんで」は、相変わらずしっくりこない。それで、先生にこの違いを話すと、先生は事も無げに〝息を吸ってから、弾けばいいのよ〟と、言ってきたのだった。歌だけでなく、ピアノを弾くことでも、【呼吸が力みを取り、リズムを創り出す】ことが納得出来た瞬間だった。

〈２０１５年〉

○　〝弾きやすいように、楽譜は出来ているんですよ〟のこと　　2015.1.30

モーツァルト『魔笛』の中の曲『魔法の笛』を課題曲にされてから、ようやく１ヶ月かかって花丸をもらえた。八幡保育園の子どもたちが歌っていた曲の、前半部だけなのだが、リズムや強弱が取れず、難渋した。

まず「ソファミミ……」と出だすのだが、弱起の曲なので「ソファミ」の「ミ」が強拍になる。でも、それが出来ない。「ソファ」が軽く弾けないのである。どうしても次の「ミ」と対等になってしまう。そして、同じ強さを引きずってしまうのだった。だから、左手で「ドミソ」・「シレソ」・「シファソ」の和音を入れると、重く引きずるようになって、モーツァルト特有の軽快さが無くなり、不快な気分になってくるのだった。同じことは、他の所でも起こり、べたーっとした弾き方になっていた。要は、「跳ねるリズム」を弾き表せないのだった。

この解決法に、先生は、〃右手のメロディを、跳ねて弾いて下さい〃、〃左手の伴奏も、さっと上げてから入って下さい〃と言ってきた。残念ながら、その場ではもたもたするだけだったが、家で練習すると、なるほど、軽快感が出てくる。そして、一拍目を強く弾くと、リズムも出てくるのだった。更には、右手のメロディ部に何度も四分休符が出てくるが、この休符部分を、右手を跳ね上げて空中で休符分の間を取ると、ますますリズミカルになってくるのだった。そうして、今日新たに特訓されたのが、指替えをして上昇メロディになる部分の、強拍個所の弾き方だった。私が弾くと「ソーソソ・ラーシドソ」の、「ラ」の一拍半部を強く弾くと、次の半拍の「シ」も引きずられて強く弾いてしまう。先生は、〃4番目の指は、どうしても独立して動きにくいから……〃と言っていたが、私の運指を見ながら、〃「ラ」を上から、入って下さい〃と、注文してきた。私は、相変わらずもたもたしたが、「ソーソソ」部を「3・3・2」での指替えの要領と、「ソ（2の指）」でジャンプして、次の「ラ（3の指）」を上から入る要領とが、一緒に出来るようになると、次の「シ」が軽く入れるのだった。それを見ていた先生は、思わず拍手をしながら〝そう、出来たじゃない。弾きやすいように、楽譜ってなっているのよね。特に、モーツァルトやベートーベンって、そういう曲なのよね……〟と言うのだった。

私は、先生の「弾きやすいように、楽譜はなっている」の言葉に感動しながら、併せて別のことを思い出していた。昔、斎藤喜博さんがしきりに言っていたことである。〝拍子の打点と打点の間に、内容があるんですよ〟と。指を次の音に無造作に持っていかず、一度空中に飛び跳ねることによって、リズムが生まれ、軽快感が生まれ、曲の流れにわくわくドキドキしてくるのだった。これがモーツァルト（西洋のリズム）だと知ったのだった。

○　〝どうして移動しないのですか?〟のこと　2015.3.15

先生に、〝どうして移動しないのですか?〟と訊かれて、〝あっ、動いていいんだ!〟と思った次第。実に、ピアノを習い始めて、7年半の結果である。

現在、童謡の『おうま（林柳波作詞・松島つね作曲）』とツェルニーの『エチュード4 C・F・Gのコード練習』を弾いている。もう4回目のレッスンになるが、まだ弾けずにいる。それでも、ようやく「20回に1回の割」くらいで弾けるようになってきた。でも、

「20回に1回」ということは、「20回に19回は、脳と指が関連づかず、誤作動を起こす」ということである。「我が身体の現況は、斯くの如し」と思う他無い。

それで、〝どうして移動しないのですか？〟とは、次のことである。練習曲の『おうま』は、同じ旋律が、一オクターブ上がって繰り返すように作曲されている。だから、半分まで弾ければ、後半は一オクターブ上げて同じ旋律を繰り返すだけである。だのに、一オクターブ上がっただけのはずなのに、全く異質の世界に迷い込んだ感覚になり、焦って指がもつれるのだった。その結果が、「20分の1」なのである。そうした私のもたつき振りを見ていた先生が、〝右手を伸ばして弾くって、大変ですよ。肘を伸ばして弾くのは、難しいですからね。そういう時は、メロディにある一番下の音と、一番上の音の真ん中辺に座るといいんですよ……〟と、言ったのだった。

私は、その時まで、いつも通りに定位置（鍵盤の中心位置にあるドの正面）に腰かけて、右手を伸ばしながら、一オクターブ上の旋律を弾いていたのである。だから、腕とともに肘が伸び、コントロールし難い状態で弾いていた。というより、「右手を伸ばした形での、不自然な状態で弾く練習」と、頑なに思っていたのである。そのことを話すと、先生はいきなり笑い出した。そして、〝ピアノは、弾きやすいように、身体を移動させて構わないんですよ〟と言う。そう言えば、ペダルを使った時にも、何度も言われたことである。〝重心を移動させて、身体を寄せるようにしてみて下さい〟と。また、何のことはない。

ツェルニーの『エチュード4』で、右手も左手もト音記号での音符が並んでいるから、〝少し、ポジションを右に移動して下さい〟と、言われていた。でも、私の頭の中では、「移動して」という了解が出来上がるまでの量質転化にならなかったのだった。

こういう、言われてみれば当たり前のことどもが、私には7年半程度では、まだまだ不十分なのだろう。もしかすると、これが「ボケ」の始まりなのかもしれない。だから、私の脳内は「ボケ」と「習熟」の狭間で、誤作動を繰り返しているのかも…。ま、「身の程を知る」しかないのだが、今後、どんな「身の程」になるのか不明である。

○　装飾音符と身体のリズムのこと　　2015.5.15

現在、ビバルディの『四季・春』のさわりの部分を練習している。本来は、軽快なテンポでの浮き立つような曲なのだが、68歳の身体では、指先が機能しない。それでテンポを100／秒くらいに落として、何とか弾けるようになったら、新たな課題として「装飾音符」を入れて弾くように指示された。

具体的には、練習曲の最後の部分、「ファミレド・レード」を「レー」と二拍分伸ばす代わりに、「レミレ」と「レ」を飾るように瞬間「ミ」を弾いて、「レミレ」としてから「ド」におさめるのである。つまり、「ミ」の装飾音を入れて、曲の流れをワンポイント飾って終わるというものである。先生は、〝女性のスカートやシャツについているフリルのようなもの。装飾音を入れると、ちょっとおしゃれになるでしょう〟と言うのだが……。装飾音の使い方は、演奏者の個性に任せて、特に決まりがないらしい。しかも、主音の前に装飾音を使う場合や、今回のように主音の後に使う場合や、主音の前後に使う場合、1回だけでなく4・5回も繰り返す場合と、様々だとのこと。要は、演奏者のセンスの問題らしい。

「演奏者のセンス」と言ったので、私が、〝ずっと昔、澤瀉屋・市川猿之助のスーパー歌舞伎『ヤマトタケル』を新橋演舞場に観に行った時、10本の指全部に指輪をしていた中年女性に出会い、びっくりしました……〟との話をしたら、大受けに受けて、〝そうそう、そのセンスのこと。その方、家にある指輪を全部見せたかったのね〟と、先生の笑いがしばらく止まらなかった。

で、本題の「装飾音符と身体のリズム」であるが、まず指の脱力が出来ない。ピアノを習い始めてから、もう7年になるのに、土台が肉体労働者の「ごんぼ手」である。力仕事には向いているが、繊細さのかけらもない五本指の造作である。何時だったか、野村萬斎さんに、狂言の面（武悪）を付けてもらったことがあったが、面の目穴からちらっと見えた萬斎さんの指のほっそりさにびっくりしたことがあった。肉体労働を日常化している者と、一子相伝の「芸の世界」に生きる者との、違いなのだろう。

とまれ、節々の関節がごつごつしている私の指は、脱力する術を知らないできた。だから、「レミレ」が軽やかに弾けない。何度繰り返しても力んでしまい、指がもつれて遅れるのだった。そうして、気が付いたことは、指の運指、つまり身体操作のリズムの取り方が、無意識でいると「ナンバ」になるのだった。だから、その身体操作の有り様を、西洋流に切り替えないと、「軽やかに弾けない」とようやく知ったのだった。

○ 曲の流れと接続詞のこと　2015.10.31

『まつぼっくり(広田孝夫作詞・小林つや江作曲)』を習っていた時のこと。

先生が〝ここの、三音符は「接続詞」ですから、大事に弾いて下さい〟と課題を出されたのだが、「はい……」と返事をしたものの、「接続詞」の意味がよく分からない。〝ほら、「そして」とか、「しかし」とか、「それから」ってあるでしょ。前のお話を続けたり、否定したり、話を進めていく時に使うでしょう……〟と、一生懸命私に説明するのだが、それは「接続詞」という語句の意味であって、「曲における「接続詞」とは?」を、曲の理解・納得と結びつけて説明しているのではない。何のことはない。私に「接続詞」の納得や理解、挑戦が起こらないのだからしょうがない。ともあれ、「接続詞」という新しい課題に気付かされただけでも、習っている甲斐があるというもの。

で、具体的に言うと、「まつぼっくりがあったとさ」と「たかいおやまにあったとさ」の間に八分音符で3つ「ファミレ」と入り、次の「ころころころころあったとさ」の前の間にも「ドレミ」と入り、次の「おさるがひろってたべたとさ」の前にも「ファミレ」と左手（伴奏）で弾くのだった。この3つ続く八分音符の個所を、先生は〝「接続詞」だから……〟と言い表したのだった。

家で何度か練習するうち、この「接続詞」の個所を何の意識もせずに連続的に弾くだけだったのが、前の曲を受けて、更に追加するようにするのか、新しい場面の展開を起こすのか、はたまた、収束し納めるようにするのかで、この「接続詞」部分の役割というか、弾き方が違ってくるのだった。つまり、受験勉強的に「A—A—B—A」と4分割した曲を形式的に覚えてきたのが、「接続詞」という課題に出合って、Aの曲のフレーズ・流れと、Aの曲のフレーズ・流れ、四つ目のAのフレーズ・流れ、そしてBの曲のフレーズ・流れの違いが見えてきたのだった。当然、四つ目のAのフレーズ・流れも必然的に定まってきたのだった。しかも、それを一層明確にしているのが歌詞である。最初の句の「まつぼっくりがあったとさ」と、次の句の「たかいおやまにあったとさ」は、一の句に続いて、更に「まつぼっくり」を場所（存在空間）で詳しく説明している。だから、この部分の「接続詞」は、追加するように弾くのであり、「あったとさ」の「さ」が四分音符の「レ」なのに、次の句の「たかい」の「た」がレの下の「ド」から始まるので、「接続詞」部を、連れ添っていくように弾くことになる。ところが、次の句の「ころころ…」は、歌詞的には動作の追加なのだが、曲の構成は「B」なので、「ドレミ」の「接続詞」は、高揚し、新しい展開を予測するように弾くことになる。この曲を、単なる幼児用歌謡と思っていたが、曲と歌詞の【解釈の基礎・基本】が入っていたのだった。

○「おしゃれ」の感覚　2015.12.27

『聖者が町にやってくる』(アメリカ民謡)が、ようやく花丸をもらえた。沖縄に行く前に、合格したかったのだが、何かリズムがとれないでいたら、〝沖縄から帰って来たら、またやりましょう〟になってしまった。尤も、沖縄の2週間は、ピアノの練習とは、全く無関係の世界。結果、2週間ですっかり忘れてしまった。

で、帰って来てから必死で自主練習をし、甲斐あってようやく合格したのだった。それで、合格した勢いで、先生に〝何か、リズムが取りにくかったのですけど……〟と話すと、〝そうよね。おしゃれだから〟と返したきたのである。

この『聖者が町にやってくる』は、小学生の鼓笛隊・演奏曲目としてメジャーというか、聴き慣れた曲である。「ド・ミ・ファ・ソ―」のメロディが交互に出てきて、「右手→左手→右手→左手→…」と繰り返される。この繰り返しの時、「ソー」が全音(4拍分)になり、1拍目の「ソー」が入ってから、追いかけるようにして、2拍目に交互の「ド」が入ってくるのである。つまり、一小節4拍分の最初からでなく、1拍分ずれて追いかけるのである。この1拍分のずれが、先生に言わせると「おしゃれ」だというのである。

通常は、右手のメロディ部と左手の伴奏部は、小節の始まりから意思表示の音を出す。だから、メロディ部だろうと伴奏部だろうと、小節の初めからそろって和音を構成し、メロディが流れそして伴奏が支え出す。でも、この『聖者が町にやってくる』では、出だしが一拍分ずれて和音を構成している。このずれを、先生は、「おしゃれ」だと表現したのだった。

そもそも、「おしゃれ」って、何を指すのだろうか。あるいは、どんな状態を指すのだろうか。多分に、皆さんとは違う、異質な感覚を表に出した時、〝まあ、ステキね〟と、多くの人に、〝おしゃれね！〟、〝おしゃれだわ！〟の感覚を呼び起こすのだろう。でも、多くの人の常識となっている感覚や行為・行動から跳び抜ける姿を示せば、「おしゃれ」になるとは限らない。大抵の場合、「田舎丸出し」や「成金趣味」の烙印を押されるのが関の山である。

思うに、「おしゃれ」とは、「世の常識」や「一般の有り様」からちょっとずれてみて、自分の意思表示をする、あるいは、みんなが当然の如く思い安住しているところから、ちょっとはずしてみて、自分の存在表明をする。そうして、自分固有のアイデンテティを意思表示し、個性を主張する。そこには、必然的にハイセンスな感覚が研ぎ澄まされていなければならないのだろう。ともあれ、音楽の内実を、「おしゃれ」と言う感覚に感動した次第である。

〈2016年〉

○ 和太鼓（リズム楽器）を考える　2016.2.28

校長時に務めた野蒜小学校の「閉校式」が昨日あった。明治6年の学制公布以来、124年続いた学校だったが、東日本大震災での被災により、高台移転での統合（宮戸小学校と統合して「宮野森小学校」として新設）という形で閉校になった。その「閉校式」に出席したが、式典の中で、子どもたちによる和太鼓の連打があったので、そのことに触れてみたい。

和太鼓の連打は、低学年・中学年・高学年と、それぞれの発表があった。いずれも創作太鼓で、低学年は「豊年太鼓」、中学年は「ぶち合わせ太鼓」、高学年は「野蒜復興太鼓」と名付けられ、それぞれ5～10分程の発表だった。観ていた地域の方々からは、そちこちで〝素晴らしいものだ！〟、〝大したもんだ！〟の声が聞こえ、地域との一体感を醸成するのに大いに役立ったようである。何しろ、和太鼓の大型のものが10台に、特注の大型が1台、それに鼓状の太鼓が3台と、大変な数である。金額で言えば、1500万～2000万円ほどではないかと思う。

で、その和太鼓の連打は、残念ながら、私には「これでは、子どもがバカになる」としか思えなかった。それは、演奏技術が未熟……ということではない。子どもたちの表情に、知性や情感の豊かさ・深さが感じられなかったことによる。つまり、リズムに合わせて和太鼓を連打していくのだが、稲作の辛さや稔りの喜び、あるいは地震や津波の恐ろしさや、津波から逃げる必死さ、何もかも流されてしまった虚無感、そして、「負けねっちゃ！」という希望や信念の覚悟等々が、子どもたちの表情や太鼓を打つ身体行動に、満ち溢れてこないと感じたのだった。

私は、連打される太鼓の音を聴きながら、「なんでだろう？」と自分に問いかけ続けていた。そうして、思い至ったことは、笛（曲―メロディ）が無いためだと思った。つまり、『渡波の獅子風流』でもそうだが、リズムを連打・連呼することで、高揚感や充実感を倍化させるが、情緒（悲しさ・嬉しさ・寂しさ・辛さ、そして満足や至福感、飢餓感等々）を創り出すのは、曲（旋律・メロディ・節といった音の流れやうねり）なのである。だから、曲の無い太鼓の連打は、イメージや情緒と連打のリズムを合一させないと、身体操作の巧拙だけになってしまう。

以前、坂東玉三郎さんがストリートダンス集団のダズーに、〝リズムに合わせないで！〟と注文をかけたら、誰一人動けなくなってしまったことがあった。また、歌舞伎でのバタバタは、高揚感や緊張感、恐怖感を煽るよう活用されるが、三味線の音があり、会話での交感があり、舞やしぐさでその時々の情緒を創り出してのことだったのである。太鼓の連打が続く洋楽の『ボレロ』にしても、然りであろう。やはり、曲が情緒を規定するのである。

○『おどろう楽しいポーレチケ』の花丸　2016.6.17

ようやく『おどろう楽しいポーレチケ』が、花丸になった。5月20日から始めたから、約1ヶ月近くかかったことになる。初めの頃は、〝何、こんな曲。さっぱり面白くないこと…〟と思いながらやっていたためか、重苦しく、「ドン・タン・タン」とナンバ風三拍子になっていた。

何故そんなことを思ったのかと言うと、附属小学校に勤めていた頃（30歳前後？）、何かのついでに、東京大学の稲垣研究室を訪ねたことがあった。その日は、東京・教授学サークルの例会の日で、皆さんが持ち寄った授業実践の検討会をしていた。その中に、この『おどろう楽しいポーレチケ』の歌の報告があった。たしか、4年生だったろうか。でも、参加者の感想は、〝全然楽しくない！〟や、〝一体何をしたかったの？〟等であり、結論は「追求のしようのない、しょうもない教材」となって、一件落着したのだった。私自身も、〝ただ歌っていて、何の面白味もない……〟と思ったので、異議も質問も浮かばず、聞き流してしまった。でも、この〈聞き流した〉ことが、トラウマとなって、私の中に沈潜してしまったのである。だから、30年以上も前のことなのに、ナンバ風三拍子から抜けられず、戸惑っていたのだったこのナンバ風三拍子のことを先生に話すと、〝そうなのよ。「1・2・3―1・2・3」と重苦しい三拍子で歌うし、学校の先生も三角形を描く指揮しかしないし……〟と言うのだった。その言葉で、私は〝そうか、「1・2・3」じゃないんだ〟と気づかされ、弾き方（運指の指使い）を変えてみることにした。つまり、「1」を目一杯強調し、次の「タタタ」の八分音符は、軽快に弾くようにしてみた。こうしてようやくナンバ風三拍子ではなくなったのだが、今度は、脳と指が誤作動を起こし、何回やっても必ず何処かで引っかかるのだった。そうして、ようやく今日花丸をもらった次第である。でも、「1」を強調して「タタタタ」を軽快に弾くと、踊りのリズムや動きが体の中に沸き起こってくるから面白い。

そんなことを思いながら、ユーチューブで『おどろう楽しいポーレチケ』を調べてみたら、「速いテンポで、二拍子風に踊る曲」と出ていてびっくりした。チェコ地方の民族舞曲をT・スティギンスキーが採譜したとは、聴いていたが、チェコ流ポルカは、二拍子風に軽快に動き回る踊り（ステップ）だったのである。もし、授業で『おどろう楽しいポーレチケ』を教材にするなら、「ナンバ風三拍子」と「三角形の指揮」を拒否しなければ、授業にはならなかった。また、二拍子風ポルカを知っていたなら、授業の中身はまるで違っていただろう。30年後にようやく知ったことである。

○　小澤征爾の音楽塾　2016.6.18

6月12日に、NHK・Eテレで『ドキュメンタリー　京都発！　小澤征爾音楽塾』の放映があった。京都の芸術劇場がオペラ公演も出来るようにと、内部を大幅に改築した時のものである。更に言うと、こけら落としでの喜歌劇『こうもり』の公演に合わせて、アジアの若手演奏家を集めて、小沢征爾さんの指導による臨時オーケストラを編成し、公演当日、オーケストラ・ピットで演奏するという記録番組であった。その指導の様子が『ドキュメンタリー　京都発！　小澤征爾音楽塾』の中身である。

15歳〜22・3歳までの若手演奏家は、事前にオーディションがあり、合格した連中である。当然、これから世界に羽ばたく、あるいは世界に羽ばたきつつある錚々たるメンバーばかりである。この若手の連中を、小澤征爾さんの特訓で、一流のオーケストラメンバーにしようというものだった。

3日だか4日間での特訓で、それなりのオーケストラにするというのだから、小澤征爾さんの意気込みに鬼気迫るものがあったし、何よりも「こんな機会は、めったにない」という若手演奏家たちの意欲と吸収力にすさまじいものがあった。とは言え、小澤征爾さんは老齢と病み上がりの体力・身体である。『こうもり』全曲の指揮は無理なので、途中では代理指揮が立つことになっていたが……。

ともあれ、小澤征爾さんが若手演奏家たちに、まず注文したことは、「LISTEN

（注意して聞く）」であった。つまり、「自分だけで、いい気になって演奏するな！」ということである。相手があり、仲間があり、様々の楽器があってオーケストラになるのに、相手や仲間の出す音や流れ・勢いを聴きとらなければ、個々に勝手な演奏をするバラバラの集合になってしまうと言うのだった。

二つ目は、「ＳＰＥＡＫ（語る・意見を述べる）」である。「自分はこう捉えている」を語り合わなければ、通じ合うことは生まれない。だから、音や演奏の流れを大いに語り合い、意見を出し合いなさいと言うのである。さすが「音楽武者修行」の小沢征爾さんである。ヨーロッパ流の「表現獲得法」だなと感心した。

三つ目は、「ＩＮＶＩＴＥ（招く・誘う）」と言う語であった。つまり、「自分や自分たちは、こう思うんだ」ということを、相手や仲間や観客に訴え、誘い込んでいくことが大事だと言うのだった。私は、ここに「演奏」の、そして「表現」の真骨頂があるのだと、大いに納得したのだった。

小澤征爾さんの指揮は本当に凄い。前述三点を押さえながら、的確且つ確実にテンポとリズムを感得させていくのだから。

2016.10.25

○　まど・みちおの詩の力

ふしぎなポケット

まど・みちお

ポケットの　なかには
ビスケットが　ひとつ
ポケットを　たたくと
ビスケットは　ふたつ

もひとつ　たたくと
ビスケットは　みっつ
たたいて　みるたび
ビスケットは　ふえる

そんな　ふしぎな
ポケットが　ほしい
そんな　ふしぎな
ポケットが　ほしい

九月の沖縄訪問後、『ふしぎなポケット』が課題曲になった。この『ふしぎなポケット』は、まど・みちおの詩で、渡辺茂氏が作曲したものである。幼児向け歌番組でよく歌われる曲で、私も何時しか聴き知っていた。しかしながら、曲の歌い方が如何にも幼児対象的で「ママさんコーラス」風にしか聴こえていなかったので、ずっと馴染まずにいた。

この『ふしぎなポケット』は、詩としては三連になっているが、一連と二連は、同じ旋律が繰りかえされており、左手の伴奏も「四分音符—四分休符—四分音符—四分休符」がずっと繰り返されていく。それが三連になると「タンタンタンタン」のリズムが「ターンタンタン」と出だしが二分音符になっていて、伴奏も「ミ・ソ・ド」と分散和音になってくる。だから、先生から〝このリズムの変化が結構難しいですよ……〟と言われていたので、「それが、今回の課題なのか」くらいにしか思っていなかった。

なるほど、練習してみると、リズムの取り方が結構難しい。右手は一音ずつ弾いていくのだが、左手は一拍休みで弾かなければならない。このリズムの要領が出来るようになるまでしばらくモタモタしたが、要領が身体で分かると、平易な曲になってしまった。〝これで、この次には花丸だ！〟と思ったが、私の弾いた曲を聴いた先生は、〝「そんな……」から、そっと弾いて下さい〟と、注文をかけてきた。メゾフォルテではずむように弾いていたのを、「ピアノにして、レガートで弾け」と言うのである。それだけでドギマギしてしまい、その日はついに花丸にはならなかった。

家に帰ってから、弾むリズムから一転して、「そんな……」を柔らかくそっと弾くようにしてみると、子どもが感じる「ハラハラドキドキの世界」が現れ出てきたのである。つまり、おいしいビスケットを一枚、ポケットに大事に入れていたが、何かの拍子にポケットを叩いてしまったら、ビスケットがふたつになってしまっていた（本当は二つに割れただけなのだが……）。大事なビスケットが一つしかなかったのに、ポンと叩いたら二つになった。この子どもの驚き。そして、「ポケットがほしい」と飛躍昇華していく……。そんな詩の世界が感じられた瞬間だった。

〈2017年〉

○『かわいいオーガスチン』でのナンバ行動　2017.10.3

『かわいいオーガスチン』
作詞者不詳　ドイツ民謡

かわいいオーガスチン　オーガスチン　オーガスチン
かわいいオーガスチン　なににもない
かねも　ゆめも　ないよ　ないよ
かわいいオーガスチン　なんにもない

今月から、先生の娘さんの入院・治療の関係で、担当の先生が替わった。と言っても、娘さんが退院するまでのピンチヒッターなのだが……。

先生が替わるということは、当然指導の仕方が違ってくる。私は、「ピアノの技量を向上させる」なんて願いは端からないから、人生修業のつもりで、指導の違い（先生の個性の違い）を楽しんでいきたい。とは言え、今回の先生は大分違う。階名で歌わせたり、和音の構成をしきりに覚えさせようとする。どうも、「絶対音感」の獲得に馴染んできただけでなく、ピアノの演奏には必須不可欠のことと思っているらしい。また、和音による伴奏が、「和音の構成を知っていると構造的に捉えられて、闇雲に覚えなくとも楽に弾いていける」と思っているようだ。今までの先生は、10年近くも私と付き合ってきただけあって、私の能力に合わせて、無理強いをしなかった。時々、〝大分変わってきましたよ……〟と、慰めの様な励ましをしてくるのだが……。ま、前の先生の言葉は、「営業用の言葉」と半分思っている。

ところで、新しい先生から、〝「三拍子」を感じて弾いて下さい〟と言われた。楽譜には、「3／4」と書いてあるのだから、三拍子の曲なのだが、どうも私の弾き方を見聴きしていると、三拍子が意識されていないと感じるらしい。その時は、〝ああそうですか……〟とたいして気にせずにいたが、家に帰ってから、三拍子を意識して弾いてみると、これが意外に難しかった。つまり、三拍子だから「1・2・3」と「1」を強調して、「2・3」は軽く弾くのだが、「1」が軽くて「2・3」が強かったり、「1」よりも「2」だけが強くなったりと、いい加減に弾いていたのだった。口で発する音や身体の動きでは、「1・2・3」は容易に出来るのだか、指の動きで音を表すと途端にぐちゃぐちゃになるのだった。極端な言い方をすれば、脳や口・体の動きでは西洋流の「三拍子」になるのだが、指はナンバの世界から抜け出ていないのだった。

私の脳が西洋流のリズムを理解しても、私の身体（指）がナンバから抜け出ていないことを、改めて実感したのだった。『かわいいオーガスチン』は、しょうもない歌詞である。でも、私には、自分の身体行動に気づいた曲だった。

○ いろいろな「三拍子」から 2017.10.31

前述『かわいいオーガスチン』は、ドイツ民謡とある。ただ、作詞者不詳となっているが、ドイツ語の原詩がこの歌詞だったとは信じがたい。ピアノで弾いている時の曲の感じから、私はブリューゲルの「農民の祝宴」の図を思い浮かべるからだ。朴訥な田舎の農夫たちが、祝宴の酒の勢いでか、老若男女入り混じって、三拍子の踊りを楽しんでいる感じがする。だとすると、オーガスチン（女の子か、男の子か、はたまたうら若い乙女か……）が、「何にもない」・「金も夢もない」のに可愛いだけが取り柄だなんて、みんなで楽しむ踊りと不似合に思える。何となく日本人の誰かが、歌詞の意味を、曲との語呂合わせで作詞したのではないかと思った次第。「夢のない」なんて聞くと、すぐに『切手のない贈り物』（ペギー葉山の歌った曲）を思い出す。何と呑気で、気取った歌なのか。私の嫌いな歌である。

ともあれ、『かわいいオーガスチン』から、健康でエネルギッシュな「三拍子」の動きを感じる。多分、動きも「1・2・3」と軽快でリズミカルに動くのではないだろうか。それに比して、『おどろう楽しいポーレチケ』（T・スティギンスキー作曲）はチェコ地方の民族舞曲（ポルカ）の曲風を取り入れた「三拍子」である。先生からの指導でも言われたが、この曲は同じく軽快でも「二拍子風」に踊る曲である。だから、「1・2・3」というよりは、「1・23」となるのか。同じ「三拍子」でも、しかも同じ「軽快に」でも、「2・3」の身体動作が微妙に違う。まさに地域ごとの部族（民族？）の違いが表出している。尤も、西洋流の「上へのリズム」では同一なのだが……。

そう思っていたら、過日観たDVD『小澤征爾の音楽塾』でのオペラ『メリーウィドウ』での小澤征爾さんの言葉を思い出した。それは、ウィンナワルツの独特なリズム（軽快で、優雅で、流れるような豊かさ・軟らかさ等々）を〝私は、このリズムを上手く説明出来ない。それで、友人の、ウィンフィルの誰々さんを呼んだ……〟と言ったことだ。

私は、小澤征爾さんの謙虚さと貪欲さに脱帽したが、嘗てウィンフィル所属の舞踊団がウィンナワルツを踊った時、その優雅さと、踊りを通した微妙な内容の込め方に只々驚いたのを思い出した。全く異質の「三拍子」だった。

話は替わるが、梶山正人さん作曲の音楽劇『泣いた赤おに』に、「三拍子」の踊りが出てくる。この「三拍子」は、ドイツの農民や、チェコの農民とは違った、優雅にゆったりとした柔らかなワルツである。梶山さんは、何故そんな曲にしたのか。取り組む度に気になっていた。今となっては、本人に訊くことは叶わないが、子どもたちの演じる「表現」から見つけ出していくしかない。

〈2018年〉

○『ドナ・ドナ』に絡んで

2018.1.20

11月半ばから練習が始まった『ドナ・ドナ』が、ようやく仮合格になった。合格ではなく、仮合格なのは、途中で一度引っかかったからである。先生曰く、〝うーん。ちゃんと弾けてるんだけど、一応、来週もう一回聞かせて！〟となった次第。自宅での練習では弾けていたのだが、ま、失敗は失敗である。

ところで、沖縄から帰って来て、先生に訊いてみた。〝「ドナ・ドナ」って、どんな意味ですか？〟と。どうも、小学生の教室生徒は、こんな質問はしないらしい。私からの不意打ちカウンターパンチに面喰らい、〃私もよくわからない。来週まで調べて来るから……〃となった。私も、外来語辞典や音楽辞典を見るが載っていない。「まあ、その程度の言葉か……」と勝手に決め込んでいたら、翌週先生は、ネットで調べたことを教えてくれた。それによると、

「ドナ・ドナ」は世界の多くの国で歌われているイディッシュ(中東欧ユダヤ文化)の歌である。1938年、ウクライナ生まれのユダヤ系アメリカ人ショロム・セクンダ作曲、ベラルーシ生まれのユダヤ系アメリカ人アーロン・ゼイトリン原作詞である。1940年から1941年にイディッシュ語ミュージカルに使われた。牧場から市場へ売られていくかわいそうな子牛を歌っており、これに関して、ユダヤ人がナチスによって強制収容所に連行されていく時の様子を子牛に見立てた反戦歌とする説がある。「ドナ」とは、牛を追うときの掛け声であり、「アドナイ(我が主よ)」が「ダナ」となり、英語形の「ドナ」になった。「アドナイ」とは、ユダヤ・キリスト・イスラムでの唯一神であり、YHVHの名前の一つ。ヘブライ語のアドン(adon—主人)の意味である。」

という説明だった。ま、子牛を追うかけ声に、「我が主よ、我が主よ」と言うのか。多分、「アーメン、アーメン」と言って、子牛を追うようなものかしらん。そう思った時、そう言えば、狂言での『木六駄』では「ちゃお、ちゃお」と言っていたな……と、連想していった。「ちゃお、ちゃお」は、オノマトペなのだろう。日本ではオノマトペで、西洋で

は唯一神への忠誠語を使うとは、文化（意識・思考）の違いって面白い。

話は変わるが、4拍子の曲なので、「売られていくよ」の部分が、「うられて」で2拍、「い」が1拍、「く」が1拍で1小節になり、次の小節の「よ」が3拍で1拍の休符になっている。西洋のリズムの取り方が身に付いている人は、何ら違和感なく弾くが、私は無意識に「よ」を2拍にしてしまい、先生から〝そこは3拍子でなく、4拍子です〟と言われた。どうも、まだ私は、4拍子で押し切れず、五七調や七五調のリズムが出てしまうのであった。

○ **ピアノ習得の臨界期** **2018.7.26**

現在、ブラームスの『ワルツ』と、モーツァルトの『きらきら星変奏曲』に挑戦している。先週は、バッハの『主よ、人の望みの喜びよ（カンタータ147番より）』の花丸をもらい、先々週にはギロックの『フラメンコ』に花丸をもらった。

こう書くと、順調に努力の成果が認められ……と思われがちだが、この2・3年、指のもつれやミスタッチによる指の誤作動が目立って多くなってきた。練習回数を重ねても、もつれや誤作動が常態化し、最後まで弾けたという「曲の完成」に中々至らないのである。脳での活動も、先を予測する力が格段に落ちてきた。先生は、私に余裕を持たせようと〝時々、楽譜を見た方がいいですよ〟とか、〝歌いながら弾くといいですよ〟と言ったり、

「和音のポジション取りの練習」にと左手の指を3本一緒にタッチする練習を試みてくる。時には、困難箇所を取り上げて、部分練習を求めてきたりする。でも、私の脳や身体・指は、そのこと自体が新たな課題となって、ますます混乱に陥るのだった。

話は変わるが、今日、女の子の練習風景を5分ほど見る機会があった。小学4～5年生くらいだろうか。私のレベルとは数段上で、曲名は分からないが、孫のピアノ発表会で聴いたことのあるような曲だった。それを練習していたのだが、先生からアドバイスされていることは、私が言われ続けていることと、ほとんど同じだった。でも、その女の子の弾き方は、スラスラながらもガンガンと力で押していく弾き方だった。つまり、運指は上手でも、心地よさに欠ける弾き方だったのである。私のは、もつれと誤作動の繰り返しなのに、時々先生に〝柔らかくて、良いですよ〟と言われるのだが……。

また話が変わるが、『分かちあう心の進化』（松沢哲郎著・岩波書店）を読んでいたら、「学習の臨界期」という言葉が出てきた。松沢哲郎さんは、京都大学・霊長類研究所でチンパンジーの研究を40年近く続け、一昨年定年退官したところだった。この本は、最新の研究成果を、平易に書き綴ったものだった。この中に出てきた「学習の臨界期」とは、チンパンジーの石器の使い方に習得時期があり、それが過ぎると、同じ群れにいても、学習しないと言うのである。かつて、アマラとカマラで「狼に育てられた子ども」として世界的に話題になったが、これも、本質的には「学習時期」の問題だったと思える。でも、真偽の程が疑われ出し、いつの間にかアマラとカマラの話は沈静化してしまった。

この二つの事例ではたと思ったのが、私の「ピアノ臨界期」のことである。10年も弾いてきたのだから……と、上達を夢見てきたが、身体機能の衰えは、上達の中身を極めて限定化し、且つ部分化していたのだった。

○「アウフタクト（弱起）」の曲　2018.11.8

「アウフタクト」とは、『新音楽辞典』（音楽の友社刊）には「Auftakt〈独〉弱起」としか書かれていない。あまりに常識的な言葉なのか、あるいは説明しづらい言葉なのか。要は、曲の拍分が終いから入って次の小節からが正規の拍分になっている曲のことである。今、私が習っている『ます』（シューベルト曲）がそうである。尤も、シューベルトの歌曲として知られている『Die Forelle（鱒）』とは違って、右手のメロディ部の八分音符が四分音符で書かれて、曲がゆっくり調になっているし、左手の伴奏部も、「ドソードソ」程度の簡易伴奏になっているのだが……。

これだけでも私にとっては大変なのだが、伴奏部の四分音符に付点がついていて、一音々々弾んで弾くようになっていた。何故付点を打って、弾むように弾かせるのか、よくわからないまま練習していた。それで、30数年前に千葉経済短大の梶山正人さんに『蛇小合唱の会』（※勝手な自主勉強会）で教えてもらった資料を引っ張り出して『Die Forelle

（鱒）』を見てみた。すると、音符が八分音符になっているだけでなく、どこにも付点がついていないのだった。つまり、「In ei nem Bach line hel ……」と子音を意識してリズミカルに、それでて柔らかく歌うようになっていたのだった。これまた昔、音楽劇『七勾堀』を作曲した同僚教師の杉山義隆さんが、〝外国の歌は、原語で歌わないと……〟と主張していたのを思い出す。

ここにきて、付点の意味がようやく分かった。練習曲の『ます』は四分の四拍子で書かれているが、左手の伴奏で拍を正しく刻まないと、アウフタクトのメロディ部がぐちゃぐちゃになるのである。拍を正しく刻むには、一音ずつに付点を打って、叩くように刻んでいくのが分かり易い。

で、付点の意味がそう理解出来た時、現職時の先生方の指揮を思い出した。音楽に堪能だと自認している人や、ピアノがタラララ……と弾きこなす人の指揮は、アウフタクトで四拍子の曲は、ほとんどの人が「一・二・三」と数えて（前動作をして）、「四」の時に歌い出すよう指示をするのだった。私の現在のピアノの先生もそうである。

これは多分、音楽教育の世界での常識というか、定説・定例になっているのだろう。でも、この身体行動を「ナンバ」の視点で考えた時、西洋流の「非ナンバ」的動きを遠ざけてしまう。頭はアウフタクトでも、身体は出を意識した「ナンバ」的動きを起こしてしまうからだ。ここに、日本人の歌声が、西洋流のリズムとメロディが一体化して、引きとうねりを交互に起こしながら、柔らかくそれでてダイナミックに増幅を繰り返す身体行動にならない起因があったのだった。では、どうするのか。ヘッケルの「個体発生は、系統発生を繰り返す」の説の如く、幼児と関わる「私自身の身体行動」が課題である。

〈2019年〉

○ 先生の作戦

2019.3.15

年が明けての1月末からJ・Sバッハの『メヌエット』を習っている。以前にどこかで聴いたことのある曲なので、耳には馴染んでいるが、それが我が指で弾けることとは別の話。右手の運指が出来るようになるまでに1ヶ月半以上かかったし、並行して練習を始めた左手の運指が出来るようになるまでに、これまた、2ヶ月近くかかってしまった。それではと、連弾のように、私が右手のメロディを弾く時は、先生は左手のメロディーを弾き、私が左手のメロディを弾く時は、先生は右手のメロディを弾いてくれるのだが、これがまた大変である。指使いを思い出し思い出ししていると、リズムが外れてしまう。リズムに乗ろうとして、先生が出す音に集中すると、旋律の指使いを忘れてしまうのだった。しかも、途中の箇所から弾くように言われると、もう頭の中は混乱状態になるのだった。〝これでは駄目だ!〟と、家で自主練習を試みるのだが、これも30分くらいしか持たないのだった。指が勝手に誤作動を起こしたり、脳からの指令が混乱してきたり、ついには、思考停止の状態に陥るのだった。

こんな私の状態を見かねたのか、同じJ・Sバッハの『プレリュード』という曲を、並行して取り組むことになった。なんでも、バッハが自分の娘の練習用に作った曲だとか。左手で出だしのリズムを作ると、そのリズムを受けて、右手で和音構成の音を一音ずつ順に弾いていくのである。例えば左手で「ド」「ミ」と弾いたら、それを受けて右手で「ソドミ　ソドミ」と弾いていくのである。これを2回繰り返したら、次の違った構成を2回繰り返して弾いていくのだった。こうして、全部で35小節を弾き連ねていくのだが、まだ15小節分しか覚えられていない。それでも、覚えた所まで弾いたら、先生からまず「手首で回す」ように弾くことを教えられた。私がガチガチになって音を刻むように弾いていたからだった。そしてまた、さりげなく〝最初から順に弾くだけでなく、途中の部分だけの練習をしてみて下さい〟と、四小節区切りとばかり思っていた『プレリュード』の曲を4―2―2―5―4……と曲調の違い（長調と単調）で分けていき、〝この区切り毎に、練習してみて下さい〟と言うのだった。

つまり、「最初から弾く」ことの繰り返しだけでなく、塊を作って「どの塊でも弾くことができる」ように練習しなさいというのである。この示唆が、私の知力・体力・技能力に合う練習法になるのかどうか、不明である。でも、先生なりの工夫と苦悩が感じられ、取り組んでみることにした。

それにしても、バッハの曲は、かっしりとして明快な曲である。単純に『メヌエット』だからと、単純に三つの「拍を刻む」世界ではないのだった。拍と拍の間に、さまざまの音（動き・流れ）が詰まっているのだった。

○「単純な曲に基本がある」のこと　2019.12.27

娘さんの入院治療・看護のため、代理講師の先生にピアノを習ってきたが、2年ちょっとで先生が復帰してきた。先生が違うと、こうも違うのかと実感した2年間だった。

ともあれ、J・Sバッハの『メヌエット』と『プレリュード』の2曲を続けながら、4〜8小節だけの簡単な両手の練習曲を渡された。それぞれ〈大きな波をとぼう〉〈坂のぼり〉〈ピンポン〉〈ねたりおきたり〉〈元気いっぱい　さぁひこう〉との題が付いており、その感じが出るように弾いていくのだった。

例えば〈大きな波をとぼう〉の曲は、右手で「ドミソの和音」を2拍分弾いた後、左手で1拍「ド」、次に右手で1拍「上ド」、そして左手で1拍「ド」と弾いて、3回繰り返すのである。その時、右手の「上ド」は人差し指で引くので、右手をポンと跳ばさないと人差し指で弾きにくい。だから小さな子には、〈大きな波をとぼう〉の声掛け・イメージづくりが必要というわけである。

こうして、1回に一つずつ課題にされては進んでいったが、〈元気いっぱい　さぁひこう〉の所で、「単純な曲に基本がある」を思い知らされたのだった。

〈元気いっぱい　さぁひこう〉は、1小節目が右手指で「ミ・2拍―ファ・1拍―ソ1拍」と弾きながら、左指は「ドソ」の和音を4拍弾くのである。2小節目は右手指が「ミ・2拍―ミ・2拍」と弾き、左手指は1小節目と同様に「ドソの和音」を4拍弾き、3小節目は右手指が「レミ・レミ・レミ・レミ」と1音半拍で弾いていき、左手指は「ファソ」の和音を4拍弾いて、4小節目に。右手指が「ド」で4拍。左手指が「ドミ」の和音を4拍弾くのである。この4小節を2回繰り返して、8小節弾くのだったが、慣れるとたいして難しい指使いやリズムではない。今回も楽勝……と気軽に出かけて行ったら、2回ほど弾かされた後、〝右手を、もっと強く弾いて下さい〟と注文がかかった。私としては、「何故右手だけを強くするのか？」と疑問だったが、右手を強調気味に意識して弾いてみた。すると先生は、〝うん。その方が、バランスが良いでしょう〟と言うのだった。そう言われて、はっとした。確かに、右手の運指を意識して強調気味に弾いた時の両手の音の響きが、心地よく明瞭になっていたのだった。私は、右手と左手の両手弾きの練習なので、テンポを合わせて両手が同じくらいの力のバランスに弾けば良いのかと思っていたが、先生は、〝両手弾きの楽譜になっているので、曲として心地よくなるように弾かなければ駄目です〟と言うのだった。私の弾き方では、左手の弾き方による音の流れが強すぎて、右手の流れをつぶしていたのだった。

〈2020年〉

○『はじめての損』は子どものための曲　2020.1.19

J・Sバッハの『メヌエット』と『プレリュード』は、「技量によって、内容のレベルが変わってくる」とのことで継続して取り組んでいくことになった。尤も、重点的に練習…ではなく、〃時々、聞かせて下さい〃というものなのだが。それで、次の課題曲としてシューマンの『はじめての損（Erster Verlust）』を出された。

先生の話だと、シューマンは40代半ばに自殺を図ったと言う。性格が内向的で、それが曲想にも表れていると言う。この課題曲の欄外には、「ホ単調の響きをよく聴いて、何となくあきらめきれずに、でもがっかりしている様子を表現して下さい」と書かれてあった。ここまで来て、表題の『はじめての損』が気になりだした。ドイツ語辞典で調べると、「erst」は「はじめの。第一の。最上の。形容詞」と書かれているから、「Erster」は同じ意味での変形した形だと分かったが、「Verlust」は「失うこと。損失。被害。敗北」（※「ver」は否定の前置詞。「lust」は「喜び。楽しみ。快楽。歓喜。」とある）と書かれてあった。すると、この曲は、初恋での失恋の曲かもと思ったり、人生上の最大の挫折の時に作った曲なのか……と思ったりしたが、だとすると日本語訳の「損」が軽すぎる。「なんだこれは？」と思って、先生に表題の謂れを尋ねてみた。すると、私の邪推、早合点だと思い知ったのだった。

この曲は、子どものための練習曲として作曲したものだった。つまり、5～10歳頃の子どもの「内面の深まり」を意図して作曲したものだと言う。だから「損」ではなく、「苦しみ」や「悲しみ」のほうがいいとの訳への異論も出ているらしいが、それだけのことだった。それを聞いて十分に納得したが、これは新美南吉の『でんでんむしのかなしみ』ではないかと思った次第である。

『でんでんむしのかなしみ』は、50歳を過ぎて校長時代に知った本である。国際読書年に美智子妃がインドとかで講演した講演録（演題『橋をかける』）が本になり、そこで知ったのだった。そこには、正田美智子さんが小学校の三年生か四年生の時、住んでいた館林の家で新美南吉の『でんでんむしのかなしみ』を読み、感銘を受けたと書かれてあった。私はその部分に触れ、「感銘を受けた美智子少女」に驚愕し、自分の小学生時代を想い、更に恐れ入ったのだった。私の小学生時代は、本に無縁のまま野原を駆けずり回っていただけで、いじめとバカし合いにどっぷり浸かり、心の成長などまるでなかったからである。

シューマンが子ども向けに『Erster Verlust』を作曲したことは、私らの取り組んでいる音楽劇に、どんな形で生かしたらいいのか。「人間讃歌」をより深めるには……。具体的には、『でんでんむしのかなしみ』をどう音楽劇にするのかでもある。

2020.2.20

○ メトロノームの効用

シューマンの『はじめての損（Erster Veriust）』に取り組んでいるが、私のテンポのいい加減さが気になるらしい。先生は、手拍子を取ったり、メロディを歌ったりしてくれるが、すぐ元の木阿弥になってしまう。それで、「ドレミファソファミレド」を一音ずつ上げて弾く（つまり移調して弾く）運指の練習に、スラーだけでなくスタッカートで弾くことを要求してきた。でも、私の指はもつれてしまい、テンポもリズムもめちゃくちゃになってしまった。すかさず先生は、我が意を得たとばかり、メトロノームのカチカチ音に合わせて「ドレミ……」をスタッカートで弾くよう言ってきた。そうして、ようやく指の動きとメトロノームでのテンポが合うようになると、「♪＝170」のテンポを指示してきたのだった。こうして〝これで、この次聞かせて下さい〟になり、その日の練習は終わった。

家に帰ってから、この練習は「何を意味しているのか」を考えてみた。結果、私のリズムの取り方に課題があると思い至ったのだった。つまり、今までもそうだったのだが、今回の挑戦曲である『はじめての損』を弾くのを聞いていて、リズムのいい加減さが気になっていたらしい。私としては、2／4の曲なので、八分音符を一拍として弾いていたのだが、その一拍が四捨五入して「1」になる弾き方だったのである。最初は、1.1で、次は1.0、その次は0.9そして0.9、1.1……と言った拍の取り方になっていたのだった。それを正しく1.0-1.0-1.0-1.0…と弾くようにしたかったようだ。私の弾き方では、先生の耳には「リズムがいい加減」に聴こえていたのだった。

何かの音楽番組で、著名な作曲家が〝『ボレロ』をコンピューターに弾かせたら、聴けたものではありませんよ……〟と言っていた記憶がある。生きた人間が「生命のリズム」を全開にして演奏するから、微妙な強弱や緩急が、無機質の曲に生きた命を吹き込むということか。デジタルに均等分割しても曲は生きてこないのだろう。

こう考えて得心したのは、先生の耳は、私より百倍も感度がいいということであり、小数点以下第三位か第四位での違いを聴き分け、弾き分けしているということだった。つまり、私の感度は一拍が「1＝1.4～0.6」なのに、先生の感度は一拍が「1＝1.0004～1.00006」ということなのであろう。だから、私の弾き方に、先生の耳には違和感が発生するのだった。転じて、中田喜直氏は、『川と風と子どもの歌』のレコードを、「精薄児のコーラス」「合唱でなく雑唱」「ピアノ伴奏はいい加減でただ適当に弾いている」といった。子ども観も教育観も芸術観もまるで私の対極にいる中田喜直氏を云々する気は全くないが、彼氏の酷評の意味していたことが、改めて分かったのだった。

幸い私の先生は、私の身体・思考・能力等を認めたうえで、楽しくなるよう丁寧に且つ工夫してくれている。

《追　記》

２０１９年暮れに中国・武漢市で始まった『新型コロナウィルス』禍は、瞬く間に世界中に感染域が広がっていきました。日本でも、学校が休校になり、「緊急事態宣言」が発せられて……と、社会状況・生活様式が一変してしまいました。私のピアノ教室も、「自粛」の中に押し込まれ、二月末から休みになりました。でも、夏が過ぎ、秋になっても「コロナ」禍は収まっていません。東日本大震災でも、めげなかった私の体力・気力でしたが、今回の「コロナ」禍に抗する力は、今の私にはもうありません。それ故、残された力の中で、新たな「趣味に生きる道」を見つけ出していきたいと思っています。

あとがき

今は亡き梶山正人さんは、終生「生命のリズム」を追究し続けました。

私は、今にして思うと、梶山正人さんが道半ばでやり残した「生命のリズム」の手掛かりを求めて、狂言の世界やピアノの世界に足を踏み入れたのでした。

梶山正人さんも、初めは「生命のリズム」が追究課題になるとは思っていなかったようです。「ベルカント」の発声・歌声を体感しようと、イタリア・ローマで修業する中で、「リズム」に内包する諸課題の解明に思い至ったようです。帰国後に、私たちと一緒に学び合った『自主勉強会』では、トルストイやゲーテ、ルソー等の「芸術＝リズム」に関する文献を何度か紹介してくれました。

また、梶山正人さんは、東京・町田市で教師をした時から斎藤喜博さんを「師」と心に決めていました。島小学校や境小学校での、子どもたちの清冽で明確な輪郭を持った命輝く姿に憧れ続けたからです。そうして、何時のころからか「生命のリズム」を終生の追究課題にしていったのでした。

梶山正人さんは、身体を駆使した「表現活動」に取り組むのに、『歌う活動』から子どもたちの「生命のリズム」を追究し続けました。今、私は「表現活動」を〘歌い演じる活動(音楽劇の世界)〙から「生命のリズム」を求めて保育園・こども園と関わる形で模索しています。私の「生命のリズム」を求めた道普請は、何時までそしてどこまで続くのか分かりませんが、少しずつ少しずつ道標を積んで行きたいと思っています。

〈著者紹介〉

田中憲夫（たなか のりお）

一九四七年、宮城県生まれ。

一九七一年、宮城教育大学卒業。

宮城県内で小学校教師を務め、著書『生き方考』、『続生き方考』、『幼児教育と音楽劇』の他、教育雑誌に算数教育・表現活動・学校経営の論文を多数投稿する。現在、人権擁護委員・民生委員・「学校づくりボランティアの会」として活動している。

趣味に生きる教師
――「表現」追求のための狂言稽古ノート――
――私のピアノ日記――

2021年2月15日　初版第一刷発行

著　者　田　中　憲　夫
発行者　斎　藤　草　子
発行所　一　莖　書　房
〒173-0001　東京都板橋区本町37-1
電話 03-3962-1354
FAX 03-3962-4310

組版／フレックスアート　印刷・製本／日本ハイコム
ISBN978-4-87074-229-1　C3337